AF721700

Rowohlt Verlag GmbH, Kirchenallee 19, 20099 Hamburg

Kontaktadresse nach EU-Produktsicherheitsverordnung:
produktsicherheit@rowohlt.de

rororo

ZU DIESEM BUCH

Es sind nicht immer die Sieger, die Geschichte schreiben, im Gegenteil: Interessanter und vielschichtiger sind meistens die Verlierer. Manche scheiterten kläglich wie Goliath oder grandios wie Ché Guevara, andere stürzten vom Thron wie Wilhelm II. oder blieben ewig im Vorzimmer der Macht stecken wie Rainer Barzel. Oder sie wurden von Größeren an die Wand gedrückt wie Heinrich Mann von seinem Bruder Thomas, um den Weltruhm geprellt wie Lise Meitner, verkannt wie Vincent van Gogh.

Sie alle wollten siegen und hätten es mit etwas mehr Glück vielleicht geschafft. Ihnen, den ewigen Zweiten, um den Ruhm Betrogenen, Pechvögeln, Absteigern und Versagern der Weltgeschichte setzt Wolf Schneider in diesem Buch ein Denkmal. Unterhaltsam und lehrreich erschließt er in diesem Buch in brillant erzählten biographischen Stücken ein Feld, das es noch kaum gibt: die Kulturgeschichte der menschlichen Niederlagen.

DER AUTOR

Wolf Schneider, geboren 1925, leitete bis 1995 die Hamburger Journalistenschule. Er war Washington-Korrespondent der «Süddeutschen Zeitung», Chef vom Dienst beim «Stern», Chefredakteur der «Welt» und Moderator der NDR-Talkshow.

Er schrieb mehr als zwanzig Bücher, darunter Standardwerke wie «Das neue Handbuch des Journalismus» (mit Paul-Josef Raue, rororo 61569) sowie das «Stern»-Buch «Die Sieger. Wodurch Genies, Phantasten und Verbrecher berühmt geworden sind», zuletzt «Wörter waschen» (rororo 62106) und «Deutsch!» (Rowohlt).

Wolf Schneider

GROSSE VERLIERER

Von Goliath bis Gorbatschow

Rowohlt Taschenbuch Verlag

5. Auflage April 2021

Veröffentlicht im Rowohlt Taschenbuch Verlag, Reinbek bei Hamburg, August 2006

Umschlaggestaltung ZERO Werbeagentur, München nach einem Entwurf von any.way, Hamburg
(Michael Gorbatschow: Peter Turnley / Corbis.
David mit Haupt Goliaths: J. van Oost / akg-images.
Che Guevara: ullstein bild. Selbstporträt Vincent van Gogh: Archivo Iconografico, S.A. / Corbis.)
Druck und Bindung BoD - Books on Demand GmbH, Norderstedt, Germany
ISBN 978 3 499 61503 0

INHALT

1 Verlierer sind wir fast alle

Ich habe eine Schwäche für Verlierer – für Invaliden, Ausländer, den Dicken in der Klasse und alle, mit denen keiner tanzt.
Peter Høeg, Fräulein Smillas Gespür für Schnee

Die Erde ist ein Planet der Enttäuschungen. Vom Pech werden wir verfolgt, vom Schicksal gebeutelt, vom Lottoglück gemieden, von Mitmenschen übers Ohr gehauen; wir scheitern, wir blamieren uns; im Rattenrennen aller gegen alle ist es unser Los, dass wir unter «ferner liefen» laufen. Während die Spezies «Mensch» als einsamer Sieger durch die Evolution stolziert, widerfährt dem einzelnen Erdbewohner nichts wahrscheinlicher als das Misslingen.

Natürlich, Sieger gibt es auch. Aber ihr Anteil an der Gesellschaft der Menschen – von jeher gering – ist im letzten Jahrhundert dramatisch geschrumpft.

Zwar kennen wir ihn noch, den Zweikampf, bei dem auf einen Sieger nur ein Verlierer trifft: beim Boxen, im Schach, in Wimbledon, bei der Kanzler- oder Präsidentenwahl. Da lässt sich von einer halbwegs ausgewogenen Weltordnung sprechen, so schrecklich das Schicksal des Besiegten auch wäre: Als Achill vor Troja dem Hektor die Kehle durchbohrt hatte, durchstach er dessen Füße, zog Riemen aus Stierhaut durch sie hindurch und schleifte die Leiche hinter seinem Streitwagen her, die Pferde zum Tempo peitschend (Homer tadelte den «schändlichen Frevel» und schilderte ihn mit Hochgenuss).

Dass aber nur zwei sich Triumph und Schande teilen, ist längst zur Ausnahme geworden: Heute produziert *ein* Sieg meist viele Niederlagen.

Das ist einerseits ein bloßes Rechenexempel. Den drei Medaillen für die Besten im 100-Meter-Lauf rennen heute fünfzigmal so viele Olympiakämpfer nach wie 1896, aber drei Medaillen sind es geblieben. Ein Land mag heute fünfmal so viele Einwohner haben wie im 19. Jahrhundert und hundertmal so viele Bürger, die gut genug ausgebildet wären, es zu regieren – aber fünf Ministerpräsidenten oder gar hundert leistet das Land sich nicht.

Andererseits, und viel gravierender: Vervielfacht hat sich der Anteil derer, die darunter *leiden*, dass sie keine Sieger sind – seit nämlich die *Konkurrenz* das Arbeitsleben, unser Denken, unser Wollen beherrscht, ja als das Lebenselixier einer besseren Weltordnung gepriesen wird. Bis an die Schwelle des 20. Jahrhunderts galt es den meisten als der unabänderliche, oft als der göttliche Gang der Dinge, arm zu sein, Knecht zu sein und es zu bleiben. Nicht als Verlierer sahen sich die Armen an, sondern als Teil einer völlig natürlichen Einrichtung der irdischen Verhältnisse.

Für uns aber ist der Wettlauf nach Geld, Macht, Ruhm, Ehre und Medaille zum Massensport geworden, notgedrungen mit einer schlimmen Mehrheit an Abgeschlagenen und Schlechtweggekommenen, die mit dem Schicksal hadern oder sich für Versager halten – ob sie nun an ihrer statt den verhassten Kollegen geehrt oder befördert sehen, als einst fröhliche Unternehmensgründer dem Bankrott entgegenstolpern oder als wegrationalisierter Kostenfaktor arbeitslos nach Hause schleichen.

Bei alldem ist uns auch noch ein klassischer Trost aus der Hand geschlagen worden: dass nämlich die Schuld am Scheitern bei einer unbegreiflichen Weltordnung, bei einer verrotteten Gesellschaft liege. Chancengleichheit!, hören wir ja predigen – alle Türen stehen dir offen, wenn du nur ein Könner bist und ernstlich nach

So sehen Verlierer aus: Napoleon am 31. März 1814 auf Schloss Fontainebleau, nach Erhalt der Nachricht, dass seine Feinde in Paris eingezogen waren (Gemälde des Historienmalers Paul Delaroche von 1845).

oben willst! Daraus folgen Unterlegenheitsgefühle, wie es sie einst kaum gab, und Selbstvorwürfe, die sich zuvor kein armer Teufel hatte machen müssen.

Dieses Buch handelt von denen, die eine Chance sahen und entschlossen nach ihr griffen; die siegen wollten und mit etwas mehr Glück auch hätten siegen können – aber die Mitwelt demütigte sie, oder an einem Stärkeren zerschellten sie, oder das Schicksal prügelte sie, oder an einem überzogenen Anspruch sind sie zerbrochen; von Verlierern also, die auf besonders tragische, besonders dramatische, besonders blamable Art gescheitert sind. Da wird auf manchen Berühmten ein neuer Lichtstrahl fallen, und manchem kaum Bekannten, den das Pech schneller ereilte als der Ruhm, wird ein bisschen Gerechtigkeit geschehen.

Imposante Verlierer hat es gegeben, die sich aufbäumten bis zum letzten Atemzug; schlechte Verlierer, die mit Zähnen und Klauen hoffnungslos gegen ihr Unglück anarbeiteten; gute Verlierer auch: solche, die nicht verzweifelten – denn verloren haben sie meist, weil sie ihren Ehrgeiz nicht so weit getrieben hatten, sich bei den Mächtigen einzuschleimen und ihren Konkurrenten in den Bauch zu treten.

Wie aber steht es mit Napoleon, der auf St. Helena eines elenden Todes starb – mit Bismarck, der sich von einem kaiserlichen Schnösel aus dem Amt verscheuchen lassen musste? Sie endeten als Verlierer. Doch von ihnen und ihresgleichen wird hier nicht die Rede sein: Zu lange standen sie ganz oben auf der Siegertreppe, als dass es plausibel wäre, sie als Beispiele für Fehlschlag und Fiasko in Anspruch zu nehmen.

Von den meisten Verlierern auf Erden wissen wir nichts – außer, dass sie dazugehören. Wer sind sie alle, die sich klaglos Fügenden, die auch dann mit sich und dem Leben zufrieden sind, wenn sie die üblichen Nackenschläge erlitten haben? Wo leben sie, die vielen, die gar nicht wissen, was sie verpassen? Mit Sicherheit schlum-

Der Sieger, der ein Verlierer war: Der 22-jährige italienische Konditor Dorando Pietri lief 1908 beim olympischen Marathonlauf in London als Erster ins Stadion, torkelte vor Erschöpfung, fiel hin und ließ es zu, dass zwei Funktionäre ihn ins Ziel zerrten – disqualifiziert.

mern ja in der Dritten Welt unzählige Talente, denen jede Chance zur Entfaltung fehlt – kleine Mozarts beispielsweise, die nie komponieren, weil sie nicht als Sohn eines Kapellmeisters in Salzburg, sondern als Kind eines chinesischen Reisbauern zur Welt gekommen sind.

Da sind auch die Unzähligen, die ihre Misserfolge von vornherein im Verborgenen erleiden: die verschmähten Liebhaber zum Beispiel. Die Mauerblümchen, die ihr Leben lang vergeblich auf den warten, den sie verwöhnen möchten. Die glänzend ausgebildeten Opernsänger, die nach Bayreuth oder Mailand lechzen,

Er galt als bester Torwart der Welt. Zur allgemeinen Verblüffung hatte Deutschland 2002 das Finale der Fußball-WM erreicht, schon sahen viele die Deutschen auch gegen Brasilien siegen – aber Oliver Kahn ließ zwei Bälle durch, und nach dem Abpfiff kauerte er sich ins Tor.

aber nur im Chor des Staatstheaters Darmstadt singen dürfen oder sich auf dem Jungfernstieg die Kehle ruinieren. Die emsigen Schriftsteller, die nie einen Verleger finden, der sie endlich entdeckt. Die Unzähligen, die von strahlenderen Partnern, gelungeneren Kindern, schickeren Autos träumen oder davon, ein Star zu werden, Chef zu werden oder wenigstens Oberbuchhalter.

Und da ist schließlich die Milliardenschar der kollektiv Erniedrigten: der Unterdrückten und Geschundenen, der Indianer, Schwarzen, Aborigines, der Hungerleider, Krüppel, Parias dieser Erde; der geprügelten Frauen, der verfolgten Minderheiten, der von Despoten Schikanierten. Sie, die Mühseligen und Beladenen, die Jesus zu erquicken versprach – sie hätten ein eigenes Buch verdient. Ein anderes aber, und ein schrecklich bitteres; denn Erquickung findet selten statt.

Von dieser Masse anonymen Leidens heben sich die großen Verlierer vor allem dadurch ab, dass wir sie kennen. Sympathischer sein müssen sie uns deshalb nicht. Wenn sie wütende, verbissene Verlierer sind, haben sie mit den Siegern gemein, dass wir sie privat meistens unausstehlich finden. Angenehmer sind uns solche, die sich gar nicht erst abstrampeln, um an die Spitze zu gelangen; gute Verlierer aber sind vielleicht die nettesten Menschen überhaupt: Sie lächeln. Sieger grinsen.

Wie sagte einst der jüngere Cato nach Cäsars Triumph? «Die siegreiche Sache hat den Göttern gefallen – die besiegte aber dem Cato.» Solcher schönen Unbefangenheit des Urteils sollten wir nacheifern. Dieses Buch versteht sich als ein Beitrag dazu. In den großen Verlierern erkennen wir uns wieder: Sie teilen mit uns das häufigste Schicksal auf Erden. Doch sie haben es zur Tragödie erhöht.

2 Und die Dichter lieben uns dafür

Die Dichter schätzen die Verlierer mehr, als sie die Sieger mögen, ja so innig wie die Dichter liebt die Verlierer keiner sonst. Wen das Leben enttäuscht oder niedergeworfen hat, wer versagt oder schuldlos scheitert, der findet bei ihnen ein warmes Nest; und dazu haben sie Tragödien, Verstrickungen, Beschämungen ersonnen, die oft noch trauriger, noch peinlicher sind als das Schicksal selbst.

Man nehme nur die großen Mythen, Dramen, Romane der Weltliteratur: Was widerfährt da zweien, die sich lieben? Sie springen in den Tod wie Hero, sie ertrinken wie Leander, sie ertränken sich wie der kleine Herr Friedemann oder die Unbekannte von der Seine (im Bestseller von 1933); sie vergiften sich wie Romeo oder Madame Bovary, sie erstechen sich wie Julia, sie erschießen sich wie Werther, sie werfen sich unter den Zug wie Anna Karenina. Und wenn all dies nicht, dann sterben sie an Auszehrung: Goethes Ottilie, die Kameliendame des Alexandre Dumas, Fontanes Effi Briest, Hamsuns Victoria und auch noch die Jenny im Bestseller von 1970, «Love Story» genannt. Wenn sie sich aber lebend kriegen, dann scheitern sie in der Ehe wie Gantenbein.

Die noch weit häufigere Art, die Liebe als Verlust zu erleben, ist, wie im Leben, so auch in der Literatur das Unglück, vom Objekt dieser Liebe verschmäht zu werden. Unter den hundert Varianten des vergeblichen Werbens hat Maxim Gorki sich die blamabelste ausgedacht. «Warenjka Olessowa» nennt er ein dralles Mädchen mit gebieterischer Stimme und der Grazie einer satten Katze. Der Privatdozent Ippolit Polkanow lernt sie auf dem Gut seiner Schwester kennen und verliebt sich in sie bis zum Wahnsinn; sie erhört ihn nicht. Eines Morgens überrascht er Warenjka, wie sie nackt dem Fluss entsteigt. «Gehen Sie!», ruft sie empört. Doch er breitet die Arme aus und will sie in wildem Verlangen umarmen. Da schlägt sie mit einem schweren, nassen Ast auf ihn ein, bis er umfällt, und hüpft davon. «Er lag regungslos, niedergeschmettert von seiner Schmach ... Stumpfsinnig schaute er zu, wie das trübe Wasser des Flusses unter seinen Füßen dahinströmte.»

So endet Gorkis Geschichte. Klägliches Scheitern: Das ist selten in der Literatur, aber häufig im Leben; vorgestellt in den beiden folgenden Kapiteln, mit Goliath, dem Schneider von Ulm, dem Kapitän der «Titanic» und dem unsäglichen Kaiser von Mexiko.

Das grandiose Scheitern liegt den Dichtern mehr. Es waren der ermordete Wallenstein, die enthauptete Maria Stuart, die auf dem Scheiterhaufen verbrannte Jungfrau von Orléans, die Schiller entzückten. Hemingway ersann die Geschichte von dem alten Fischer, dem die Haie die Beute zerreißen und der doch das wertlose Skelett seines Fisches bis zum Rande seiner Kraft gegen die Räuber verteidigt. «Der Mensch darf nicht aufgeben», spricht der Alte. «Man kann vernichtet werden, aber man darf nicht aufgeben.»

Zwei Helden der Niederlage – Roland und Siegfried – haben die Dichter über Jahrhunderte hin fasziniert. Roland, historisch vermutlich ein Graf Hruotlant aus der Bretagne, fiel 778 als Feldherr Karls des Großen bei Roncesvalles im Kampf gegen eine Übermacht; im altfranzösischen Heldenepos hat er zuvor Wunder an Mut vollbracht, und erst im Tod bläst er in das Horn, das Karl den Großen zur Rettung hätte herbeirufen können. Dramen, Gedichte, eine Oper von Händel sind Roland gewidmet; das besiegte Frankreich erkor sich 1871 Roland zum Schutzpatron. Und wer ist der Held des Nibelungenliedes? Siegfried, weil er der Umgebrachte, also der Besiegte ist.

Den wohl großartigsten Verlierer der Weltliteratur hat sich Herman Melville ausgedacht: Captain Ahab, genannt nach dem König von Israel, der im 9. Jahrhundert v. Chr. kämpfend unterging. Den weißen Wal «Moby Dick» jagt Ahab um die halbe Erde, weil der ihm ein Bein abgerissen und es verschlungen hat. Sich an Moby Dick zu rächen macht Ahab zur letzten Aufgabe seines Lebens. «Eine empörende Macht» sieht er in dem Wal, die Inkarnation alles Bösen auf Erden. «Ich werde meinen Hass an ihm auslassen!», schreit er hinaus. «Ich würde auch auf die Sonne einschlagen, wenn sie mich beleidigte.»

Als der Wal endlich gefunden ist, beginnt ein dreitägiger Kampf: Moby Dick bringt durch einen Rammstoß das Walfangschiff zum Sinken, die Boote ebenso, und als Ahab sich endlich so weit nähert, dass er die tödliche Harpune auf ihn schleudern kann, da wickelt sich dem Captain die Fangleine um den Hals und reißt ihn in die Tiefe.

Melville gehört zu jenen Dichtern, die einen ganzen Katalog des Scheiterns aufgeblättert haben: Da ist der schrullige Schreibgehilfe «Bartleby», der einen Notar, seinen Arbeitgeber, zunächst durch stummen Fleiß beeindruckt, dann durch schweigende Verweigerung in Verzweiflung stürzt und schließlich aus dessen eigener Kanzlei vertreibt, weil er sie eigenmächtig zu seiner Wohnung gemacht hat; im Gefängnis hungert Bartleby sich zu Tode. Mehr an Verneinung des Lebens hat kein Dichter zu Papier gebracht, mehr Kafka war vor Kafka nie.

Aber dann ist da bei Melville «eine der schönsten Erzählungen der Welt», Thomas Mann zufolge: die Geschichte von «Billy Budd», dem hübschen, einfältigen, allseits beliebten Matrosen, den, ebendeshalb, einer hasst: der Waffenmeister des Schiffs. Der verleumdet Billy Budd beim Kapitän als einen Meuterer. Budd, außer sich vor Wut, aber sprachgehemmt, sodass er sie nicht hinausschreien kann, schlägt den Waffenmeister nieder, und der fällt so unglücklich, dass er stirbt – «gefällt durch einen Engel Gottes», spricht der Kapitän, «und doch muss der Engel hängen», das verlangt die Disziplin der englischen Flotte. In der Morgenröte klettert Billy Budd fast heiter zur Rah des Hauptmastes empor, an der die Schlinge auf ihn wartet. «Gott segne Captain Vere!», ruft er. Und der ist ein gebrochener Mann.

Ein Panorama verstörter und verkommener Existenzen hat in seinen Romanen Joseph Conrad ausgebreitet; sein kompliziertester und zugleich anrührendster Verlierer ist *Lord Jim*, «eine Geschichte des Versagens und der Erniedrigung», wie der Autor schreibt. Jim, ein 23-jähriger, stattlicher englischer Seemann, heuert als Erster Offizier auf einem rostzerfressenen Kahn, der «Patna» an; 800 Pilger haben sich dem Dampfschiff für eine Reise nach Mekka anvertraut. In finsterer Nacht schlitzt ein treibendes Wrack der «Patna» den Bug auf, und Jim sieht, wie das Schott sich unter dem Wasserdruck nach innen wölbt und den Rost in Fladen absprengt.

Die Pilger schlafen Leib an Leib und ahnen nichts. Die Boote reichen nur für die Hälfte von ihnen. Eine Gewitterwand stellt sich übers Schiff. In Panik retten sich der Kapitän und zwei Ingenieure in ein Boot, die ersten Pilger stürmen an Deck, der Kapitän schreit zwischen Regengüssen zu Jim hinauf: «Spring!» Und der begeht «den teuflischen und abscheulichen Scherz», wie er später sagt, dem Ruf zu folgen.

Schlimm genug, das sinkende Schiff allein zu lassen; noch schrecklicher aber, dass die «Patna» *nicht* untergeht, sondern von einem französischen Kanonenboot in den Hafen von Aden geschleppt wird. Nur Jim stellt sich dem Seemannsgericht. Er verliert das Offizierspatent und ist «schuldig und erledigt». Auf einer Südseeinsel sucht er Zuflucht, wird von den Einheimischen mystisch verehrt und will mit seinem Kopf haften für ihre Sicherheit. Bei einem Piratenüberfall aber verschuldet er durch sein Zögern den Tod des Häuptlingssohns, und da lässt er sich im Fackelschein «mit einem stolzen, standhaften Blick» vom Häuptling erschießen.

«Ist er zufrieden – ganz, jetzt?», fragt der Autor am Schluss des Romans. «Wir sollten es wissen. Er ist einer von uns …» Ein Verlierer eben, in der Spielart der Versager, die sich mit einem großen Abgang schadlos halten.

Auch der elendesten unter den *losern* haben die Dichter sich angenommen: der vom Schicksal ein für alle Mal Getretenen. Drei der Traurigsten von ihnen: Woyzeck, Wanjka und Baschmatschkin.

Büchners «Woyzeck» – der geschundene, verspottete Soldat, den ein Arzt noch dazu zum Objekt eines Experiments gemacht hat: «Sehen Sie, der Mensch, seit einem Vierteljahr isst er nichts als Erbsen», erklärt der Doktor den Studenten. «Bemerken Sie die Wirkung! Fühlen Sie einmal – was ein ungleicher Puls! Der und die Augen!» Als Woyzeck sich entkräftet setzen muss, muntert der Arzt ihn auf: «Courage, Woyzeck, noch ein paar Tage! Allons, frisch! So, meine Herren! ... Das sind so Übergänge zum Esel.» Woyzeck selber klagt: «Wir arme Leut … Unsereins ist doch einmal unselig in der und der andern Welt.»

Die vielleicht schmerzlichste Geschichte von einer leidenden Kreatur hat Tschechow erzählt: «Wanjka». Wanjka ist ein neunjähriges Waisenkind, das von seinem Großvater bei einem Schuster in Moskau untergebracht wird. Der schlägt den Knaben und lässt ihn hungern. Aber Schreiben hat Wanjka gelernt, und so rafft er sich auf, dem Großvater sein Leid zu klagen: «Ich flehe dich an, ewig will ich zu Gott für dich beten, nimm mich fort von hier, sonst muss ich sterben … Ich wollte schon zu Fuß zurück zu dir, aber ich habe keine Schuhe und fürchte mich vor dem Frost … Bei unserem Herrn Jesus Christus bitte ich dich, nimm mich fort! Denn hier schlagen mich alle, und ich habe so schrecklichen Hunger, und immer muss ich weinen.»

Und wie soll der Großvater den Brief bekommen? Der Verkäufer im Fleischerladen hat es Wanjka erklärt: Wirf ihn einfach in einen Briefkasten, da holt eine Troika mit betrunkenen Postillionen alle Briefe ab und verteilt sie mit bimmelnden Glöckchen über die Erde. Das leuchtet Wanjka ein. Die Adresse ist ja klar: «An den Großvater, im Dorf».

Der berühmteste Verlierer der russischen Literatur aber ist der Büroschreiber Baschmatschkin aus Gogols Novelle «Der Mantel». Er führt in St. Petersburg ein kümmerliches Leben, einsam und Tag für Tag vom Spott der Kollegen gepiesackt. Papierschnitzel streuen sie ihm auf den Kopf, und wann er denn seine 70-jährige Zimmerwirtin heiraten werde, fragen sie ihn. Sein größter Kummer aber ist sein abgewetzter, vielfach geflickter Mantel, der vor keinem Frost mehr schützt.

Da beschließt Baschmatschkin, nur noch Wasser zu trinken statt Tee, die Wäsche seltener zu wechseln und so vorsichtig aufzutreten, dass die Schuhsohlen länger halten – das wird es ihm, zusammen mit seinen Ersparnissen von 40 Rubeln, ermöglichen, sich für die Unsumme von 150 Rubeln einen neuen Mantel zu leisten. In feiertäglicher Stimmung trägt er das Prachtstück ins Büro und erlebt zum ersten Mal, dass die Kollegen ihn beneiden.

Auf dem dunklen Heimweg aber wird ihm der Mantel von Räubern entrissen. Verzweifelt legt er sich einen Tag lang ins Bett; dann kämpft er sich, nun ohne Mantel, durch den Schneesturm ins Büro, wird krank und stirbt. «Er wurde begraben, und Petersburg blieb ohne ihn zurück, als hätte es einen Akakij Akakijewitsch Baschmatschkin nie gegeben.»

Wenigstens insofern ist es allen, die nun folgen, besser ergangen: Ihr Name, immerhin, hat sie überlebt.

KLÄGLICH GESCHEITERT:

3 Goliath, Berblinger und Captain Smith

Drei, die den Mund zu voll nahmen

Wer sechs Ellen und eine Handbreit groß ist und einen Panzer trägt, der fünftausend Lot Erzes wiegt, mit einem Wurfspieß auf der Schulter schwer wie ein Weberbaum – der darf sich gegenüber seinem Feind wohl brüsten: «Komm her zu mir, ich will dein Fleisch den Vögeln unter dem Himmel geben!» Er sollte dann nur auch gewinnen. Doch Goliath, der Riese, wurde von David, dem Hirten ohne Rüstung, mit der Schleuder gefällt. Damit ist er zum sprichwörtlichen Großmeister der Blamage geworden.

Blamage: Hier hat die deutsche Sprache für die peinlichste Art zu verlieren das böseste Wort in die Welt gesetzt. Das französische *blâmer* heißt nur tadeln, rügen; nach Deutschland wurde es in der Goethezeit in der Bedeutung «beschämen, bloßstellen» importiert, sodass *sich blamieren* «sich zum Gespött machen» heißt (was die Franzosen mit «se rendre ridicule» umschreiben müssen, die Engländer mit «make a fool of oneself»).

Das Prahlen wird erst dadurch blamabel, dass ihm die Niederlage folgt; auch ohne sie, aus Davids Mund, klang es indessen unangenehm genug: Den Kopf werde ich dir abschlagen!, schrie er den Goliath an, und deinen Leichnam den Vögeln zum Fraß vorwerfen! Den Kopf des Riesen, in der Tat, schleppte David an den Haaren nach Jerusalem. Sympathischer als der Verlierer war der Sieger nicht.

Auf Davids Heldentat, wie das 1. Buch Samuelis sie erzählt, fällt noch ein Schatten mehr: Im 2. Buch desselben Propheten ist sie nämlich gar nicht von David begangen worden, sondern von seinem Gefolgsmann Elhanan – drei Zeilen lang (2. Samuel 21,19), während David es im 1. Buch auf 47 Verse gebracht hat (1. Samuel 17, 12–58). Der Widerspruch wird im Alten Testament nicht aufgeklärt. Elhanan war also der andere, der gegen David verloren hat – vielleicht nur deshalb, weil ihm das Prahlen zuwider war. Wer sich nicht mit großen Worten wichtig macht, findet kein Gehör. Allerdings erspart er sich auch die Blamage, wenn er stürzt.

Der Schneidermeister Ludwig Albrecht Berblinger aus Ulm war insofern einer wie Goliath: den Mund voll nehmen und dann scheitern. Schon 1811 wollte er das Fliegen erfinden, und das war den Göttern wohl zu früh. Dabei ins Wasser zu fallen wäre noch keine Schande gewesen. Das Dumme war nur, dass dieser Ludwig Albrecht Berblinger viele tausend Zuschauer angelockt und König Friedrich II. von Württemberg zum Zeugen hatte, als er es den Vögeln gleichtun wollte, aber in die Donau stürzte.

Berblinger, 1770 als siebentes Kind eines Schuhmachers in Ulm geboren, erwarb mit 22 Jahren den Meisterbrief im Schneiderhandwerk, machte sich jedoch vor allem als Tüftler und Alleskönner einen Namen: Regenschirme, Kinderwagen, Pferdeschlitten stellte er her, und als er sich – inmitten der Napoleonischen Kriege – auf Beinprothesen spezialisierte, erwarb er damit Wohlstand.

Alsbald faszinierte ihn die Frage, ob es nicht noch eine andere Möglichkeit gab, in die Lüfte aufzusteigen, als mit den Freiballons, die seit 1783 eine Sensation und ein Jahrmarktsvergnügen waren: Sie blieben ja riesig und nicht steuerbar, Spielbälle des Windes.

Und so begann Berblinger, längliche Rahmen herzustellen, zunächst aus Holz, später aus Fischbein und Draht, die er mit Segeltuch, später mit Seide bespannte und sich an die Arme schnallen wollte – Flügel wie Ikarus in der griechischen Sage, Flügel, wie Leonardo da Vinci sie schon vor mehr als drei Jahrhunderten entworfen hatte.

Wäre er nun dabei geblieben, seinen Dachboden mit solchen Flügeln voll zu stellen oder für seine Flugversuche nächtens einen einsamen Hügel aufzusuchen – wir wüssten nichts von ihm, und drei Zentner Spott wären ihm erspart geblieben. Aber es traf sich, dass der König im Mai 1811 seine Stadt Ulm besuchen wollte, die Bayern erst 1809 im Frieden von Wien an Württemberg hatte abtreten müssen; und dass der Magistrat stolz war, dem Landesherrn eine Welturaufführung bieten zu können: Ein Mensch fliegt über die Donau! Und dass Berblinger ohnehin nicht zu denen gehörte, die ihr Licht unter den Scheffel stellen.

Auf der Adlerbastei, einer alten Festung direkt über dem Fluss, hat der Magistrat auf seine Kosten einen hölzernen Turm errichten lassen, in der Nähe ein Prunkzelt für den König. Tausende von Neugierigen, halb Ulm und viele mit Pferd und Wagen Herbeigeeilte drängeln sich an beiden Ufern der Donau. Unter Aufsicht des Stadtbaumeisters werden die beiden Flügel auf den Turm gezogen, dann klettert Berblinger unter brausendem Jubel hinauf.

Mit den Armen schlüpft er in die Ringe unter den Flügeln, lässt diese mit Riemen am Körper festschnallen und durch Bänder zusätzlich mit den Beinen verbinden, weil er deren Kraft mit Hilfe von Schwimmbewegungen auch noch auf die Flügel übertragen will; und nach einem Fanfaren-Signal stößt er sich ab, 23 Meter über der Donau. Noch ehe er mit den Flügeln schlagen kann, reißt es den einen hoch und den fliegenden Menschen herum, und schon ist er in die Donau geplatscht – langsamer als ein Mehlsack immerhin, so viel Widerstand setzen die Flügel der Luft entgegen. Das

Geprahlt haben beide vor dem Kampf, David und Goliath; aber wenn es dem kleinen Prahler gelingt, dem großen den Kopf abzuschlagen, dann ist der große der Blamierte (Holzschnitt nach Gustave Doré).

Volk ist enttäuscht und empört, der König schmunzelt. Berblinger kehrt zu seinen Prothesen zurück und lebt noch 18 Jahre.

Auf einen Flug mit Muskelkraft ist der Mensch eben nicht angelegt, da irrte schon Leonardo. Wer keinen Motor hat wie zuerst anno 1903 die Gebrüder Wright, kann nur gleiten wie Otto Lilienthal. Der brachte es auf eine Flugstrecke von 350 Metern, fünfmal so viel, wie die Donau bei Ulm breit ist; bis er 1894 zu Tode stürzte aus 70 Meter Höhe.

Dass mancher Bastler und Erfinder vom Himmel fallen musste, ehe der Mensch sich die Luft erobern konnte – das leuchtet ja ein. Das Wasser zu befahren war dagegen eine seit Jahrtausenden geübte Kunst; und so bedurfte es eines der schlimmsten Versager der Geschichte, um das größte und luxuriöseste bis dahin je gebaute Schiff in den Grund des Ozeans zu bohren: die «Titanic», am 15. April 1912, dem fünften Tag ihrer Jungfernfahrt von Southampton nach New York.

Der unselige Mensch, der dafür verantwortlich war, hieß Edward J. Smith und war der höchstbezahlte Kapitän auf allen Meeren. Prahlerische Redensarten sind von ihm zwar nicht überliefert; aber willig erklomm er die höchste Stufe der Arroganz. Nun, 62 Jahre alt, sollte dieser Smith die «Titanic» auf ihrer ersten Reise lenken und sich dann zur Ruhe setzen, mit Ehren überhäuft. Es war allein sein Fehler, dass der Ozeanriese einen Eisberg rammte und dabei 1500 Menschen starben. Nur *einen* mildernden Umstand hätte ein Verteidiger geltend machen können, hätte es die Gelegenheit gegeben, Captain Smith vor Gericht zu stellen: Mit seinem Kommando war er offensichtlich überfordert, und seine Reederei, die White Star Line, hätte das wissen müssen.

Denn ein halbes Jahr zuvor war die «Olympic», das ältere und nur wenig kleinere Schwesterschiff der «Titanic», unter dem Kommando von Smith mit dem britischen Kreuzer «Hawke» zusammengestoßen. Zwar erkannten die beiden Schiffe einander schon auf sechs Kilometer Entfernung, aber sie manövrierten so töricht, dass die «Hawke» ihren Bug mit explosionsartigem Knall in die Flanke der «Olympic» bohrte. Ums Leben kam niemand, doch alle Passagiere mussten die «Olympic» verlassen, und Taucher flickten sie zwei Wochen lang unter der Wasserlinie so zusammen, dass sie nach Belfast ins Dock geschleppt werden konnte. Hätten da die Kapitäne beider Schiffe nicht zur Eisenbahn versetzt oder wenigstens bis zur Klärung der Schuldfrage beurlaubt werden sollen?

Nein: Wie zum Lohn durfte Captain Smith die «Titanic» übernehmen. Auf ihr beging er die beiden ersten seiner vielen verhängnisvollen Fehler schon vor dem Auslaufen zur Atlantikfahrt: Er versäumte es, sein Schiff mit einem Suchscheinwerfer und wenigstens *einen* Ausguck mit einem Fernglas zu versehen. Mit Scheinwerfern waren längst alle britischen Kriegsschiffe ausgestattet; die Handelsmarine leistete sich noch den Leichtsinn, Positionslichter für ausreichend zu halten. Doch selbstverständlich hätte der Kapitän des größten, des modernsten, des meistberedeten Schiffs auf Erden einen Scheinwerfer anfordern können, und einer solchen Forderung nicht nachzukommen, hätte die Reederei wohl nicht riskiert.

Ferngläser waren ebenfalls nicht vorgeschrieben, in der Tat, und der Captain hielt auch sie für überflüssig. «Hätten Sie denn mit einem Fernglas den Eisberg aus größerer Entfernung erkannt?», wurde nach der Katastrophe der Matrose Fleet befragt, der in der Sternennacht die bedrohliche schwarze Masse von Eis wahrgenommen und die Alarmglocke geläutet hatte. «Ja, ein bisschen eher», sagte Fleet aus, «genug, um daran vorbeizukommen.»

In den vier Tagen zwischen dem Auslaufen und dem Desaster beging Captain Smith seine Fehler 3 und 4. Er verstieß gegen die Vorschrift, mit der neuen Mannschaft ein Bootsmanöver abzuhalten, und so schafften es die Matrosen nicht, alle 20 Rettungsboote in zweieinhalb Stunden zu Wasser zu lassen bei spiegelglatter See; zwei der Boote blieben in den Davits hängen. Außerdem verstieß

Edward J. Smith, der unselige Kapitän der «Titanic», machte einen Fehler nach dem anderen bis in den Untergang: Er hatte weder Scheinwerfer noch Ferngläser an Bord, er besetzte den Ausguck nur mit zwei Matrosen, statt sich, wie bei Nacht und Eisgefahr üblich, auf fünf Augenpaare zu verlassen; die Eiswarnungen ignorierte er, und mit seiner Desorganisation haftete er auch noch für 467 zusätzliche Tote: So viele Plätze blieben in den Rettungsbooten leer.

der Kapitän gegen die seemännische Erfahrung, dass man sich nachts bei Eisgefahr nicht auf die zwei Matrosen im Mastkorb verlassen durfte: An den Bug hätte ein zusätzlicher Späher gehört, und auf jeder Seite der Kommandobrücke hätte ein Offizier die Finsternis durchforschen müssen.

Kein Bootsdrill, kein Scheinwerfer, kein Fernrohr und nur vier Augen: Aus diesen Versäumnissen allein wäre die Tragödie noch nicht gefolgt. Zum Verhängnis verbanden sie sich mit dem fünften, dem schrecklichsten Fehler des Kapitäns: dass er die «Titanic» mit ihrer Höchstgeschwindigkeit von 22 Knoten auf der kürzesten Route durch den Nordatlantik jagte – obwohl er erstens auf Eisberge gefasst sein musste im April; obwohl er zweitens in den letzten vierzehn Stunden von anderen Schiffen fünf ausdrückliche Warnungen vor Treibeis erhalten hatte, die letzte 40 Minuten vor der Kollision; ja obwohl, zum Dritten, die Wassertemperatur dramatisch gesunken war, binnen drei Stunden um 7 Grad auf 1 Grad *unter* null (womit beim Salzgehalt des Meerwassers der Gefrierpunkt noch nicht erreicht ist).

Was also hätte der Captain tun können und müssen bei dieser völlig klaren Lage? Die königlich britische Untersuchungskommission stellte später fest: entweder Kurs nach Süden oder Südwesten nehmen, weg vom Eis – oder die Maschinen drosseln; der Dampfer in der nächsten Position, die «Californian», hatte sie sogar abgestellt bei Einbruch der Dunkelheit und ließ sich treiben, friedlich wie die Eisberge selbst.

Freilich, das hätte die pünktliche Ankunft in New York verdorben, vielleicht sogar die für den 20. April angekündigte Rückreise der «Titanic» nach Europa verzögert – also die Reederei, wenn schon nicht blamiert, so doch um den totalen Triumph gebracht. Als «Königin der Ozeane» hatte sie ihr Schiff plakatiert. Folglich lautet eine verbreitete, in den vielen Verfilmungen gern durchkonjugierte Version: Lord Joseph Bruce Ismay, Sohn und Erbe des

Gründers der White Star Line und bei der Jungfernfahrt an Bord, habe den Kapitän bedrängt oder angewiesen, den Fahrplan einzuhalten um jeden Preis.

Das kann schon sein. Nur nähme das von der alleinigen Verantwortung des Captain Smith kein Jota weg – nach aller Moral der Seefahrt, nach internationalem Recht und sogar nach der Dienstanweisung der White Star Line an ihre Kapitäne: Nur die Sicherheit der ihnen anvertrauten Menschen und Güter dürfe die Richtschnur ihres Handelns sein, und kein erhoffter Zeitgewinn dürfe mit einer Erhöhung des Unfallrisikos erkauft werden.

Also bleibt nur: Captain Smith hat seine klar definierte Pflicht verletzt, gröblich und mit verhängnisvollen Konsequenzen – vielleicht unter dem Druck von Lord Ismay, vielleicht getrieben von seinem eigenen Ehrgeiz, seine Laufbahn nach 37 Kapitänsjahren im Triumph zu beenden.

Unhaltbar dagegen ist die hartnäckige Legende, Smith sei dem «Blauen Band» nachgejagt, der imaginären Trophäe für die schnellste Atlantiküberquerung. Dafür war die «Titanic» gar nicht ausgelegt: Seit 1907 befand sich das Blaue Band im Besitz der «Mauretania», und die hatte, obwohl kleiner und schlanker, 70 000 PS, die «Titanic» nur 45 000. Nein, deren Aufgabe war es allein, dem Geldadel zweier Kontinente den höchsten Luxus anzubieten, der die Meere je befahren hatte.

Und dieser Luxus nun, in 60 000 Tonnen Stahl gebettet, rammt am 14. April 1912 um 20 Minuten vor Mitternacht einen Eisberg, wird von ihm im vorderen Drittel an sechs Stellen unter der Wasserlinie aufgeschlitzt und schluckt von nun an 150 Tonnen Wasser pro Minute – so lange, bis der Bug des siebenstöckigen schwimmenden Palasthotels hinabgedrückt, das Heck wie ein Turm aus dem Ozean gehoben wird und das Riesenschiff mit der Geschwindigkeit eines Expressfahrstuhls vier Kilometer tief auf den Grund des Atlantiks saust.

Und in den 160 Minuten zwischen der Kollision und dem Augenblick, da die «Titanic» von der Wasseroberfläche verschwunden ist, macht Captain Smith wieder so gut wie alles falsch. Als der Chefkonstrukteur des Riesenschiffs, Thomas Andrews, nach einem Rundgang konstatiert hat: «Die ‹Titanic› wird untergehen» – befiehlt der Kapitän da den Funkern unverzüglich, SOS zu morsen? Nein, er begeht seinen sechsten Fehler: Zunächst klopft er persönlich bei den prominentesten Passagieren der ersten Klasse an, um sie höflich und formvollendet auf gewisse Probleme mit der «Titanic» hinzuweisen; und erst elf Minuten später betritt er den Funkraum. Größere Eile hätte zwar niemanden gerettet, das ist wahr; doch zeigt das Verhalten von Captain Smith auch darin, dass er kopflos und seiner Aufgabe nicht gewachsen ist.

Dann aber macht der Kapitän seinen finalen Fehler, und dessen Folgen sind fast so entsetzlich wie seine Weigerung, auf die Eiswarnungen zu reagieren. Für die 2201 Menschen an Bord stehen in den 20 Rettungsbooten nur 1178 Plätze zur Verfügung – schlimm genug; doch dafür, ausnahmsweise, kann Edward J. Smith nichts: Die britische Handelsschiffahrtsakte in der Fassung von 1906 verlangt nicht mehr; erst *nach* dem Untergang der «Titanic» ergeht die Anordnung, dass Passagierschiffe Rettungsboote für alle Menschen an Bord mitzuführen haben.

Aber wiederum versagt der Captain, als sich unter seiner Aufsicht die Rettungsboote füllen – oder vielmehr nicht. Als auf der Steuerbordseite das erste Boot abgefiert wird, sind von den 65 Sitzplätzen nur 28 besetzt. Denn die Passagiere haben Angst, die hell erleuchtete, noch kaum geschrägte «Titanic» zu verlassen und in einem hölzernen Napf an zwei Seilen 18 Meter tief dem eisigen, finsteren Meer entgegenzufahren – das kann man verstehen. Und außerdem drängt jeder, der auf sich hält oder sich doch mehr fürchtet, als er zugeben möchte, auf die andere, die Backbordseite, dort, wo der Captain persönlich das Kommando führt. Er selber hat den

Befehl «Frauen und Kinder nach Backbord!» gegeben. Und dazu ruft er immer wieder die alte Parole der christlichen Seefahrt: «Frauen und Kinder zuerst!»

Er merkt also nicht, dass die beiden Weisungen, zusammengenommen, einen tödlichen Unsinn produzieren. Wer soll denn die zehn Boote auf der Steuerbordseite besteigen, wenn die Frauen doch nach Backbord beordert worden sind und die Männer es nicht dürfen? Und warum sind im zweiten abgefierten Boot – dem ersten, dem der Kapitän selber den Weg nach unten freigibt – wiederum 37 der 65 Plätze leer? Weil Männer nicht einsteigen dürfen und mehr Frauen die Seilfahrt in die eisige Tiefe nicht riskieren wollen.

Wie aber kann der Kapitän des sinkenden Schiffs es bei der Freiwilligkeit belassen? Wäre es nicht selbstverständlich seine Pflicht gewesen, die Frauen in die Boote zu *befehlen* und, wenn das nichts half, dann wenigstens genügend Männer zuzulassen oder hineinzuscheuchen – da er doch weiß, dass sein Schiff verloren ist und jeder leere Platz im Boot ein Toter mehr?

So also werden von 2201 Menschen an Bord, die allesamt hätten überleben können, hätte die «Titanic» das Eismeer nicht mit Volldampf durchpflügt, nicht einmal die 1178 gerettet, für die in den Booten Platz gewesen wäre – sondern nur 711. Die anderen 467, die da ertrinken oder im Eiswasser erfrieren oder im fast senkrecht aufgestellten Schiff erschlagen werden von Tischen, Kübeln und Klavieren – die hat wiederum und noch einmal Captain Smith auf dem Gewissen.

Er selbst geht, nach seemännischem Brauch, mit der «Titanic» unter. Der weltbeherrschenden britischen Marine hat er die schlimmste Blamage ihrer Geschichte zugefügt, ja mit der «Titanic» ist der bis dahin unangefochtene Glaube des Abendlands an den unaufhaltsamen Fortschritt der Technik versunken.

Wie der Schneider von Ulm hatte der Kapitän das Scheitern selber provoziert: Berblinger durch tollkühne Ahnungslosigkeit, Smith durch Leichtsinn und grenzenlosen Hochmut. Vor dem selbst gestellten Anspruch haben beide versagt und insofern ein schlüssiges Schicksal erlitten. Ihr Geistesverwandter ist Maximilian, Kaiser von Mexiko, weil er mit kaum begreiflicher Naivität in sein Fiasko stolperte.

KLÄGLICH GESCHEITERT:

4 Maximilian von Mexiko

Der Nichtsnutz, der Kaiser sein wollte

Da wird also anno 1860 ein österreichischer Erzherzog gebeten, ja gedrängt, Kaiser von Mexiko zu werden. Uns Heutigen gibt das vier Rätsel auf einmal auf. Warum brauchte die Republik Mexiko plötzlich einen Kaiser? Wer, zum Zweiten, konnte glauben, einen Monarchen müsse man aus dem Ausland importieren? Warum, zum Dritten, stach den Importeuren ausgerechnet ein junger Mann von jenseits des Atlantiks ins Auge, der kein Wort Spanisch sprach und noch nie in Mexiko gewesen war? Und was, zum Vierten, bewog diesen harmlosen Schöngeist, dem Drängen nachzugeben – hätte er denn nicht wissen können, dass er sich in eines der desolatesten Länder der Erde begab, in dem die wenigsten auf ihn gewartet hatten?

Die vier Rätsel lassen sich lösen, jedoch so, dass man aus dem Kopfschütteln kaum herauskommt. Es fing damit an, dass die spanischen Kolonialherren zwischen Kalifornien und Argentinien 1810 nach dem Vorbild der USA begannen, sich vom Mutterland loszusagen und dessen Vizekönige und Generalkapitäne zu vertreiben. Im heutigen Mexiko wurde die letzte spanische Festung 1825 erobert. Es folgten Jahrzehnte der Misswirtschaft und des Bürgerkriegs, mit dem Tiefpunkt des gewaltigen Landraubs, den die USA 1848 an Mexiko vollzogen: Sie verleibten sich die späteren Staaten Texas, Neu-Mexiko, Arizona, Utah, Colorado, Kalifornien ein, ein Viertel ihres heutigen Staatsgebiets und die Hälfte dessen, was bis dahin Mexiko geheißen hatte.

Dort versuchte die Oberschicht der Europäer – überwiegend die Kreolen, wie die schon in Mexiko geborenen Abkömmlinge von Spaniern hießen – ihre Vorrechte aus dem Kolonialzeitalter gegen die 80 Prozent des Volkes zu verteidigen, die Indianer oder Mestizen waren. Die Großgrundbesitzer standen im Bund mit der Kirche, dem Militär und der Kolonialbürokratie, dazu mit dem Papst und mit Europas Monarchien.

Die erste Machtverschiebung zeichnete sich 1847 ab. Da wurde ein Indianer zum Gouverneur eines mexikanischen Bundesstaats gewählt: Benito Juárez, ein Bauernkind, das als Schafhirte und Laufbursche begonnen hatte, dann aber mit Hilfe seines weißen Herrn ein Priesterseminar besuchen konnte, es zum Rechtsanwalt brachte und schließlich zum Sieger über den aus Österreich importierten Kaiser. 1855 wurde Juárez mexikanischer Justizminister und 1858 Präsident von Mexiko – oder vielmehr jener Landesteile, in denen sich die liberale Zentralregierung gegen Chaos und Privatarmeen durchsetzen konnte.

1859 ließ Juárez die erste Bombe platzen: Auf sein Betreiben verfügte das Parlament die Trennung von Kirche und Staat und die entschädigungslose Enteignung des riesigen kirchlichen Grundbesitzes. Doch blieben die weltlichen Großgrundbesitzer ungeschoren, ja ihr Einfluss stieg noch, weil überwiegend sie es waren, die dem Staat den beschlagnahmten Kirchenbesitz abkauften; zu einer Bodenreform zugunsten der indianischen Mehrheit fühlte Juárez sich noch nicht stark genug.

Die Kirche enteignet! Empörung in Rom, Unruhe in der katholischen Welt, und auch in Mexikos weißer Oberschicht das wachsende Gefühl, bedroht zu sein. Eine Gruppe reicher Emigranten reiste durch Europa auf der Suche nach finanzieller und militärischer Hilfe gegen den indianischen Emporkömmling – und nach einem Monarchen aus einer alten Dynastie. 1860 machten sie dem 28-jährigen Erzherzog Maximilian, dem Bruder des österreichischen Kaisers, in seinem Schloss Miramar bei Triest ihre Aufwartung.

Dass sie glaubten, ein König oder Kaiser sei jemand, den man sich aus dem Ausland holen sollte, wirkte auf jene Zeit nicht so abwegig wie auf uns. Europas Kaiser und Könige herrschten ja bis 1918 «von Gottes Gnaden», so die offizielle Lesart: Gott, nicht ihrem Volk fühlten sie sich verantwortlich, und das Volk konnte froh sein, wenn der göttliche Wille auf dem Umweg über den Monarchen auch ihm zugute kam. Wer nicht «königlichen Blutes» war, sondern sich selbst auf den Thron geschwungen hatte wie Napoleon I. oder Napoleon III. – der war sich des Naserümpfens der alten Aristokraten sicher. Als Griechenland sich 1832 die Unabhängigkeit von der türkischen Herrschaft erkämpft hatte, wollten die Griechen nicht irgendeinen Griechen zum König, sondern einen echten Königssohn; auf den bayerischen Prinzen Otto fiel ihre Wahl.

Doch was stellten schon die bayerischen Wittelsbacher dar, verglichen mit dem Haus Habsburg, dem Maximilian angehörte! Seit die deutschen Kurfürsten im Jahre 1273 den Grafen Rudolf von Habsburg zum König gewählt hatten, waren aus seinem Geschlecht fünf deutsche Könige, siebzehn deutsche Kaiser, drei Könige von Spanien, zwei von Böhmen, einer von Ungarn und einer von Kastilien hervorgegangen, darunter Karl V., in dessen Regierungszeit die Spanier Mexiko eroberten.

Einen Habsburger als Kaiser zu gewinnen – das war es, was den Royalisten, den Konservativen, den Klerikern von Mexiko gefiel. Auch war ein Kaiser kein Novum für die Neue Welt, nachdem sie sich von Europa abgenabelt hatte: Seit 1840 herrschte über Brasi-

Ein törichter Monarch wie aus dem Bilderbuch: Erzherzog Maximilian von Österreich, der sich von Napoleon III. überreden ließ, Kaiser von Mexiko zu werden – und dort auf hoffnungslosem Posten unterging.

lien Kaiser Pedro II.; er allerdings kein Fremder, sondern ein Enkel des Königs von Portugal, Johann VI., der 1807 vor Napoleon in seine größte Kolonie geflohen war.

Lag insoweit in dem Angebot an den Erzherzog etwas mehr als bloßer Unverstand, so bleibt die Frage: Wie konnte Maximilian glauben, von den Mexikanern als Kaiser akzeptiert zu werden und in dem heruntergewirtschafteten, blutig zerrissenen Land eine Zukunft zu haben? Gewiss, sein Informationsstand war gering: Mindestens zwei Wochen war ein Schiff über den Atlantik unterwegs, an die vier Wochen also von Mexiko über Gibraltar zum österreichischen Hafen Triest, und zur quälenden Länge des Informationswegs kam erschwerend die undurchsichtige Rolle der jeweiligen Informanten hinzu.

Kaum aber kann dem Erzherzog verborgen geblieben sein, dass er sich in ein elendes, immer wieder von einer Soldateska ausgeplündertes Indianerland begeben würde. Und so musste mehreres zusammenkommen, damit er trotzdem nicht rundheraus nein sagte – und zum Französischen und Italienischen hinzu schon mal das Spanische zu erlernen begann.

Da war wohl vor allem die unglaubliche Gelegenheit, Kaiser zu werden, ohne dazu geboren worden zu sein wie sein Bruder oder es sich blutig erkämpft zu haben wie die beiden Napoleons – einfach, indem man «Ja!» sagte. Da war der ungehemmte Ehrgeiz seiner Frau, der belgischen Prinzessin Charlotte, die nach dem gierte, was ihr Mann nur erwog. Vermutlich kam bei Maximilian sogar ein redlicher Glaube hinzu, er könnte berufen sein, ein gutes Werk zu tun, indem er ein armes Volk errettete. Und all dies war gewiss durch eine Art Abgehobenheit von den Niederungen des Lebens befördert, wie sie jedem droht, der seine Kindheit in Parks und Palästen verbracht hat – ihm noch mehr, dem verhätschelten Lieblingskind seiner Mutter, der frömmelnden Erzherzogin Sophie aus dem Hause Wittelsbach.

So war da, durchaus gründlich erzogen, ein romantischer Jüngling herangewachsen, heiter, prachtliebend, an allen Künsten und Wissenschaften interessiert. Mit 22 wurde er Oberbefehlshaber der österreichischen Flotte im Mittelmeer – eine typische Ernennung für einen Spross des Kaiserhauses, die einen tüchtigen Admiral allenfalls jenseits der 40 getroffen haben würde, den Menschen Maximilian vermutlich aber nie. Nun, er machte keine schlechte Figur; auch nicht, als er mit 25 Jahren zum Generalgouverneur Venetiens und der Lombardei befördert wurde, bis Österreich diese, mit der Hauptstadt Mailand, 1859 an Frankreich verlor.

Bei alldem wäre Maximilian nie Kaiser von Mexiko geworden, hätte Präsident Juárez nicht die europäischen Großmächte noch stärker provoziert: 1861 verwies er den spanischen Gesandten und den päpstlichen Legaten des Landes, und dann ließ er die zweite Bombe hochgehen: Zwei Jahre lang stellte er die Zahlung der Zinsen auf Mexikos gewaltige Schulden in Europa ein. Die waren auf 82 Millionen Dollar angestiegen – in einer Zeit, in der man für 7 Millionen Dollar Alaska kaufen konnte, wie es die USA 1867 taten.

Da brach Spanien seine diplomatischen Beziehungen zu Mexiko ab; der Papst verhängte über Juárez den Kirchenbann; Napoleon III., seit 1852 Kaiser der Franzosen, plädierte für eine bewaffnete Intervention und entsandte seinen Außenminister nach Schloss Miramar, um Maximilian für die Kaiserkrone zu gewinnen. Zum zweiten Mal sagte der Erzherzog nicht ja, aber auch nicht nein.

Im Oktober 1861 beschlossen Frankreich, Spanien und England – die Gläubiger, die sich betrogen fühlten –, ein Expeditionskorps nach Mexiko in Marsch zu setzen. Die Gelegenheit schien günstig, denn die USA waren seit April in ihren Bürgerkrieg verstrickt und daher außerstande, der Monroe-Doktrin von 1823 Geltung zu verschaffen, derzufolge die Intervention außeramerikanischer Mächte als feindseliger Akt betrachtet wurde. Napoleon witterte überdies die Chance, Frankreich, das 1763 von England aus Kanada vertrieben worden war, wieder zu einer Kolonialmacht in der Neuen Welt zu machen.

Die Invasion begann im Dezember 1861, doch schon im April 1862 zogen Spanien und England ihre Truppen wieder ab, verärgert über die Vormachtansprüche Napoleons. Der schickte daraufhin noch einmal 30000 französische Soldaten hinüber. Im Juni 1863 eroberten sie die Hauptstadt Mexiko, Juárez floh in den Norden, der französische Gesandte ernannte eine provisorische Regierung aus der weißen Oberschicht, und die rief die Monarchie aus.

Nur den Monarchen galt es noch zu motivieren. Im August fand sich Maximilian von Napoleon III. als Kaiser von Mexiko angesprochen und im Oktober in einem Brief gebeten, das Angebot doch bitte anzunehmen – verbunden mit der dringenden Empfehlung, er möge in Mexiko eine «liberale Diktatur» errichten, da ein in Anarchie versunkenes Land mit parlamentarischer Freiheit nicht gerettet werden könne.

Ebenfalls in diesem Oktober 1863 meldete sich eine mexikanische Deputation auf Schloss Miramar und fühlte sich befugt, Maximilian zum Kaiser von Mexiko auszurufen, gestützt auf den Willen einer «Nationalversammlung», die ebenso wie die provisorische Regierung von der französischen Besatzungsmacht ernannt worden war. Da war Maximilian Realist genug, eine Volksbefragung zu verlangen – nicht Realist genug, um zu erkennen, dass die Abstimmung, die nun tatsächlich stattfand, im Wege der Einschüchterung durch französische Soldaten vollzogen wurde.

Im Februar 1864 lädt Napoleon den Erzherzog nach Paris ein, im März wird ihm und seiner Frau dortselbst ein überwältigender Empfang bereitet: Der Parvenü (so Maximilian über Napoleon) begrüßt den nützlichen Idioten (so Lenins Wort, das Napoleon nicht kennen konnte, aber wahrscheinlich gern verwendet haben würde); und der Parvenü versteht es, dem Idioten einen Knebelvertrag aufzunötigen: Als Kaiser von Mexiko werde Maximilian alle Kosten für das französische Besatzungsheer erstatten, alle französischen Bürger für ihre Verluste in Mexiko entschädigen, für die sofortige Wiederaufnahme der Zinszahlungen auf die Auslandsschulden sorgen und natürlich die angemessene Verzinsung jener neuen Anleihe garantieren, die Frankreich Maximilian als Startkapital gewährt. Napoleons Gegenleistung ist das Versprechen, «dass die Hilfe Frankreichs für das Kaiserreich Mexiko niemals ausbleiben wird».

Nach Miramar zurückgekehrt, findet Maximilian einen Brief seines kaiserlichen Bruders vor: Er, als Oberhaupt des Hauses, könne der Annahme der mexikanischen Kaiserwürde nur zustimmen, wenn Maximilian auf die Thronfolge und alle Erbansprüche in Österreich verzichte. Maximilian ist befremdet und beruft sich in seiner Antwort darauf, dass ein Volk von neun Millionen Menschen im Begriff stehe, ihm nach verheerenden Bürgerkriegen seine Zukunft anzuvertrauen. Kaiser Franz Joseph bestellt daraufhin den französischen Botschafter ein, der berichtet Napoleon telegrafisch von dem neuen Problem, und der französische Kaiser erinnert Maximilian in drohendem Ton an die in Paris eingegangenen Verpflichtungen.

Da gibt der Erzherzog die Verzichterklärung ab – und am 10. April 1864 lässt er sich von der mexikanischen Deputation zur Annahme der Kaiserkrone bewegen. «Viva el emperador!», rufen sie. «Viva la emperatriz!» Maximilian erleidet einen Schwächeanfall und bleibt drei Tage lang im Bett. Am 14. April schifft sich das Kaiserpaar mit seinem Hofstaat im Hafen von Triest auf der österreichischen Fregatte «Novara» ein, landet in Ostia, um sich in Rom den Segen des Papstes zu holen, und betritt vier Wochen später in Veracruz den Boden seines Reiches.

Die lange Überfahrt haben sich Maximilian und Charlotte mit der Ausarbeitung eines Hofprotokolls verkürzt: Welche Ränge, welche Sitzordnungen, welche Orden, welche Uniformen für die Palastgarde, welche Etikette bei den Audienzen? Das meiste davon funktioniert auch, als Maximilian im Juni 1864 in der Hauptstadt Mexiko eingezogen ist. Sonst aber funktioniert nichts.

Das halbe Land, mehr als fünfmal so groß wie Deutschland heute, mit schlechten Straßen und noch ohne Eisenbahn, ist in den Händen des gestürzten Präsidenten Juárez und einiger Generale, die teils für ihn kämpfen, teils auf eigene Faust. Wo aber die Fahne Frankreichs weht, da sitzt jener konservative Klüngel von Kreolen an den Hebeln, die sich das Kaisertum ausgedacht haben.

Eines Menschen von eiserner Tatkraft und höchstem politischen Raffinement hätte es bedurft, um eine solche Lage zu seinen Gunsten zu wenden; und von beidem besitzt Maximilian so gut wie nichts. Einen hochpolitischen Entschluss, immerhin, fasst er: Er weigert sich, der Kirche das enteignete Land zurückzugeben – so will er die liberalen Kräfte in der Oberschicht für sich gewinnen. Aber er gewinnt sie nicht, verärgert die Konservativen und sitzt alsbald zwischen allen Stühlen.

Immer mehr wird der Kaiser in seinem Palast von seinem Land isoliert, umringt von Ministern, Generalen, Kammerherrn und Hofdamen, umsorgt von Leibärzten, Köchen und Lakaien, beschützt von seiner österreichischen Palastwache – aber erpicht auf Staatsbankette und Audienzen. Inmitten all der Pracht fröstelt er oft, denn die Hauptstadt liegt 2230 Meter über dem Meer, und im Winter wird sie von kaltem Nordwind gebeutelt.

Um sich wenigstens militärisch im Lande durchzusetzen, bietet Maximilian dem geflohenen Präsidenten an: Kapitulieren Sie – dann ernenne ich Sie zum Präsidenten des Obersten Gerichts! Juárez antwortet aus seinem Versteck im Norden: «Der Präsident dieser Republik wird sterben, falls Gott es will, seinem Eid treu bis zuletzt. Die Geschichte wird uns richten.» In seinem hartnäckigen Widerstand auf scheinbar verlorenem Posten imponiert Juárez der

Mehrheit der Mexikaner immer mehr, sogar im Ausland beginnt er populär zu werden, Kolumbien würdigt seine Verdienste um Amerika.

1865, in seinem zweiten Kaiserjahr, verfügt Maximilian unter dem Druck der französischen Generalität: Jeder, der mit einer Waffe in der Hand erwischt wird, ist als Bandit zu betrachten und wird erschossen. Das macht noch mehr böses Blut. Inzwischen haben in den USA die Südstaaten kapituliert; die Regierung in Washington, nun außenpolitisch wieder handlungsfähig, entsinnt sich der Monroe-Doktrin und fordert Napoleon III. im Februar 1866 per Ultimatum auf, seine Truppen aus Amerika zurückzuziehen.

Was gilt da dem Kaiser der Franzosen noch sein Versprechen, dem Kaiser von Mexiko zur Seite zu stehen immerdar? Ohnehin fühlt er sich innenpolitisch unter wachsendem Druck wegen der horrenden Kosten seines unkalkulierbaren Abenteuers, und als im Juli 1866 die Preußen bei Königgrätz die Österreicher geschlagen haben, wächst in Frankreich das Gefühl, dass man sich vor allem gegen diese Preußen wappnen müsse.

Charlotte, Kaiserin von Mexiko, eilt nach Europa, beschwört Napoleon, in Amerika durchzuhalten, und sucht Hilfe beim Papst; der verspricht, für sie und ihren Mann zu beten. Im Januar 1867 kehren die letzten französischen Soldaten Mexiko den Rücken – immerhin mit dem Angebot an Maximilian, das Land mit ihnen zu verlassen.

Der Kaiser ist unschlüssig und lehnt dann ab. Bleibt er, weil er einen Rest von Verpflichtung in sich fühlt, dem Volk zu dienen, das er doch als das seine ansieht? Oder weil er eine Würde gewinnen will, deren er als Kaiser von Napoleons Gnaden ermangelt hat? Oder weil er ein Traumtänzer ist und sich eine Chance ausrechnet, doch noch über Juárez zu siegen? Oder einfach, weil seine herrschsüchtige Frau ihm bei ihrer Abreise nach Europa eine Denkschrift hinterlassen hat, in der es heißt: «Abdanken hieße sich selbst verurteilen», und das sei nur bei Greisen und Dummköpfen annehmbar?

Jedenfalls: Maximilian bleibt. Im Februar 1867, kurz nach dem Abzug der letzten Franzosen, übernimmt er selbst das Oberkommando über die paar Haufen noch kaisertreuer Truppen und verlegt sein Hauptquartier in die alte Kolonialstadt Querétaro nordwestlich von Mexiko, in der das Land 1810 seine Unabhängigkeit proklamiert hat. Dort wird er am 15. Mai von den Truppen des gewählten Präsidenten überwältigt. Ein Kriegsgericht verurteilt ihn zum Tode.

Juárez könnte ihn begnadigen, die europäischen Monarchen bedrängen ihn, dies zu tun, Kaiser Franz Joseph setzt seinen Bruder wieder in die österreichische Thronfolge ein, um ein Signal zu geben. Doch der Präsident bestätigt das Todesurteil. «Ma bien aimée Charlotte!», schreibt Maximilian seiner Frau: «Ich werde glorreich als Soldat fallen, wie ein besiegter, aber nicht entehrter König. Wenn Deine Leiden zu schwer sind und Gott Dich bald zu mir abberuft, dann werde ich die Hand des Herrn segnen, die so schwer auf uns gelastet hat.»

Jedem Soldaten des Hinrichtungskommandos überreicht Maximilian ein goldenes 20-Peso-Stück. Zusammen mit zweien seiner Generale wird er am 19. Juni 1867 auf einem Hügel vor der Stadt Querétaro erschossen, 34 Jahre alt.

Ehe dieselbe österreichische Fregatte, mit der er herübergekommen war, den Leichnam heimholen durfte, musste Österreich die republikanische Regierung von Mexiko anerkennen und sich von der Kaiser-Episode förmlich distanzieren. Der Sarg war aufgebrochen, der umsichtig gepflegte Backenbart – W-förmig mit bloßem Kinn – von Grabschändern oder Souvenirjägern zerschnitten. Im Januar 1868 wurde der Kaiser von Mexiko in der Kaisergruft der Wiener Kapuzinerkirche beigesetzt.

Kaiserin Charlotte starb 1927 in Brüssel, geistig verwirrt, 87

Jahre alt, sechzig Jahre nach ihrem Mann. 1938 gab es nur einen Staat auf Erden, der gegen den Anschluss Österreichs an Deutschland protestierte, und das war Mexiko.

Maximilians historisches Verdienst bleibt es, die Idee der Monarchie zur äußersten Absurdität geführt zu haben. Im Normalfall beruhte sie ja auf der Annahme, ein Mensch «königlichen Blutes» – in Wahrheit also einer, dessen Wiege zufällig im richtigen Kinderzimmer stand – sei automatisch befähigt, sein Volk zu führen und ihm ein Vorbild zu sein. Blieb der Monarch im Lande, war er von den richtigen Höflingen umgeben, und waren die Zeiten friedlich, so mochte die Theorie aufgehen, die Blamage also ausbleiben. Ja wie der Sattlermeister Johann Georg Kant den Philosophen Immanuel zeugte, so kam es immer wieder vor, dass auch aus einem Schloss ein wahrhaft großer Mann hervorging.

Ein Gefäß voll naiven königlichen Blutes aber über den Ozean zu schicken, auf dass es ein fremdes Volk errette – das war bei denen, die es betrieben, Unsinn von Anfang an, und ihr Opfer war verblendet, überfordert, deplatziert wie kaum je ein anderer Mensch.

GRANDIOS GESCHEITERT:

5 Rommel

Bewundert – bejubelt – in den Tod getrieben

Bei Freund und Feind zugleich war er populär wie im Zweiten Weltkrieg kein anderer Soldat. Er war das Genie des Bewegungskriegs, von Churchill gefürchtet und bewundert; von Hitler bejubelt – und in den Tod getrieben.

Im Februar 1941 ruft Hitler diesen Generaloberst Erwin Rommel zu sich, den Träger des Ordens Pour le mérite aus dem Ersten Weltkrieg, 1939 im Polen-Feldzug Kommandant des Führerhauptquartiers, 1940 in Frankreich Kommandeur einer Panzerdivision, die an den Kanal vorpreschte. Hitlers Auftrag: Vertreiben Sie die Engländer aus Libyen – der italienischen Kolonie in Nordafrika, die die Italiener im Januar schon zur Hälfte an die aus Ägypten anstürmenden Engländer verloren haben. Soll der geplante deutsche Überfall auf Griechenland nicht das östliche Mittelmeer unter deutsche Kontrolle bringen und so Großbritannien von seiner Lebensader abschneiden, dem Suezkanal? Und nun dieses italienische Desaster!

Rommels Auftrag: Im Mai haben Sie die Übersicht gewonnen und genügend deutsche Panzer in Libyen versammelt, um den Gegenstoß zu wagen! Aber Rommel beginnt seinen Angriff befehls-

Erwin Rommel, populärster Heerführer des Zweiten Weltkriegs. «Ein frecher Nazi-Bandenführer», sagte Thomas Mann 1942 über ihn – 1949 aber: Kein Zweifel, dass Rommel in England gefeiert worden wäre «als der zähe, kühne und gewandte Gegner, der er gewesen war».

widrig schon im März. In einem Sturmlauf, der allen Militärs den Atem verschlägt, stößt er 650 Kilometer ostwärts vor, kreist zwei britische Panzerbrigaden ein, nimmt einen General gefangen und hat am 11. April sämtliche britischen Truppen nach Ägypten zurückgejagt – nur die Festung Tobruk lässt er im Rücken liegen. «Eine Katastrophe erster Größe», schreibt Churchill. «Wüstenfuchs», *desert fox*, taufen ihn englische Journalisten. «Rommel führt einen Krieg, der mit europäischen Maßstäben nicht mehr zu messen ist», stellt der deutsche Generalstabschef Franz Halder fest und versucht Rommel zu bremsen; Hitler aber ist begeistert von solcher Dynamik und solchem Siegeswillen.

Die britischen Truppen in Ägypten, an Zahl ohnehin überlegen, werden im Mai um 238 Panzer verstärkt, die Churchill mit einem Geleitzug durchs Mittelmeer schickt – gegen den Rat der Experten, die die Schiffe um Afrika herum nach Ägypten hatten dirigieren wollen, denn inzwischen ist die Insel Kreta in deutsche Hand gefallen, und noch ist die deutsche Luftwaffe der englischen ebenbürtig. «Rommel vernichten!», lautet die Weisung des Premierministers an den Oberbefehlshaber der britischen Truppen im Nahen Osten, General Sir Archibald Percy Wavell.

Der beginnt am 15. Juni 1941 mit seiner Gegenoffensive. Doch binnen drei Tagen hat er 91 Panzer verloren und zieht sich wieder nach Ägypten zurück. «Rommel hat den Lorbeer von Wavells Stirn gerissen und ihn in den Sand geschleudert», schreibt Churchill in seinen Kriegserinnerungen. «Verzweifelt» geht der Premierminister stundenlang allein im Park spazieren.

Wavell wird abgelöst, in Ägypten eine weit überlegene Streitmacht aufgebaut, und am 18. November – drei Tage nach Rommels 50. Geburtstag – beginnt der nächste britische Großangriff auf die deutschen Stellungen. Aber die englischen Panzer stoßen ins Leere, dann kommen die deutschen aus dem Nichts, überrollen einen britischen Flugplatz und erbeuten die Panzer der 4. britischen Brigade; und am fünften Tag der Schlacht tauchen Rommels Panzer aus dem Morgennebel auf, treiben einen Keil zwischen die britischen und südafrikanischen Verbände und scheuchen alle in panischer Flucht dreißig Kilometer weit nach Ägypten hinein.

Churchill nennt Rommel im Unterhaus «einen großen Feldherrn, wenn ich das über die Schrecken des Krieges hinweg sagen darf». Und kopfschüttelnd analysieren die Strategen in aller Welt, wie ein materiell ständig unterlegener Truppenführer einen Sieg nach dem anderen erfechten kann.

Ein Grund ist natürlich, dass die Beduinen Rommel als Befreier von der Kolonialherrschaft begrüßen – in Libyen vom italienischen, später in Ägypten vom britischen Joch. Da werden die Deutschen von den Einheimischen mit mancher Information versehen und in den Oasen bewirtet.

Ein zweiter, ein viel wichtigerer Grund liegt darin, dass die britischen Generale noch nichts aus der entscheidenden Rolle der Panzerwaffe bei den deutschen Blitzsiegen über Polen und Frankreich gelernt haben: Die Engländer bleiben bei der Gewohnheit, in geordneter Formation vorzurücken, hinter sich befriedetes Land mit sicheren Nachschubwegen – statt die Panzer wie einen Meißel auf den Gegner anzusetzen, ihn dann im Rücken zu fassen und ihn durch Tempo zu verblüffen.

Rommel ist überall, vor allem dort, wo man ihn nicht vermutet hat; immer versteht er es, am Ort des Zusammenpralls mehr Panzer zu massieren als der Feind. Fliehende Truppen sehen sich plötzlich von ihm überholt. Im Sandmeer der Libyschen Wüste schwimmt er so selbstverständlich wie der Fisch im Wasser. Die gegnerische Luftaufklärung manövriert er aus durch Vorstöße in mondloser Nacht, im Sandsturm, im Morgennebel, ja Rommel nutzt die englischen Flieger zu seinen Gunsten, indem er eine nicht vorhandene Stärke vortäuscht – anfänglich durch Panzerattrappen, die er auf Kübelwagen stellen lässt, und immer wieder durch Lastwagen, die aus dem Stand mit Vollgas starten, um Sandwolken aufzuwirbeln.

Dieser wendige, findige, fintenreiche General ist noch dazu verliebt ins Tempo, ins Risiko, ins Siegen, ein Spieler fast, und seine Soldaten lieben ihn, denn aufs Siegen scheint er abonniert, und er fährt immer nur wenige Kilometer hinter der Angriffsspitze, oft im Getümmel mitten unter ihnen. «Geführt wird vorn», heißt sein Grundsatz. Auch genießen die deutschen Soldaten natürlich die Bewunderung, die ihnen von Freund und Feind entgegenschlägt, und nichts erzeugt ja eine höhere Kampfkraft als der Korpsgeist einer Truppe, die sich als die Garde betrachtet. «Jeder meiner Soldaten verteidigt in dieser Schlacht nicht nur seine Heimat», heißt es in einem Tagesbefehl Rommels, «sondern auch die Tradition der Panzerarmee Afrika.»

Zu dieser Tradition gehört eine merkwürdige Art von Fairness zwischen den Feinden, wie es sie sonst im Zweiten Weltkrieg nie gegeben hat. Nach der Schlacht halten beide Seiten ganz selbstverständlich eine Feuerpause ein, um die Verwundeten zu bergen. Als Rommel hört, einem englischen Lazarett sei das Trinkwasser ausgegangen, schickt er einen deutschen Tankwagen mit weißer Fahne hinüber, und die Engländer revanchieren sich mit einem Lastwagen voll Whisky und Corned Beef. Und abends erklingt aus den Zelten beiderseits der Front das Lied von der «Lili Marleen».

Fast ein halbes Jahr lang bewegt sich nun nichts an der Westgrenze Ägyptens: Die Deutschen organisieren ihren Nachschub, reparieren ihre Panzer und ruhen sich aus. Die Engländer steigern ihre Überlegenheit an Panzern auf 3:1, und auch die Luftherrschaft haben sie inzwischen errungen. Es sieht schlecht aus für Rommel. Aber seine beiden größten Triumphe liegen noch vor ihm.

Am 21. Juni 1942, durch heulende Sturzkampfbomber unterstützt, stürmen die deutschen Truppen die Festung Tobruk, die Rommel nach einem gescheiterten ersten Angriff sieben Monate lang hinter seiner Front hat liegen lassen. Da werden 35 000 Gefangene gemacht und gewaltige Vorräte an Treibstoff, Munition und Lebensmitteln erbeutet, dazu so viele Panzer und Lastkraftwagen, dass das deutsche Afrikakorps nun zu 80 Prozent mit britischen Motoren ostwärts rattern kann. Die Eroberer feiern mit englischem Bier und südafrikanischen Ananaskonserven.

Die britische Afrika-Armee ist zersprengt und demoralisiert, Churchill beklagt einen «erschütternden Verlust» und spricht von der «Schande», von einem halb so starken Gegner niedergerungen worden zu sein. Hitler ernennt Rommel per Funkspruch zum Feldmarschall, die deutsche Presse überschlägt sich in Begeisterung und die Mehrzahl der Deutschen mit ihr – ein Trost für sie nach den Rückschlägen des ersten russischen Winters und unter der wachsenden Drohung der britischen Bombenteppiche: Am 31. Mai haben 1046 Bomber im bis dahin größten Luftangriff der Kriegsgeschichte die Innenstadt von Köln verwüstet.

Zwei Tage nach dem Fall von Tobruk, am 23. Juni 1942, stößt Rommel an einem einzigen Tag gegen eine dreifache Übermacht britischer Panzer 160 Kilometer tief nach Ägypten hinein, und zu Churchills besonderer Wut ist es britisches Benzin, mit dem Rommel vorprescht, britische Munition verfeuernd. «Viele sahen bereits den Fall von Kairo und Alexandria unter Rommels flammendem Schwert voraus», schreibt der Premierminister. Auch Mussolini: Er verspricht jedem italienischen Soldaten zum Einmarsch in Kairo einen Liter Wein, und nach Libyen lässt er schon einmal den weißen Hengst einfliegen, mit dem er selber in die Hauptstadt Ägyptens einreiten will.

Am 1. Juli haben Rommels Angriffsspitzen die fliehenden britischen Panzer überholt und erreichen El-Alamein, 90 Kilometer vor dem Nil. Die britische Flotte verlässt den Hafen von Alexandria und flieht durch den Suezkanal ins Rote Meer. Die britischen Stabsquartiere in Kairo werden auf kampffähige Männer durchgekämmt, alle Geheimpapiere werden verbrannt, aus den Schornsteinen quillt schwarzer Qualm, die Einheimischen stürmen die Züge nach Süden.

Aber von Rommels Panzern sind nur noch zwei Dutzend einsatzfähig. Der Nachschubweg aus dem libyschen Hafen Tripolis ist 1500 Kilometer lang geworden, alle Soldaten sind zu Tode erschöpft und von der Hitze gemartert: Mittags 45 Grad im Schatten – aber wo nimmt man Schatten her? Die deutsche Wochenschau zeigt Soldaten, die auf ihrem Panzer Spiegeleier braten, sehr fröhlich natürlich unter dem Auge der Kamera.

Den ganzen Juli über liegen Deutsche und Engländer einander unbeweglich gegenüber. Am 4. August trifft Churchill mit dem Flugzeug in Kairo ein, ernennt Bernard Montgomery, einen schmächtigen General und alten Haudegen, zum Oberbefehlshaber und gibt die Parole aus: «Rommel schlagen – nichts anderes zählt!» Jeden Augenblick könne er «die verheerende Wucht seiner Panzer loslassen» und an den Pyramiden vorbei zum Nil vorstoßen. Brücken lässt Churchill zur Sprengung vorbereiten, tief liegendes Land überfluten, Minenfelder anlegen, Maschinengewehrnester errichten.

Am 30. August, in der Tat, rafft sich Rommel noch einmal zur Offensive auf – aber es ist seine letzte. Noch 13 Kilometer rückt er näher heran an Kairo und den Suezkanal; dann stockt der Angriff in einem Minenfeld, während auf die Panzer (mit Treibstoff nur noch für hundert Kilometer) ein Bombenhagel der inzwischen vierfach überlegenen Air Force niedergeht.

Noch aber ist El-Alamein in deutscher Hand. Im September tritt Rommel auf dringenden Rat seines Arztes einen Erholungsurlaub in Deutschland an. Am 30. September wird er von Hitler im Triumph empfangen, und die Wochenschau jubelt dazu, Rommel werde «vom ganzen deutschen Volk wie eine Sagengestalt bewundert».

Drei Wochen später, am 23. Oktober 1942 – schrecklich spät in Churchills Augen –, lässt Montgomery ein Trommelfeuer aus tausend Geschützen los und schickt seine Panzer, den deutschen an Zahl inzwischen um das Sechsfache überlegen, zum Angriff vor. Tags darauf holt Hitler seinen Feldmarschall ans Telefon und befiehlt ihm: Fliegen Sie sofort nach Afrika und halten Sie El-Alamein!

Zehn Tage lang, in der Tat, hält das deutsche Afrikakorps der gewaltigen Übermacht noch stand; am 3. November befiehlt Rommel den Rückzug, um einer Einkreisung zu entgehen – gegen Hitlers Befehl. Die Zahl der deutschen Panzer ist auf 22 geschrumpft, und manche können sich nur noch bewegen, weil die Fahrer den Spiritus aus ihren Primuskochern in den Tank geschüttet haben. Dann bleiben auch sie liegen.

2000 Kilometer lang ist der Rückweg aus Ägypten durch ganz

Libyen hindurch bis nach Tunesien. Mit elf Panzern und 15000 Mann kommt das deutsche Afrikakorps dort an; 10000 Soldaten sind in Gefangenschaft geraten. «Rommel, ein frecher Nazi-Bandenführer, ist nach einer Reihe gelungener Streiche vernichtend geschlagen worden», sagt Thomas Mann am 27. Dezember 1942 in seiner Radio-Ansprache an «Deutsche Hörer».

Vier Monate lang dauert nun noch der Niedergang – der Untergang der deutschen Macht in Afrika. Im Februar 1943 erringt Rommel seinen letzten Sieg: In einem Überraschungsangriff kann er 40 feindliche Panzer zerstören, darunter viele amerikanische, denn jetzt haben auch die USA mit dem Aufbau einer Truppenmacht in Nordafrika begonnen – und den noch nicht kampferprobten amerikanischen Soldaten möchte Rommel sogleich «einen tiefen Minderwertigkeitskomplex» einjagen. Das gelingt ihm auch.

Im März aber wird der Feldmarschall bei Hitler vorstellig mit der dringenden Empfehlung, Afrika zu räumen, solange noch Zeit dazu sei; sonst würde Italien der erwarteten alliierten Invasion schutzlos ausgeliefert sein. Hitler ist wütend, schimpft seinen größten General einen «Pessimisten» und *verbietet* ihm, nach Afrika zurückzukehren.

Im Mai 1943 müssen die letzten deutschen und italienischen Soldaten in Tunesien kapitulieren. Im Juli landen die Alliierten auf Sizilien und beginnen den italienischen Stiefel von unten nach oben aufzuschlitzen.

Bei Hitler ist Rommel indessen noch nicht völlig durchgefallen: Im November 1943 ernennt er den Generalfeldmarschall zum Inspekteur der Küstenverteidigung an der französischen Atlantikküste, wo nun die große, die endgültige Invasion erwartet wird; und vielen Deutschen, die ihr mit Bangen entgegensehen, bringt Rommel eine kleine Hoffnung, dass die «Amis» vielleicht doch ins Meer zurückgeworfen werden.

Rommel setzt Hitler auseinander, dass die Invasionstruppen nur am Strand besiegt werden könnten, mit Hilfe von Millionen von Minen, Betonhindernissen und eingerammten Baumstämmen zur Behinderung von Lastenseglern (im Volksmund bald «Rommel-Spargel» genannt). Hätten die Alliierten erst einmal Brückenköpfe gebildet, sagt Rommel, so werde die Wehrmacht, die an der Ostfront einen gewaltigen Abwehrkampf bestehen muss, dem militärischen Übergewicht der Invasoren nicht mehr gewachsen sein. Albert Speer, Hitlers Rüstungsminister, registriert dabei, dass Rommel «auf beinahe auffällige Weise die Anrede ‹mein Führer› vermied».

Am 6. Juni 1944 findet in der Normandie die alliierte Landung statt, und die deutschen Truppen sind zu schwach, um die Bildung von Brückenköpfen zu verhindern. Elf Tage danach, am 17. Juni, kommen Rommel und Generalfeldmarschall von Rundstedt, der Oberbefehlshaber West, im Kreis ihrer Generale zu der Ansicht, dass die Lage aussichtslos sei und Deutschland den Krieg beenden müsse; Rommel wird ausersehen, dies Hitler am Telefon zu sagen, denn er sei der Einzige, auf den Hitler allenfalls hören würde. Hitler tobt. Aber noch bleibt Rommel im Amt und seinem Eid auf den Führer treu.

Am 17. Juli 1944 wird Rommels Wagen in Frankreich von amerikanischen Tieffliegern getroffen und überschlägt sich, der Feldmarschall kommt schwer verwundet ins Lazarett. Drei Tage später, am 20. Juli, explodiert im Führerhauptquartier die Bombe der Verschwörer.

Die Männer des 20. Juli hatten um Rommel geworben: Oberbefehlshaber des Heeres sollte er werden, vielleicht sogar Staatspräsident – denn seine unvergleichliche Popularität hätte am ehesten die Chance geboten, zunächst einen Bürgerkrieg in Deutschland zu vermeiden und später eine neue «Dolchstoßlegende» zu ersticken.

Dass Rommel in die Pläne zum Sturz Hitlers eingeweiht war, gilt als sicher; ebenso aber, dass er sich nicht aktiv daran beteiligen wollte, weil er dagegen war, Hitler zu ermorden. Es genügte indessen, dass einer der Verschwörer unter der Folter Rommels Namen nannte. Hitler, außer sich, wollte Rache – und wusste doch, dass er es nicht hätte riskieren können, diesen Mann hinrichten zu lassen, von dem halb Deutschland immer noch begeistert war.

Und so wurde ein teuflischer Plan geboren. Am 14. Oktober 1944 besuchten zwei Generale den von seiner Verwundung noch nicht genesenen Feldmarschall in seinem Haus bei Ulm und stellten ihn vor die Wahl: Entweder Sie werden vor dem Volksgerichtshof angeklagt, Ihre Familie wird enterbt und wird in Schande leben – oder Sie schlucken diese Blausäure-Kapsel, bekommen ein Staatsbegräbnis, und Ihren Angehörigen werden alle Ehren erwiesen.

Da nahm Rommel das Gift. Die Öffentlichkeit erfuhr, dass er seinen Verletzungen aus dem Tiefflieger-Angriff vom 17. Juli erlegen sei – drei Monate danach, das wunderte viele, aber die Fronten waren so nahe gerückt von Ost und von West, dass es sie nicht mehr erregte.

Es war Sir Basil Liddell Hart, der große britische Militärhistoriker, der dem Generalfeldmarschall Erwin Rommel das würdigste Denkmal gesetzt hat. «‹Nichts ist so erfolgreich wie der Erfolg›, heißt das Sprichwort», schreibt Liddell Hart. «Aber in einem tieferen Sinn ist es oft so, dass nichts so erfolgreich ist wie der Misserfolg! Der *gekreuzigte* Jesus wurde mächtiger, als der lebende es je gewesen war – und viele siegreiche Generale wurden in den Schatten gestellt von den besiegten. Das beweist der unsterbliche Nachruhm von Hannibal und Napoleon, von Robert E. Lee» (dem Oberbefehlshaber der Südstaaten im amerikanischen Bürgerkrieg) «und von Erwin Rommel.»

«Montgomery hatte immer Rommels Bild mit sich geführt und gehofft, ihn eines Tages von Angesicht zu Angesicht zu sehen», schrieb Thomas Mann 1949. «Es ist wenig Zweifel, daß er im sportlich gesinnten England gefeiert worden wäre als der zähe, kühne und gewandte Gegner, der er gewesen war.» Und noch immer kann man britische Veteranen von Tobruk und El-Alamein an Rommels Grab salutieren sehen.

GRANDIOS GESCHEITERT:

6 Ché Guevara

Der blutige Heiland der Regenwälder

Durch seinen verträumten Blick zwischen Bart und Barett fühlen sich Schwärmer in aller Welt an Jesus erinnert; als Poster hing und hängt sein «Nazarenerhaupt» an mehr Wänden in allen Winkeln der Erde als je ein Foto der Geschichte. Er war ein selbstgefälliger Schönling mit sanfter Stimme und kastanienbraunen Locken, ein Frauenheld, ein Revolverheld, ein Henker; er war ein Tagträumer, der sich einbildete, mit ein paar Dutzend Guerrilleros könnte er ganz Afrika und, als das nichts wurde, das ganze Südamerika erobern; Jean-Paul Sartre nannte ihn «den vollkommensten Menschen unserer Zeit». Kein anderer hat eine so ungeheure Willenskraft an eine so gründlich verlorene Sache gewendet, kein anderer mit so viel Grausamkeit so viel Sympathie gewonnen.

In Argentinien war Ché Guevara aufgewachsen, Sohn eines schlecht verdienenden, hochgebildeten, linksliberalen Architekten, der spanische Politiker bewirtete, die vor Franco geflohen waren – für den Zehnjährigen ein prägendes Erlebnis. In Buenos Aires studierte Guevara Medizin. Mit dem Diplom in der Tasche beschloss er, 24 Jahre alt, seiner bürgerlichen Existenz und seiner Verlobten zu entfliehen. Nachdem er Paris und die Osterinsel als

Ziele erwogen und verworfen hatte, trampte er drei Jahre lang durch das spanische Amerika hinauf bis nach Mexiko.

Seinen Unterhalt verdiente er sich als Hilfsarzt, Kellner, Hafenarbeiter, Pferdepfleger und Straßenfotograf. Er sah das Leiden der Bauern und der Minenarbeiter und lernte die Yankees hassen, zumal als er 1954 in Guatemala Zeuge war, wie die linke Reformregierung des Präsidenten Arbenz mit Unterstützung der CIA durch eine Militärjunta gestürzt wurde.

1955 hatte Guevara in Mexiko die Begegnung, die sein Schicksal entschied: Er traf auf den ein Jahr älteren kubanischen Rechtsanwalt Fidel Castro, der Guerrilleros suchte, um auf der Insel Kuba den Diktator Batista zu stürzen. Auf einem Schießplatz absolvierte Guevara ein Guerrillatraining, und am 2. Dezember 1956 war es so weit: Nach abenteuerlicher Überfahrt landeten Castro, Guevara und 80 weitere selbst ernannte Befreiungskämpfer auf der Insel der sechs Millionen Kubaner.

Die Soldaten des Diktators entdeckten sie rasch und rieben sie binnen weniger Tage auf. Das Erstaunliche und in seiner Art Bewundernswerte war nur, dass Castro und Guevara nicht aufgaben, sondern mit ihrem «wiedervereinigten Revolutionsheer» von 18 Mann ins Gebirge flohen und mit einem zweijährigen Kleinkrieg gegen Batista begannen. Castro verstand es, versprengte Oppositionsgrüppchen um sich zu sammeln, das Vertrauen der ausgebeuteten Bauern zu gewinnen und unter ihren Söhnen Nachwuchs zu rekrutieren; den langsam anwachsenden Haufen unterwarfen er und Guevara einer eisernen Disziplin.

Wer in den Verdacht geriet, ein «Abweichler», gar ein Denunziant zu sein oder das Desertieren zu planen, wurde erschossen, meist auf Weisung Guevaras oder von ihm selbst. Als er im Januar 1957 die erste dieser Hinrichtungen durch Kopfschuss eigenhändig vollzogen hatte, galt er als starker Mann, «el comandante» nannten sie ihn. «In der Revolution ist alles erlaubt», hieß sein

Ché Guevara: Arzt, Revoluzzer, Henker, Präsident der kubanischen Nationalbank, Industrieminister, Guerrilla-Führer erst im Kongo und dann in Bolivien – Idol der 68er, berühmtester Störenfried auf Erden.

Standardspruch. Einigkeit, was der Umsturz bewirken sollte, bestand nur in dem Punkt: Batista verjagen, selber herrschen. Wie und mit welchem Ziel das Volk befreit werden sollte, das war kaum ein Thema unter den zusammengewürfelten Kämpfern, doch kommunistische Vorstellungen dominierten in der Führungsspitze.

Am 1. Januar 1959 war es geschafft: Batista floh aus Kuba, und drei Tage später zogen die Guerrilleros unter Castro in Havanna ein. Guevara, populärster Held des Bürgerkriegs und zweiter Mann im neuen Staat, betätigte sich als Scharfrichter beim Vollzug der mindestens 200 Todesurteile, die die Revolutionstribunale unter enthusiastischem Beifall gegen die Schergen Batistas verhängten; «Racheengel der Revolution» nannte das Volk ihn dafür. Castro erklärte ihn, den Argentinier, in Würdigung seiner Verdienste zum «geborenen Kubaner». Im Hauptberuf aber wurde Guevara (wie das mit Ärzten und Henkern beim Umsturz so ist) Präsident der kubanischen Nationalbank und später Industrieminister. Um seine Verachtung für alles Geld zu demonstrieren, unterzeichnete er die neuen Banknoten nur mit «Ché»; Besucher empfing er in löchrigen Socken.

Bankpräsident und Racheengel – das waren die Positionen, von denen aus er rücksichtslos die Planwirtschaft und die straffe Zentralisierung durchsetzen konnte, mit dem Ziel, «den neuen Menschen» für eine ideale Welt zu schaffen. Den schuf er nicht, aber mit der Wirtschaft ging es schnell bergab. Einerseits blieb Guevara, der Kriegsheld, populär, weil er spartanisch lebte und eine Schau daraus machte, auf alle Privilegien seines Amtes zu verzichten, während die Welt schon auf ihn blickte; ja eigenhändig half er bei der Ernte auf den Zuckerrohrplantagen, mit nackter Brust und zufällig anwesenden Fotografen. Die *New York Times* sah in ihm «den Typ des jungen, dynamischen Unternehmers».

Aber zugleich verlangte Guevara von allen Kubanern «freiwillige Arbeit» sonntags und nach Feierabend, kontrollierte auch selber auf den Baustellen, auf den Feldern, in den Büros den Stand der Freiwilligkeit, arbeitete wie ein Besessener und bestellte Untergebene nicht selten für 3 Uhr morgens zum Rapport. Zu diplomatischen Empfängen erschien er gern nach Mitternacht, mit Baskenmütze, weit offenem Hemd und einem Tross von Leibwächtern und hübschen Mädchen; und dafür liebten die Leute ihn wieder.

Als Kennedy 1962 die Sowjetunion zum Abzug ihrer Atomraketen aus Kuba gezwungen hatte, äußerte Guevara im Interview mit einem englischen Journalisten seinen Unmut, dass die Kontrolle über die Vernichtungswaffen in Moskau gelegen habe – Kuba nämlich hätte sie abgeschossen, und das Volk wäre glücklich gewesen, selbst wenn es dabei ausgerottet worden wäre.

Nach vier Jahren an der Macht, 1964, räumte Guevara einer englischen Zeitschrift gegenüber ein, er habe die Industrialisierung Kubas zu rasch vorangetrieben und die Bedürfnisse des Volkes dabei ignoriert. Doch zugleich bekräftigte er seinen großen Plan: das Geld abzuschaffen und allein auf den moralischen Antrieb als Motor von Wirtschaft und Gesellschaft zu vertrauen.

Nach sechs Jahren, 1965 – überraschend spät, wenn man sein Leben davor und danach betrachtet –, war Ché Guevara der Sesshaftigkeit und der bürokratischen Zwänge überdrüssig und warf seine Ämter hin, angeödet vom wachsenden Einfluss der von Castro ins Land geholten sowjetischen Berater; nun wieder unstet wie einst, todesmutig, vielleicht todessüchtig, dem Scheitern geweiht und dem Weltruhm entgegen.

An seine Eltern schrieb Guevara, er müsse wieder losziehen «mit den Rippen der Rosinante zwischen meinen Fersen» – des mageren Kleppers also, auf dem Don Quijote die Windmühlen attackiert. Frei von solcher Selbstironie verabschiedete er sich von Castro mit dem Hinweis, es seien nun die revolutionären Bewegungen in anderen Ländern, die nach ihm riefen. Kubas Revolution exportieren! Die Yankees in die Knie zwingen! So zog Ché Guevara zu seinen beiden letzten Kriegszügen aus, in den Kongo und nach Bolivien.

Zunächst wollte er Afrika von Ghana aus befreien oder aus Mosambik mit Hilfe der dort stationierten chinesischen Berater. Aber dann sah er am ehesten in der Republik Kongo eine Chance: Im April 1965 überquerte er mit 14 kubanischen Guerrilleros den Tanganjika-See von Tansania zum Kongo, um dort eine «Volksbefreiungsarmee» im Kampf gegen die dem Westen hörige Regierung zu unterstützen. Castro schickte Nachschub, bis sich 105 Kubaner mit einigen tausend Kongolesen zusammentun konnten. Aber beim Angriff auf ein Kraftwerk schlug sich ein Drittel der Einheimischen noch vor dem ersten Schuss in die Büsche, und von den anderen schossen die meisten gar nicht oder in die Luft.

Guevara schäumte über solchen «Mangel an Disziplin und Opferbereitschaft», und im Oktober schrieb er an Castro: «Wir können nicht auf eigene Faust ein Land befreien, das nicht kämpfen will.» Im November 1965 befahl er den Rückzug seiner demoralisierten Truppe über den See nach Tansania. Er selbst, niedergeschlagen und ausgezehrt, flog von Daressalam zu einem Erholungsurlaub in die Tschechoslowakei.

Nun sollte man denken: Zwei Revolutionen – eine erfolgreich, die andere elend gescheitert, bevor sie richtig begann – wären genug für einen 38-Jährigen. Aber er liebte «den Geschmack der Angst», wie er im Tagebuch notierte, gewiss auch die Machtlust dessen, der Tod verbreiten kann; und obendrein dachte er wohl wirklich so, wie er es gern verkündete: Wenn irgendwo auf der Welt Unrecht geschieht, dann muss man leiden mit den Geknechteten, zu ihnen gehen und für sie kämpfen.

Zum Beispiel in Bolivien, wo seit 1965 kubanische Agenten zusammen mit den einheimischen Kommunisten eine Befreiungsbewegung ins Leben rufen wollten – Bolivien, warum nicht, auch von dort aus konnte man Südamerika aufrollen, wie es vom Kongo aus mit Afrika misslungen war. Im November 1966 steigt Guevara in der Hauptstadt La Paz aus dem Flugzeug, unter falschem Namen mit zwei falschen Pässen, ein Geschäftsmann aus Uruguay, bartlos mit Halbglatze – während die westlichen Geheimdienste noch rätseln, wo dieser Guevara diesmal im Trüben fischen mag.

In einem geheimen Lager im tropischen Dschungel am Osthang der Anden sammelt er seine «Befreiungsarmee» von 56 Mann und trifft dort auf bolivianische Kommunisten. Als er aber gegenüber deren Führer den Anspruch auf das alleinige Kommando erhebt, zieht der mit seinen Männern ab. Guevara bleibt zurück mit mehr Handfeuerwaffen und mehr US-Dollars, als seine Truppe verwenden kann. Im Camp besucht ihn der linksradikale französische Philosoph Régis Debray; er beschreibt den Comandante als «unsympathisch und bewundernswert», Übermensch und Unmensch in einem, von seinen Männern getrennt «durch eine Mauer aus Schweigen und Angst».

Die Guerrilla-Truppe bricht auf mit Guevaras Weisung, «eine kalte, wirksame Tötungsmaschine» zu sein. Sie hat keinen Verbündeten, nicht einmal einen landeskundigen Führer; sie ist chancenlos vom ersten Tage an.

Die indianischen Kleinbauern und Landarbeiter, die Guevara gegen ihre Grundherren aufwiegeln will, schweigen «wie die Steine», ja sie haben Angst vor den ungebetenen Ausländern, die mit Pistolen fuchteln und noch dazu offenbar verrückt sind: Denn wer ihnen ein Schwein verkauft, bekommt mehr Dollar aufgedrängt, als er dafür haben will. Als die Fremden auch noch elf Regierungssoldaten in einen Hinterhalt gelockt und umgebracht haben, kommt die Angst vor schrecklicher Vergeltung hinzu – und so bemühen sich die Indios, sich als treue Diener des Staates zu erweisen, indem sie zur nächsten Polizeistation laufen, um über die Bewegungen der Kubaner zu berichten.

Unterdessen werden 650 bolivianische Soldaten von amerikanischen Marines mit Vietnam-Erfahrung zu Rangern ausgebildet, und die Regierung setzt Autos und Motorräder als Kopfprämien für Guevaras Leiche aus. Mit den Tipps der Indios versehen, ziehen die Soldaten das Netz um die Kubaner langsam enger zusammen.

Kann es sein, dass Ché Guevara immer noch an einen Sieg geglaubt hat – geprägt von dem Kuba-Erlebnis, dass ein ähnlich verlorener Haufen schließlich triumphierte? Oder ist er sich über die Aussichtslosigkeit im Klaren, weil die Einheimischen, anders als auf Kuba, durchaus nicht befreit werden wollen? Wie lange mag er noch seinem Schlachtruf treu geblieben sein: «Seien wir realistisch – versuchen wir das Unmögliche»?

Oder leidet er bereits an Realitätsverlust? Kann er nur noch träumen von seinem Utopia, seinem Sonnenstaat, seiner Insel Felsenburg? Will er lieber sterben als zugeben, dass er verloren hat? Das Scheitern und das Sterben haben ja für manche Menschen einen eigentümlichen Reiz, T. E. Lawrence hat am arabischen Lagerfeuer darüber fabuliert: Eben das Misslingen sei die dem Menschen von Gott gewährte Freiheit und das Sterben die beste seiner Taten. «Ich will nicht nur deshalb leben», hatte der junge Ché ins Tagebuch geschrieben, «weil es eine Angewohnheit ist, die man nicht los wird.»

Elf Monate lang halten sich seine Guerrilleros im Dschungel, ratlos und ziemlich sinnlos ziehen sie hin und her, fluchend, zerstochen, verdreckt, mit zerfetzten Kleidern, von Durchfall und Erbrechen heimgesucht und noch dazu von Guevara gepiesackt mit barbarischen Strafen für laxe Disziplin und Sprüchen über die Unausweichlichkeit des Sieges. Und Ché richtet aus dem Urwald eine «Botschaft an die Völker der Welt», die sein Vermächtnis sein soll über seinen Tod hinaus: Totaler Krieg gegen Amerika, «zwei, drei, viele Vietnams», Hass, Blut und Tod ins Haus des Feindes tragen!

Vier seiner Männer setzen sich ab, 46 werden nach und nach von den Kugeln unsichtbarer Soldaten niedergestreckt. Sie sind noch sechs, als auch dem Comandante die Stunde schlägt: Am 8. Oktober 1967 gerät er bei dem Dorf La Higuera in einen Hinterhalt.

Dem Soldaten, der den Karabiner auf ihn richtet, ruft er zu: «Schieß nicht! Ich bin Ché Guevara – ich bin lebend mehr wert als tot!» Daraus könnte man folgern, er hätte um sein Leben gebettelt. Aber vermutlich gab er sich einer letzten Hoffnung hin: der auf ein großes Tribunal, vor dem er den Völkern der Welt die Wahrheit über den amerikanischen Imperialismus und Kubas «neuen Menschen» hätte verkünden können.

Ein Gewehr, eine Pistole und mehrere Messer hat der Comandante bei sich, dazu zwei Tabakspfeifen, zwei Rolex-Uhren und immer noch 15 000 Dollar. Haare und Bart haben einen verfilzten Kranz gebildet, an den Füßen trägt er selbst genähte Mokassins aus Ziegenfell. Die Regierungssoldaten setzen ihn gefesselt auf eine Bank in einem Klassenzimmer der Dorfschule. 16 Stunden hat er noch zu leben. Eine junge Lehrerin kann sich zu ihm schleichen, und im Licht einer Kerze plaudert und flirtet er mit ihr, unterbrochen von vermehrten Anfällen des Asthmas, das ihn sein Leben lang geplagt hat.

Die bolivianische Regierung – in engem Kontakt mit dem amerikanischen Gesandten und der CIA – schreckt ebendas, worauf Guevara hofft: die große Bühne eines Gerichtsverfahrens. Außerdem ist die Todesstrafe in Bolivien abgeschafft. Also muss er heimlich hingerichtet werden, während man der Welt versichert, er sei seinen im Kampf erlittenen Verletzungen erlegen. Befehl nach La Higuera: erschießen! Mehrere Soldaten weigern sich; wer es wirklich getan hat, ist umstritten – vermutlich ein Betrunkener, der ihm neun Kugeln in den Leib jagt. Soldaten balgen sich um sein blutiges Hemd als Souvenir, eine Frau schneidet ihm eine Locke ab und verwahrt sie als Reliquie.

Ein Militärhubschrauber fliegt die Leiche ins Städtchen Vallegrande. In der Waschküche des Krankenhauses wird der von

Schmutz und Blut verkrustete Körper gewaschen und für die Presse hergerichtet: Denn am 11. Oktober fliegt die bolivianische Regierung internationale Journalisten ein, damit sie den Tod des berühmtesten Störenfrieds auf Erden bestätigen können. Sie sehen einen schönen Leichnam mit irritierend offenen Augen; die Fotos davon wecken in aller Welt Erinnerungen an klassische Gemälde von der Kreuzabnahme.

Die Militärs aber wollen auch noch wissenschaftliche Beweise, dass der Tote Ché Guevara ist. Bei der Totenmaske wird gepfuscht, das Wachs ist zu heiß und zerstört sein Gesicht. Da sägen ihm die Ärzte die Hände ab und schicken sie nach Argentinien, weil dort seine Fingerabdrücke gespeichert sind. Wohin aber mit der restlichen Leiche? Sie zu verbrennen, misslingt. Schließlich wird sie an geheimem Ort verscharrt.

Die Hoffnung, Ché Guevara sei nun wirklich tot – ein Wunsch, den viele westliche Regierungen ebenso hegten wie die Diktatoren der Dritten Welt: diese Hoffnung wurde rasch enttäuscht, der tote Ché noch populärer, als der lebende es je gewesen war. Mehrere Hollywood-Schauspieler hörten auf, sich zu rasieren, in der Hoffnung auf die große Rolle. Sein Bild prangte alsbald auf T-Shirts, Baseballmützen, Schlüsselanhängern, Swatch-Uhren und Kaffeebechern, für Uhren und Biersorten musste sein Name herhalten. Die revoltierenden Studenten von 1968 machten ihn zur Galionsfigur; Peter Weiss fragte selbstquälerisch im schwedischen Exil: «Sind wir mitschuldig an diesem Tod? Sind wir die Verräter?» Und Wolf Biermann reimte schlecht und recht:

> Der rote Stern an der Jacke,
> Im schwarzen Bart die Zigarre,
> Jesus Christus mit der Knarre –
> So führt dein Bild uns zur Attacke.

1969 wurde Guevaras Leben verfilmt mit Omar Sharif in der Titelrolle, und Biographien über ihn sind im Dutzend erschienen, kaum eine weniger als 700 Seiten lang. An der Universität von Buenos Aires wurde 1997 ein «Lehrstuhl für Ché-Guevara-Kunde» eingerichtet, die Vorlesungen waren sogleich überfüllt.

Im selben Jahr fanden kubanische und argentinische Experten auf einer stillgelegten Piste des Flugplatzes von Vallegrande Ché Guevaras Skelett. Sensation! Auch die deutschen Zeitungen waren voll davon. Das bolivianische Städtchen hoffte begeistert auf Touristen, ein Mausoleum wollte es dem weltberühmten Leichnam errichten. Aber Kuba forderte ihn zurück, und der Tempel steht in Santa Clara, der kubanischen Stadt, in der Ché Guevara 1958 den entscheidenden Sieg über den Diktator Batista erfochten hatte.

Was hat den Weltruhm, was die bis heute ungebrochene Popularität eines Mannes begründet, dessen Wirken ein einziges Desaster war? Eines arroganten, überspannten Selbstdarstellers, der brutal den Tod gab und vor der Wirklichkeit völlig versagte? Dass Fidel Castro seit 1967 unablässig daran arbeitet, Ché Guevara zur Leitfigur aller noch erhofften Revolutionen zu machen – das kann nur den kleinsten Beitrag dazu geleistet haben.

Für die revoltierenden Studenten von 1968 lag der Fall klar: Sie hatten ihr Idol gefunden, ihren Märtyrer. Ein Einzelner hatte es gewagt, dem Kapitalismus, dem Imperialismus in aller Welt die Stirn zu bieten; das, wovon sie nur redeten, hatte er getan. Ihn konnte man bewundern und gleichsam beneiden. Indem aber dieser Held mit dem Heiligenschein schließlich doch gescheitert war, durfte man sich, indem man ihn verehrte, zugleich des Handelns enthoben fühlen: Er hatte ja bewiesen, dass jeder, der für diese Welt zu gut ist, von der Welt erschlagen wird.

Alle aber, die noch heute von Ché Guevara reden, haben Teil an einer uralten Prägung unseres Gemüts: dass es gerade das Scheitern ist und der frühe Tod, was den Helden ausmacht. Leonidas fiel im hoffnungslosen Kampf gegen die Perser, Friedrich Barbarossa ertrank beim Kreuzzug, die homerischen Heroen gehen kämpfend unter, die Edda ist ein Lehrbuch vom mannhaften Sterben.

Indem Ché Guevara todesmutig war, dieser schöne Mann mit dem Jesusblick, tollkühn, leidensbereit, zielstrebig bis zur völligen Verblendung, konsequent bis zur Selbstvernichtung, dabei auch noch bescheiden, unbestechlich, ein Robin Hood im selbstlosen Kampf für die Entrechteten – mit alldem ist er der provokante, bewunderte, verabscheute Gegenpol zu den Bausparern, Kassenpatienten, saturierten Bürgern der westlichen Welt geworden. Die meisten von ihnen freuen sich, dass sie nicht sind wie dieser da; viele registrieren mit Genugtuung, dass selbst ein Heiland der Regenwälder den Marxismus nicht lebendig machen konnte; aber einige streift vielleicht ein Hauch von Neid auf einen so phantastischen Lebensentwurf.

Gescheitert ist Ché Guevara total, doch blamiert hat er sich nicht, und aus dem Verlierer im Leben ist ein Sieger im Tod geworden – ein irisierender Extremfall der Gattung Mensch; unter allen Märtyrern, von denen wir wissen, der einzige mit Sex-Appeal; eine unwiederholbare Mischung aus Jesus, Lenin, Tarzan und Rudolph Valentino.

GRANDIOS GESCHEITERT:

7 Gorbatschow

Wie er Völker befreite und ein Imperium verlor

Dass ein Mitglied des sowjetischen Politbüros lächeln konnte und noch dazu zwei Stufen auf einmal nahm – das erregte Aufsehen in London und der ganzen westlichen Welt, damals, im November 1984, als Michail Gorbatschow die britische Premierministerin Margaret Thatcher besuchte, und das Grab von Marx in London besuchte er nicht.

Und dieser Gorbatschow wird am 11. März 1985, neun Tage nach seinem 54. Geburtstag, von den versteinerten, im Durchschnitt zwanzig Jahre älteren Mitgliedern des Politbüros zum Generalsekretär der KPdSU berufen, zum Nachfolger von Lenin und Stalin, Chruschtschow und Breschnew und den gebrechlichen Nachzüglern Andropow und Tschernenko – zum Herrn also über eine Viertelmilliarde Sowjetbürger, 20000 Atomraketen und das größte Reich auf Erden; und binnen sechs Jahren wird er es zerfallen sehen.

Was da eigentlich geschah und warum sein Bild in der Geschichte schwankt und schillert wie das kaum eines anderen Menschen – zwischen «Sieger, Visionär, Befreier» und «Versager, Zerstörer, reiner Tor»: Das lohnt sich nachzuzeichnen, es ist eine klassische Studie zum Thema «Wie ein Mensch von der Siegertribüne unvermittelt und unbesiegt auf die Verliererstraße rutschen kann», es ist *a study in losing.*

Geboren 1931 als Bauernsohn in einem Dorf bei Stawropol am Nordhang des Kaukasus, der eine Großvater für ein Jahr ins Gefängnis geworfen, der andere nach Sibirien verbannt, weil sie Stalins mörderischer Zwangskollektivierung im Wege waren, mehrere Hungertote in der Familie – das waren die prägenden Kindheitserinnerungen des Michail Gorbatschow. Nach Kriegsende, mit 15, wurde er Maschinist in einer Traktorenstation, und da er für seinen Fleiß den Rotbanner-Orden bekam, durfte er 1950 nach Moskau übersiedeln und dort Jura studieren. Mit dem Diplom in der Tasche kehrte er nach Stawropol zurück, wurde Funktionär im Kommunistischen Jugendverband, 1966 Parteichef der Stadt und 1970 der ganzen Provinz.

Dort war der Chef des KGB, Juri Andropow, mehrfach sein Gast, wenn er zur Erholung in den Kaukasus reiste. Andropow sorgte 1978 dafür, dass Gorbatschow zum Sekretär für Landwirtschaft im Zentralkomitee der KPdSU aufstieg und zwei Jahre später ins Politbüro. 1982 trat Andropow die Nachfolge Breschnews an und starb 15 Monate später; sein Nachfolger Tschernenko musste schon nach 13 Monaten begraben werden. Die Zeit schien reif für einen Jüngeren.

Und der verblüffte sehr bald seine Völker und alle Zeitungsleser auf Erden. Zwar verkündete er unverzüglich seine unerschütterliche Treue zum bolschewistischen Prinzip und forderte strenge «Arbeits-, Partei- und Staatsdisziplin». Aber zugleich rief er «zu neuem Denken» auf, versprach alsbald *Glasnost*, also Transparenz (eine vorsichtige Annäherung an westliche Meinungsfreiheit) und proklamierte sogar *Perestroika,* die Umgestaltung von Staat, Partei und Wirtschaft – wie und bis zu welchem Grade, das blieb freilich unklar und umstritten bis zuletzt.

Michail Gorbatschow, Generalsekretär der KPdSU von 1985 bis 1991: Im Westen gefeiert als Befreier der von der Sowjetunion unterdrückten Völker, Träger des Friedensnobelpreises – zu Hause aber verachtet als der, dem ein Imperium zwischen den Fingern zerrann.

Die Wirtschaft fand Gorbatschow ja als einen Trümmerhaufen vor, und da gleichzeitig Präsident Ronald Reagan, triumphal im Amt bestätigt, sein Projekt eines weltraumgestützten Raketenabwehrsystems (SDI, «Krieg der Sterne») vorantrieb, sah er ein: Den Rüstungswettlauf mit Amerika konnte die Sowjetunion nur verlieren. 100 Milliarden Rubel wurden alljährlich für «die wahnwitzige Militarisierung» ausgegeben – «und dabei fehlten den Sowjetmenschen oft die einfachsten Dinge», schrieb Gorbatschow im Rückblick: heute Waschpulver, morgen Zahnpasta, Wohnungen immer.

Also blieb ihm nichts, als auf Entspannung zu setzen und den Kalten Krieg verloren zu geben. Dass dies weniger aus Friedfertigkeit als vielmehr aus nackter Not geschah, machte sich der Westen erst viel später klar.

Bei diesem Kurs war dem neuen Parteichef nicht zuletzt Andrej Gromyko im Wege, seit achtzehn Jahren Außenminister unter fünf Generalsekretären, der ewig sauertöpfisch dreinschauende Isegrim der Weltrevolution. Chruschtschow soll von ihm gesagt haben: «Wenn man es ihm befiehlt, würde Gromyko monatelang auf einem Eisblock sitzen bleiben, und das mit herabgelassenen Hosen.» Nun also ab mit ihm ins bloß dekorative Amt des Staatsoberhaupts.

Einsicht, Entschlusskraft und Wagemut trafen da bei Gorbatschow zusammen; aber Unruhe breitete sich in den Parteikadern aus. Das Volk setzte sich sogar zur Wehr gegen die Ohrfeige, die der Neue ihm gleich 1985 versetzte: Eine «Kampagne zur Überwindung der Trunksucht» rief er aus, um die darniederliegende Arbeitsdisziplin, die schleppende Produktivität zu erhöhen – abgestützt durch eine drastische Preiserhöhung für des kleinen Mannes Lebenselixier, den Wodka, das «Wässerchen». Empörung, Schwarzbrennerei, Tausende von Toten durch Panschen in der Waschküche; Gorbatschow musste widerrufen. Während seine Popularität im Westen wuchs und wuchs, hatte er sie im Osten schon verspielt.

Helmut Kohl blieb misstrauisch gegenüber der Offensive des Lächelns, mit der der neue Mann im Kreml den Westen auf Entspannung einstimmte: «Gorbatschow versteht was von PR», sagte er 1986 in einem Interview mit dem amerikanischen Nachrichtenmagazin *Newsweek*, «Goebbels verstand auch was davon.» (Entrüstung von Moskau bis Washington.) Argwohn herrschte ebenso bei Präsident Reagan vor: Bei seinem Treffen mit Gorbatschow in Reykjavik verwarf er dessen Abrüstungsvorschläge, und so wurde der Chef der KPdSU auch noch der Abgott der deutschen Friedensbewegung.

Ausgewiesene Dissidenten ließ er wieder ins Land, der Nobelpreisträger und Regimekritiker Andrej Sacharow durfte aus siebenjähriger Verbannung nach Moskau zurückkehren. Doch dann wieder: Tschernobyl. Dass Block 4 des Leichtwassergraphitreaktors dieses Atomkraftwerks in der Ukraine am 26. April 1986 explodierte, dafür konnte Gorbatschow nichts – wohl aber für die Informationspolitik, die er daraufhin einschlug: Verschweigen,

Verharmlosen, Beschönigen nach alter Sowjetmanier, mindestens um die Feiern zum 1. Mai nicht zu belasten, und erst nach drei Wochen die volle Wahrheit.

Zur Zentralfigur der Weltpolitik und zum absoluten Liebling des Westens stieg Michail Gorbatschow in seinen drei großen Jahren auf, 1987 bis 1989. Das amerikanische Nachrichtenmagazin *Time* rief ihn für 1987 zum «Mann des Jahres» aus. Mit Reagan hatte er sich auf die Verschrottung von 2700 Mittelstrecken-Atomraketen geeinigt – ein, wenn auch kleiner, Schritt in Richtung Abrüstung, wie nach 1945 noch keiner getan worden war. In der Sowjetunion ließ Gorbatschow Presseberichte über Versorgungsmängel und Verbrechen zu, in der Wirtschaft versuchte er die Selbstverantwortung zu fördern und Schlamperei und Korruption zu beseitigen; kleine Privatbetriebe durften eröffnet werden.

Das war nicht viel und bewirkte noch weniger, aber ein Generalangriff war es durchaus: auf die Vorrechte und Besitzstände einer Nomenklatura nämlich, die sich in zwei Generationen Leninismus für unangreifbar gehalten hatte – 18 Millionen eingeschworene Mitglieder der Kommunistischen Partei, die in Politik, Wirtschaft und Verwaltung sämtliche Schlüsselpositionen besetzt hielten und dazu alle Privilegien genossen, die die marode Wirtschaft des Riesenreichs gewähren konnte. Diese Kader zu verprellen, das wagte Gorbatschow – an ihrer Macht zu rütteln, ihren Einfluss zu vermindern in kleinen Schritten und mit vielen Winkelzügen; und staunend sah die Welt, dass er dabei nicht unterging.

1988 begann die Sowjetunion mit dem Rückzug ihrer Truppen aus Afghanistan. Vor der Vollversammlung der Vereinten Nationen schlug Gorbatschow vor, alle Großmächte sollten sich zum absoluten Gewaltverzicht verpflichten, und eine einseitige Abrüstung um 500 000 Mann kündigte er an – aus Finanznot, natürlich; aber wer fragt nach den Motiven?

Ja er gab das Signal, dass Moskaus Vasallenstaaten in Osteuropa die Freiheit hätten, ihre Ketten abzuwerfen: In aller Form widerrief er die Breschnew-Doktrin von 1968, mit der die sowjetische Invasion in der Tschechoslowakei gerechtfertigt worden war; alle sozialistischen Staaten, verkündete er nun, sollten denjenigen Weg zum Sozialismus einschlagen, den sie für richtig hielten (ob wirklich «zum Sozialismus», blieb dabei offen).

Im Sommer 1989 wurde Gorbatschow bei seinem Staatsbesuch in Bonn mit einem Jubel empfangen wie in Deutschland kein Politiker mehr seit John F. Kennedy. «Gorbi, Gorbi!», schrien die Leute, von «Gorbimanie» sprachen deutsche Zeitungen, und Johannes Gross schrieb im *FAZ-Magazin*: «Woran man einen wahren Machthaber erkennt: daß die Deutschen sich vor ihm im Staube wälzen.» Böse genug gesagt; nur: Ein «wahrer Machthaber» war Gorbatschow gerade nicht, und ebendas brach ihm den Hals.

Der Zerfall der DDR hatte längst begonnen. Im August verriegelte die Bundesrepublik ihre Vertretungen in Ostberlin, in Budapest und schließlich in Prag, weil sie von Flüchtlingen überfüllt waren. Im September setzte der ungarische Außenminister Gyula Horn jene Kettenreaktion in Gang, die zum Zusammenbruch der DDR führte: Ungarns Grenze nach Österreich, verkündete er, werde ab sofort offiziell für alle Deutschen offen sein.

Am 7. Oktober 1989 fühlte die bankrotte, ausblutende DDR sich aufgerufen, ihren 40. Jahrestag zu feiern. Gorbatschow war gekommen, bekräftigte das Ende der Breschnew-Doktrin und legte Honecker vermutlich einen ehrenvollen Rücktritt nahe. Am 9. November um 22 Uhr begann an der Bornholmer Straße in Berlin eine endlose Kolonne von Trabbis ungehindert in den Westen zu rollen; drei Tage später setzte die SED-Führung von sich aus Bagger auf die Berliner Mauer an. Und die 365 000 Sowjetsoldaten auf deutschem Boden mit ihren 600 Hubschraubern und 4100 Panzern hielten still – weil Gorbatschow es so wollte. Im November besuchte er den Papst.

Da wurde der Generalsekretär der KPdSU von *Time* in der Ausgabe vom 1. Januar 1990 mit dem nie zuvor verliehenen Titel «Mann des Jahrzehnts» geehrt. «Zauberer» hieß er in der Titelgeschichte, Superstar, Manager der kalkulierten Unordnung, politisches Genie, ja «global navigator», Steuermann der Welt. Von da an ging's bergab.

In Gorbatschows Innen- und Wirtschaftspolitik klaffe ein Abgrund zwischen den Worten und den Taten, schrieb Andrej Sacharow kurz vor seinem Tod; eine Veränderung zum Besseren habe es auf keinem Feld gegeben. Auf dem Parteikongress im Februar 1990 kam es zu lautstarker Kritik an politischer Anarchie und wirtschaftlichem Niedergang. Im Volk häuften sich Proteste und verklärende Erinnerungen an die Stalin-, mindestens an die Breschnew-Ära, als noch Ordnung herrschte und das hoch subventionierte Brot aus allen Taschen quoll.

Im Frühjahr 1990 trieb es Gorbatschow noch schlimmer: Er brach das Monopol der KPdSU, indem er den Kongress der Volksdeputierten bewog, auch andere politische Parteien zuzulassen, und die Sowjetrepublik Litauen erklärte sich für unabhängig – der Zerfall des Imperiums hatte begonnen. Gorbatschow schickte zwar Panzer und verhängte eine Wirtschaftsblockade, aber schließlich gab er nach. Am 1. Mai wurde er bei der Kundgebung auf dem Roten Platz in Moskau ausgepfiffen.

Am 16. Juli 1990 gab er im Kaukasus gegenüber Helmut Kohl den Weg zur Wiedervereinigung frei, sogar zum Eintritt des ganzen Deutschland in die NATO, und binnen vier Jahren würden die Sowjettruppen Deutschland räumen, wofür Kohl eine Umzugsbeihilfe von 12 Milliarden Mark versprach.

Im Oktober erlebte Gorbatschow seinen letzten Triumph: Er bekam den Friedensnobelpreis. Alte Sowjetgenerale vermochten sich darüber freilich nicht zu freuen, und in der Tat hatte ja ein Verlierer ihn bekommen: der *loser* im Rüstungswettlauf mit den USA, den Reagan, der Sieger, ihm aufgezwungen hatte, in der erklärten Absicht, die Sowjetunion «kaputtzurüsten». Das war nun vollbracht.

1991 ging dann alles ziemlich schnell. Einerseits strich der Kongress der Volksdeputierten die führende Rolle der KPdSU aus der Verfassung und wählte Gorbatschow zum Präsidenten der Sowjetunion, gegenüber Gromyko mit weit mehr Rechten. Andererseits erkannte der Staatsrat die Unabhängigkeit Litauens an, und inzwischen hatten auch Estland, Lettland und weitere Sowjetrepubliken ihren Austritt aus dem Staatsverband erklärt. Der Warschauer Pakt, das östliche Gegenstück der NATO, löste sich auf.

Gegen diesen für sie unerträglichen Kurs putschten am 19. August der Verteidigungsminister, der KGB-Chef und weitere Altstalinisten und beschossen in Moskau das Weiße Haus, in dem Boris Jelzin sich verschanzt hatte, der Präsident der sowjetischen Teilrepublik Russland. Gorbatschow ließen die Putschisten in seiner Datscha auf der Krim arretieren. So weit weg von Moskau hätte er sich nicht begeben dürfen. Zum ersten Mal – aber unwiderruflich – hatte er die Macht seiner Gegner falsch eingeschätzt.

Jelzin konnte den Putsch nach drei Tagen niederschlagen; Gorbatschow durfte wiederkommen. Doch als er im Parlament das Wort ergriff, um mit den Verschwörern abzurechnen, da baute sich Jelzin unter den Augen der Fernsehkameras drohend vor ihm auf und bedeutete ihm mit ausgestrecktem Zeigefinger, von welchem seiner Zettel er abzulesen habe. «Ein Todesurteil», raunten sich die Journalisten auf der Pressetribüne zu, und sie hatten Recht. Als Generalsekretär der KPdSU, die es ja noch immer gab, trat Gorbatschow nun zurück, und der Partei empfahl er die Selbstauflösung.

Aber er rang weiter um den Erhalt der Union, er bastelte an immer neuen Modellen, wie sie in veränderter Form zu retten sei. Die Initiative war ihm dabei längst entglitten. Volksabstimmung in der Ukraine: 90 Prozent für die Unabhängigkeit. Und Gorbatschow barmte im ukrainischen Fernsehen: «Im Westen sind alle dafür, dass die Sowjetunion erhalten bleibt, auch die Dritte Welt möchte das – bloß wir nicht. Was ist eigentlich los – haben wir einen Dachschaden?»

Auf Betreiben Boris Jelzins trafen sich sodann am 8. Dezember 1991 die Präsidenten der Sowjetrepubliken Russland, Weißrussland und Ukraine auf einer Datscha in der Nähe der weißrussischen Hauptstadt Minsk und beschlossen: Die Sowjetunion hat aufgehört zu existieren. Wir gründen stattdessen eine Gemeinschaft unabhängiger Staaten (GUS) und laden die anderen Sowjetrepubliken zum Beitritt ein. Das Gerücht, die drei Präsidenten hätten sich nach der Unterzeichnung des Dokuments unsäglich besoffen, klingt plausibel.

Gorbatschow bezeichnete das Abkommen als unwirksam: Die Union könne nicht durch drei Republikchefs einfach gesprengt werden. Aber die Obersten Sowjets von elf der fünfzehn Sowjetrepubliken entschieden sich für Jelzin und die GUS, und am 12. Dezember proklamierte Jelzin sein Russland als unabhängigen Staat.

Das war das Ende des Imperiums, das einst die Zaren zusammengeraubt hatten – von Stalin noch vergrößert und zur Supermacht erhoben, von Ronald Reagan als «Reich des Bösen» angeprangert und im Rüstungswettlauf besiegt, von Jelzin machtgierig auseinander geschleudert, dem Reformer Gorbatschow unter den Händen zerronnen. Am 25. Dezember verabschiedete sich der letzte Präsident der Sowjetunion im Fernsehen von der Weltgeschichte, und nur wenige hörten ihm noch zu.

Viele westliche Staatsmänner dankten Gorbatschow für seine historische Tat: die Staaten Osteuropas in die Freiheit entlassen, die Wiedervereinigung Deutschlands ermöglicht, das kommunistische System aufgebrochen und den Frieden der Welt gerettet zu haben.

Am 31. Dezember 1991 wurde die rote Fahne, die seit 1918

über dem Kreml wehte, eingeholt für immer. Walentin Falin, langjähriger Botschafter der Sowjetunion in Bonn, sagte im Rückblick: Gorbatschow habe Russland und den anderen Sowjetrepubliken den größten Schaden zugefügt, den sie je erlitten hätten. Hans Modrow, letzter Ministerpräsident der DDR vor den ersten freien Wahlen, nannte ihn «den Totengräber des Sozialismus»; er und nur er sei verantwortlich dafür, dass die Sowjetunion, Siegermacht des Zweiten Weltkriegs, «quasi nachträglich den Krieg verloren hat».

Warum galt der Mann, den die westliche Welt als Sieger feierte, zu Hause als Versager? Weil die Russen den Zerfall ihres Weltreichs nicht Jelzin verübelten, sondern ihm in die Schuhe schoben. Weil die Sowjetbürger den Gewinn an Freiheit mit noch mehr Armut und noch mehr Korruption bezahlen mussten; an die Gefängnisordnung hatte man sich ja gewöhnt – das Chaos fanden sie schlimmer.

Alles habe Gorbatschow falsch gemacht, schrieb sein ehemaliger Außenminister Schewardnadse: Den Kollaps habe er selbst herbeigeführt durch seine Unentschlossenheit, seine Neigung zum Lavieren und sein Misstrauen gegenüber dem Volk, das er doch habe befreien wollen. In der Tat: Einer Volkswahl stellte er sich nie – anders als Boris Jelzin, der das 1991 gewagt hatte und mit 57 Prozent der Stimmen zum Präsidenten der Russischen Sowjetrepublik gewählt worden war.

Jelzin! Gorbatschow selber hatte den ursprünglich kaum bekannten Funktionär aus der Provinz zum Parteichef von Moskau befördert. Der nutzte seine Chance, entmachtete missliebige Funktionäre und reihte sich schimpfend und lachend in Einkaufsschlangen ein; Jelzin war es dann, der den Putsch niederwarf, Gorbatschow als Schwächling vorführte und die Zertrümmerung der Sowjetunion aktiv betrieb, während sie über seinen Rivalen nur als ein Unheil hereinbrach, das zu verhindern er zu schwach war –

dem Machtinstinkt und der zynischen Taktik Jelzins nicht gewachsen.

Umso mehr bleibt der Kraftakt zu bewundern, den Gorbatschow in den sechs Jahren davor vollbrachte: Er wagte es und er schaffte es, dem Monstrum KPdSU die Stirn zu bieten, die in siebzig Jahren aufgestauten fetten Privilegien der Apparatschiks zu beschneiden und dabei auch noch die Militärs ruhig zu stellen – dies *natürlich* durch eben jene Taktik des Lavierens, die Schewardnadse ihm zum Vorwurf machte, als «Manager der kalkulierten Unordnung», die *Time* an ihm lobte. Immer, schrieb er später, sei er bestrebt gewesen, «eine explosionsartige Lösung der Widersprüche» zu vermeiden, also den blutigen Umsturz. Das hat er geschafft.

Irgendwann, das lässt sich vermuten, wäre das Sowjetsystem auch ohne Gorbatschow zusammengebrochen – aber sicher später, vielleicht in schrecklichen Konvulsionen und womöglich erst nach einem Waffengang der Weltmächte. All das hat Gorbatschow den Völkern der Sowjetunion und der Welt erspart.

Nur vom Chaos verschonen konnte er die Sowjetbürger nicht: Mit *Glasnost* und *Perestroika* zerbrach die Statik des ganzen Systems. Ob irgendein anderer Mensch sich an einer solchen Aufgabe *nicht* die Zähne ausgebissen hätte, ist eine offene Frage. Gorbatschow, sagt der amerikanische Russlandexperte Robert Conquest, «war der Mann auf dem Drahtseil, der versucht hat, gleichzeitig auch noch die Löwen zu bändigen».

Ja, es bedurfte «der riesigen Anspannung aller Kräfte», die überfälligen Reformen durchzusetzen, so hatte er selbst es in seiner Abschiedsrede im sowjetischen Fernsehen gesagt – die Reformen zu erzwingen nicht nur gegen den wachsenden Widerstand des verkrusteten Partei-, Staats- und Wirtschaftsapparats, «sondern auch gegen unsere Gewohnheiten, unsere ideologischen Vorurteile, unsere Intoleranz, unsere Rentner-Psychologie» – und nur zum Teil sei ihm dies gelungen.

Was er sich später selber vorwarf, war nur eines: Der Kommunistischen Partei, in die er als Schüler eingetreten war, sei er so verbunden gewesen, dass er an ihre Reformierbarkeit geglaubt habe; er hätte aber so weit gehen sollen, sie zu spalten. In dem gleichen Interview, im August 2001, nannte er indessen Lenin «die bedeutendste Figur der Weltgeschichte», und in seinen Büchern hörte er nicht auf, die Oktoberrevolution und die Errungenschaften des Sozialismus zu preisen.

Nicht dies aber kann die Ursache dafür sein, dass Gorbatschow auch im Westen ein eher trauriges Bild hinterlässt. Das hat wohl zwei andere Gründe. Der eine: Von Heldensagen und Cowboy-Epen geprägt, mögen wir erstens die Sieger und zweitens unter denen, die gescheitert sind, solche, die heroisch untergehen – heimtückisch ermordet wie Siegfried, gedemütigt und der Demütigung trotzend wie Napoleon, vom eigenen Schwert durchbohrt wie Varus nach der Schlacht im Teutoburger Wald. Verlierer, die sich mit den Siegern arrangieren, handeln zwar vernünftig, aber leider gar nicht eindrucksvoll. Gorbatschow lebte einfach weiter, in Russland beiseite geschoben, jedoch unbehelligt, von vielen verachtet, von den meisten fast vergessen.

Dazu kam der andere Grund: Sollte ihn an seinem Bild in der Geschichte, an seinem Nachruhm etwas gelegen haben, so wäre er ein miserabler Verwalter desselben gewesen. Die Chance, sich in großer Pose dem Weltgericht zu stellen, hätte er ja immer noch gehabt. Doch mit seinen wehleidigen Rechtfertigungsbüchern wahrte er sie nicht, und eine vermeidbare schreckliche Blamage zog er sich zu, als er 1996 bei der Wahl zum Präsidenten Russlands kandidierte: Er brachte es auf 0,5 Prozent der Stimmen.

Am schlimmsten für seinen Nachruhm aber war vielleicht, dass er sich im Westen nahezu gewerbsmäßig als Vortragsredner, Denkmalsenthüller, Gratulant und Staffage für festliche Empfänge verdingte. Den Ruhm Napoleons, schrieb François Chateaubriand, einst sein Gesandter in Rom – den hätten die siegreichen Engländer zu ihrem Entsetzen *gemehrt*, indem sie ihn nach St. Helena verbannten; da hätten sie ihm, dem Adler, einen Felsen im Ozean gegeben, «auf dessen Spitze er bis zu seinem Tod im Sonnenlicht verharrte». Was also, fragt Chateaubriand, hätten die Sieger tun müssen, um Napoleon vor der Nachwelt zu «vernichten», wie es doch ihre Absicht war? Ihn zu ihren Festmählern einladen!

Das durfte einem einfallen, wenn man Zeuge war, wie Gorbatschow in der Kantine eines Hamburger Großunternehmens seine Standardrede hielt und sich dann am Vorstandstisch bewirten ließ. Dass er einer der großen Beweger und Befreier des Jahrhunderts, vielleicht sogar der Retter der Welt vor dem Atomkrieg war, sollte man darüber nicht vergessen, so schwer er's einem macht. Von seiner Art sind die Verlierer, die die Menschheit brauchen kann.

UM DEN SIEG BETROGEN:

8 Rainer Barzel

Wie er fast Bundeskanzler geworden wäre

Barzel? Ist das nicht der greise Ehrengast auf Staatsempfängen, mit dem selten einer redet – ein Mensch von vorgestern, das lebende Denkmal des Verlorenhabens? Hat der nicht ein Ding gedreht irgendwann im vorigen Jahrhundert, und auf die Schnauze gefallen ist er auch?

Ja, er hat, und er ist. Bundeskanzler wäre er geworden im April 1972 – hätten da nicht zwei gekaufte Abgeordnete gegen ihn gestimmt. Bei mindestens einem der beiden kam das Bestechungsgeld aus Ostberlin, das ist aktenkundig; beim anderen darf man wählen, wer sich zu Recht rühmt, so wirksam bestochen und damit die Regierung Brandt gerettet zu haben: wiederum das Ministerium für Staatssicherheit – oder die SPD.

Dass und wie die deutsche Politik damals von der Stasi gesteuert worden ist, bleibt bemerkenswert bis heute; und dass die Demütigung von 1972 nur die erste von fünf Niederlagen war, die er öffentlich einstecken musste, mehr als die meisten Menschen: Das macht diesen Dr. iur. Rainer Candidus Barzel interessant genug; auch wenn niemand darauf wetten würde, dass unter seiner Regierung die Bundesrepublik Deutschland ein besseres, erfolgreicheres, glücklicheres Land geworden wäre.

Unstreitig aber war Rainer Barzel – geboren 1924 in Ostpreußen, im Zweiten Weltkrieg Leutnant der Luftwaffe – ein hochintelligenter Mensch, mit mehr Redlichkeit in sich als die meisten Politiker, noch dazu in seinen großen Jahren mit erzvernünftigen, jedenfalls durchaus mehrheitsfähigen Ansichten und über die Parteigrenzen hinweg als vertrauenswürdig geschätzt; aber dies der Mehrzahl der Bundesbürger klar zu machen, gelang ihm nie, ja nicht einmal die eigene Partei hat ihn geliebt.

Seine politische Karriere begann Barzel 1955: Er wurde Berater des CDU-Ministerpräsidenten von Nordrhein-Westfalen, Karl Arnold, und sein Redenschreiber. 1957 zog er für die CDU in den Bundestag ein und blieb in ihm dreißig Jahre lang. Schon 1960 rückte er in den CDU-Bundesvorstand auf. Der 85-jährige Konrad Adenauer – 1961 zum vierten Mal zum Bundeskanzler gewählt, diesmal aber unter einigen Mühen – warf ein Auge auf den fast ein halbes Jahrhundert Jüngeren und gab ihm den Auftrag, für die CDU die Zukunftsperspektive zu umreißen.

Ostern 1962 legte Barzel seine Studie vor, in der es hieß: Es sei eine neue Generation herangewachsen, die Hitler, Krieg und Not nicht mehr erlebt habe und der der Wohlstand selbstverständlich sei; das religiöse Interesse sei rückläufig, Autorität gerate in Misskredit, Atomzeitalter und Automation schafften neue Bedingungen, und die Freizeit werde wichtiger als die Arbeit. Das war eine scharfsichtige Diagnose; eine Therapie enthält der veröffentlichte Teil der Studie nicht.

Noch im selben Jahr, 1962, machte Adenauer den 38-Jährigen zum Bundesminister für gesamtdeutsche Fragen. In dieser Eigenschaft war er *kein* Scharfmacher gegen den Kommunismus und die DDR, wie er dies in der Tat gewesen war – als von Adenauer berufener Vorsitzender des Kampfbundes «Rettet die Freiheit», der dem amerikanischen Senator McCarthy in der Hatz auf tatsächliche oder vermeintliche Kommunisten nacheiferte. Dieses Image wurde Barzel nie wieder los. Auch sein allzu glattes Gesicht und seine etwas ölige Stimme waren seiner Beliebtheit im Wege; sogar in seinem Namen fand sich Futter für Kabarettisten: Zum Bürzel schlugen sie die Brücke, der Schwanzwurzel der Vögel, ja sie erfanden ein Tier namens «der Gemeine Waldbarzel», das sogar glaubhaft zoologisch klang.

Im Bundestagsausschuss für gesamtdeutsche Fragen arbeitete Barzel durchaus fruchtbar mit dem stellvertretenden SPD-Vorsitzenden Herbert Wehner zusammen; zu DDR-Anwälten knüpfte er Kontakte, um den Freikauf politischer Häftlinge einzufädeln; und 1966 plädierte er vor dem *American Council on Germany* in New York für eine Entspannungspolitik gegenüber dem Osten, die der Meinung der SPD nahe kam und von der Mehrheitsmeinung der CDU/CSU weit entfernt war. «Wer nicht handelt, wird behandelt», hieß sein Kernsatz.

Seit 1964 hatte Barzel eines der einflussreichsten Ämter der Republik inne: Fraktionsvorsitzender der CDU/CSU im Bundestag. Da machte er sich Hoffnung, nach dem Sturz von Ludwig Erhard im November 1966 der Bundeskanzler der großen Koalition zu werden, die nun an die Stelle der CDU/CSU-FDP-Regierung trat. Dass er Kurt Georg Kiesinger das Feld überlassen musste, war die erste große Enttäuschung in seinem Leben; eine seiner fünf *öffentlichen* Niederlagen war es noch nicht.

In den drei Jahren der Großen Koalition sorgte Barzel zusammen mit dem SPD-Fraktionsvorsitzenden Helmut Schmidt dafür, dass das heikle Bündnis geräuscharm funktionierte. Noch 2001 schrieb Barzel: «Wie Helmut Schmidt» würde er regiert haben, wenn er nicht 1972 um das Amt betrogen worden wäre; und noch 2004 nannte Helmut Schmidt in einem Fernsehinterview Barzel einen Freund – «einen Menschen, auf den man sich verlassen kann».

1968, nach dem Attentat auf Rudi Dutschke, den Wortführer der revoltierenden Studenten, war es Barzel, der dafür plädierte,

Er war ein Betrogener wie kein anderer in der deutschen Politik: 1972 wäre Rainer Barzel Bundeskanzler geworden, hätten nicht die Stasi und die SPD zwei Abgeordnete der Union gekauft. (Foto von 2001)

das Gespräch mit der Außerparlamentarischen Opposition zu suchen – in heftigem Widerspruch zu Bundeskanzler Kiesinger und dem CSU-Vorsitzenden Franz Josef Strauß.

Aus den Bundestagswahlen von 1969 ging die CDU/CSU wieder als stärkste Partei hervor und Kiesinger als der scheinbare Sieger; dem Fraktionsvorsitzenden bot er im neuen Kabinett das Außenministerium an.

Doch der SPD-Vorsitzende Willy Brandt, noch Außenminister, überspielte Kiesinger und bildete eine Koalition mit der FDP – vor allem zu dem öffentlich verkündeten Zweck, die Politik der Aussöhnung mit Polen und der Sowjetunion voranzutreiben; eine Politik, die von der CSU, Teilen der CDU und den Vertriebenenverbänden als Preisgabe deutschen Territoriums attackiert wurde. Brandt stützte sich dabei auf jene Mehrheit von nur zwölf Mandaten, die ihm zweieinhalb Jahre später zum Verhängnis geworden wäre, hätte nicht die doppelte Bestechung ihn gerettet.

Im Oktober 1971 stellte sich Barzel, weiterhin Vorsitzender der CDU/CSU-Fraktion und nun Sprecher der Opposition, einer Kampfabstimmung um den Parteivorsitz der CDU (nach dem Rücktritt Kiesingers); und mit großem Vorsprung (344 : 174) siegte er über den Ministerpräsidenten von Rheinland-Pfalz, Helmut Kohl. «Diese Niederlage hat Kohl mir nie verziehen», schrieb er dreißig Jahre später.

Im selben Oktober 1971 begann das Bröckeln in der sozialliberalen Koalition. Drei FDP-Abgeordnete traten aus der Partei aus; die Regierungsmehrheit, bisher 254 : 242, schrumpfte auf 251 : 245 zusammen; Mehrheit: noch sechs Mandate. Die drei Rebellen gehörten dem rechten Flügel der FDP an und protestierten damit gegen die Ostpolitik der Koalition. Im Januar 1972 wechselte sogar ein SPD-Abgeordneter zur CDU hinüber: Herbert Hupka, der kämpferische Vorsitzende der Landsmannschaft der Schlesier. In der Koalition schrillten die Alarmglocken.

Drei Monate später, im April 1972, fallen die Würfel. Zwei weitere FDP-Abgeordnete sagen Barzel vertraulich ihre Unterstützung zu – und das heißt Patt, 248:248, die Regierung Brandt hat keine Mehrheit mehr. 22. April: Da kündigt der niedersächsische Bauer Wilhelm Helms seinen Austritt aus der FDP-Fraktion an – für Barzel also 249, für Brandt noch 247 Stimmen! 23. April: Landtagswahl in Baden-Württemberg, absolute Mehrheit für die CDU. 24. April: Vor dem Bundesvorstand der CDU kündigt der Partei- und Fraktionsvorsitzende an, in drei Tagen werde er versuchen, den Bundeskanzler durch ein konstruktives Misstrauensvotum zu stürzen; drei Vorstandsmitglieder stimmen dagegen, darunter der spätere Bundespräsident Richard von Weizsäcker.

Ihn besucht noch am selben Tag ein sowjetischer Botschaftsrat, um ihm zu seinem «tapferen Verhalten» zu gratulieren. Weizsäcker seinerseits beglückwünscht den Diplomaten zu seiner schnellen Arbeit. Die Episode zeigt, wie genau die sowjetische Regierung das Schicksal der Regierung Brandt und seiner Ostpolitik verfolgt; dass sie selber Schicksal spielt, ahnt zu der Zeit noch keiner (es sei denn Wehner).

Barzel warnt unterdessen vor zu viel Siegesgewissheit, bei zwei der Stimmen aus der FDP handelt es sich ja nur um vertrauliche Zusicherungen, und die Wahl des Bundeskanzlers ist geheim. Und wie soll mit der erhofften Kanzlermehrheit von einer Stimme dann regiert werden? Die FDP würde sich weigern, aus ihrer Koalition mit der SPD auszuscheiden. Aber da schon sechs ihrer Abgeordneten sich für Barzel entschieden haben – kann man nicht hoffen, dass die FDP sich spaltet? Was daraus entstünde, spottet die SPD, wäre freilich «eine Lumpensammler-Mehrheit».

Doch zunächst geht es um die Kanzlerwahl, und da wird schon mal für zwei Tage danach ein Flug nach Moskau gebucht für Barzels designierten Außenminister Gerhard Schröder (eine zufällige Namensgleichheit mit dem späteren Bundeskanzler). Schröder soll in Moskau unverzüglich Barzels Kurs verdeutlichen: Im Prinzip für die Ostverträge, aber nur mit einer Zusatzerklärung, die das Recht der Deutschen auf ihre Wiedervereinigung bekräftigt.

In den Regierungsparteien herrscht Weltuntergangsstimmung am Morgen des 27. April. In Telegrammen, Telefonaten, Gesprächen unter vier Augen versuchen die Führer von SPD und FDP bis zur letzten Minute, die Reihen zusammenzuhalten. Zwei kranke Abgeordnete – je einer aus beiden Lagern – werden im Rollstuhl in den Plenarsaal gefahren. Walter Scheel, Außenminister und FDP-Vorsitzender, eröffnet die Debatte mit dem leidenschaftlichen Appell an Barzel: «Machen Sie unser Land und sich selber nicht unglücklich, indem Sie eine Regierung etablieren wollen, die sich auf politische Überläufer stützen müßte!»

Zur geheimen Abstimmung muss ein Abgeordneter nach dem anderen zur Urne gehen; entsprechend zieht sie sich hin. Die Fernsehübertragung hat eine Einschaltquote wie beim Endspiel der Fußballweltmeisterschaft. In vielen Fabriken und Büros ruht die Arbeit. Viele Betriebsräte haben für den Fall von Brandts Sturz zu Warnstreiks aufgerufen.

Die meisten Abgeordneten der Regierungsparteien verweigern die Teilnahme: Sie sind gar nicht im Saal, oder sie bleiben sitzen. Diese Parole hat Herbert Wehner ausgegeben, der seit 1969 der Vorsitzende und Einpeitscher der SPD-Fraktion ist: Denn nur wer nicht wählt, gibt das eindeutige Signal, dass er nicht für Barzel gestimmt haben kann. Der braucht die absolute Mehrheit aller Abgeordneten, jene 249, auf die er zählen zu können glaubt, seit der Bauer Helms die Mehrheit Brandts gekippt hat.

Die Auszählung scheint noch nicht beendet, da tritt ein Abgeordneter auf Brandt zu und flüstert ihm etwas ins Ohr. Brandt zeigt ein verblüfftes, dann triumphierendes Lächeln. Zwei Minuten später verliest der Bundestagspräsident das Ergebnis: 247 Stimmen für Rainer Barzel – zwei zu wenig.

Da wird getobt, gebrüllt, gelacht, geweint im Parlament, in den Büros, in den Fabriken, auf den Straßen. Abgeordnete der Koalition fallen einander in die Arme, Brandt führen sie im Triumph zur Regierungsbank zurück. Was Barzel widerfährt, sieht man im Fernsehen: Er sitzt still, er bleibt einsam, und ungläubig schüttelt er langsam mehrfach den Kopf.

Zwei Stimmen! Wer ist umgefallen, wer hat den großen Plan durchkreuzt? In der ersten Ausgabe nach Brandts Sieg deutet der *Spiegel* an, hier sei Korruption im Spiel gewesen; nur mit solcher Hilfe habe Barzel sich eine Chance ausrechnen können. Korruption, ja – nur eben nicht zu Brandts, sondern zu Barzels Lasten. Misstrauen geht um im Bundestag, zumal in der Fraktion der CDU/CSU: Saßen hier die beiden Verräter? Der eine Fall wird 13 Monate später, der andere erst 27 Jahre später aufgeklärt.

Julius Steiner, CDU-Abgeordneter aus Stuttgart, 47 Jahre alt, Alkoholiker, ohne Beruf außer dem eines Hinterbänklers im Bundestag, bezichtigte im Mai 1973 im *Spiegel* sich und den SPD-Fraktionsgeschäftsführer Karl Wienand, dass der ihm 50 000 Mark zugesteckt und damit seine Stimme gekauft habe. Wienand stritt das ab – die SPD-Fraktion stellte sich hinter ihn, und das war, dem *Spiegel* zufolge, «das verheerende Vertrauensvotum einer benebelten Fraktion».

Dass die führenden Männer der SPD das wussten und insoweit die Bestechung billigten: Dafür gibt es zwei starke Indizien über die Aussage Julius Steiners hinaus. Die *Stern*-Reporterin Wibke Bruhns schrieb 1998 im Rückblick, Willy Brandt habe ihr im Sommer 1973, also kurz nach Steiners Beichte, in seinem norwegischen Ferienhaus, wo sie zu Gast war, in verschlungenen Sätzen zu verstehen gegeben: Wenn eine Politik von hoher moralischer Reinheit in Gefahr sei, von einer schmutzigen Politik verdrängt zu werden, so dürften die Hüter der Reinheit nicht davor zurückschrecken, diese Gefahr notfalls mit Tricks von ähnlicher Schmutzigkeit abzuwenden. Wibke Bruhns war, wie sie schrieb, «ziemlich fassungslos».

Das andere Indiz: 1980 gab der SPD-Fraktionsvorsitzende Herbert Wehner im NDR in seiner typischen zerrupften Redeweise folgende Darstellung der Affäre: «Nein, nein, dies war schmutzig. Ein Fraktionsvorsitzender muß wissen, was geschieht und was versucht wird, um einer Regierung den Boden unter den Füßen zu entziehen. Die Regierung selber muss das alles gar nicht wissen. Ich habe immer gewusst: Einer muss der Dumme sein, und das war immer ich.»

Nun aber der Wettlauf um den Ruhm der Bestechung: 1993 behauptete Markus Wolf, Chef der Auslandsspionage der DDR, es sei die Stasi gewesen, die die Stimme Julius Steiners für 50 000 Mark gekauft habe. Der *Spiegel*, der dies im November 2000 berichtete, gab auch den Namen des anderen Bestochenen preis: Die Bundesanwaltschaft, schrieb das Magazin, habe zwei Wochen zuvor dem Bundesamt für Verfassungsschutz mitgeteilt, er heiße Leo Wagner, und der jedenfalls sei vom Ostberliner Ministerium für Staatssicherheit bestochen worden. Wagner war langjähriger parlamentarischer Geschäftsführer der CDU/CSU-Bundestagsfraktion; 1975 wurde er, hoch verschuldet, zum Rücktritt von diesem Amt gedrängt und 1980 wegen Betrugs zu einer Haftstrafe mit Bewährung verurteilt.

Diese beiden also, Steiner und Wagner, waren es, die Rainer Barzel um seinen Sieg betrogen und ihm die erste, die demütigendste, die berühmte seiner fünf öffentlichen Niederlagen bereitet haben. Die folgenden vier waren von der üblichen Art: Ein Politiker wird das Opfer der Machtverhältnisse und seiner eigenen Eigenschaften.

Schon am Tag nach dem Scheitern des Misstrauensvotums, am 28. April, erleidet Willy Brandt nun doch eine Niederlage: Der Haushalt des Bundeskanzlers wird mit 247 : 247 Stimmen abgelehnt. Neuwahlen liegen in der Luft. Aber die FDP hält ihre Chancen für schlecht; die CDU/CSU wäre mit einem Kanzlerkandidaten Barzel nicht mehr glücklich, und ein anderer ist nicht in Sicht; und viele Abgeordnete fürchten, ihr Mandat vorzeitig zu verlieren und damit ihre Pensionsansprüche zu schmälern.

Zunächst geht es ohnehin um die Ostverträge: Brandt wirbt bei Barzel, Barzel wirbt in der CDU um Zustimmung. Wir dürfen das Vertragswerk nicht scheitern lassen, heißt seine Parole, wir müssen nur ein paar Klarstellungen vornehmen! Am 9. Mai einigt sich eine Redaktionskommission der drei Bundestagsfraktionen unter dem Druck der CDU/CSU auf den Text einer Entschließung, die zusammen mit den Verträgen in Moskau förmlich übergeben werden und dadurch völkerrechtliche Wirkung haben soll: Die Verträge nehmen einen Friedensvertrag nicht vorweg, sie berühren nicht das Recht der Deutschen auf Selbstbestimmung und nicht das Recht der Bundesrepublik, für die Wiedervereinigung Deutschlands einzutreten – dies vor allem: Egon Bahr, der Verhandlungsführer der SPD, hatte das blockieren wollen.

Ein Erfolg also für Barzel, für die Unionsparteien und für die Wiedervereinigung! Der CDU-Vorstand billigt den Entwurf, aber in der CDU/CSU-Fraktion stößt Barzel auf den erbitterten Widerstand von Strauß: Die CSU wird ablehnen – es sei denn, die gesamte Fraktion *enthielte* sich der Stimme. Das ist der Kompromiss, auf den Barzel und Strauß sich schließlich einigen. So geschieht es, die Ostverträge können das Parlament passieren; aber Barzel hat sich, heißt das überwiegende Presse-Echo, als eine Marionette an der Hand von Strauß erwiesen.

Am 20. September 1972 ist es dann so weit, dass Brandt im Bundestag die Vertrauensfrage stellt, die Abstimmung diesmal planmäßig verliert und damit den Weg zu den längst überfälligen Neuwahlen frei macht. Gewählt wird am 19. November – Barzel gegen Brandt, zweite Runde.

Barzel hat nicht weniger als vier Handicaps; eine Mehrheit der Wähler muss das so empfunden haben. Er wollte den lieben Willy stürzen, und so was tut man nicht. Dabei hat er auch noch verloren, und Verlierer mag man nicht. Sein klares Engagement für die Ostverträge und die von ihm ertrotzte Verbesserung an ihnen sind vergessen, denn unter dem Druck von Strauß hat er einen Eiertanz aufgeführt. Und schließlich: welcher Mangel an Ausstrahlung, an Charme, mit Willy Brandt verglichen! Der findet im Wahlkampf so viel öffentliche Unterstützung aus prominentem Munde, so viele fast religiöse Verehrung wie nie vor ihm ein Kanzler oder Kanzlerkandidat. Über Barzel wiederum setzt der FDP-Vorsitzende Walter Scheel den schlimmen Spruch in Umlauf: «Das wäre die schlechteste Regierung, seit Caligula sein Pferd zum Konsul machte.»

So wird die SPD zum ersten Mal seit 1932 die stärkste Partei im deutschen Parlament: 45,9 Prozent für Brandt – 44,8 Prozent für Barzel, und zugleich ist die FDP so gestärkt, dass Brandt nun mit einer komfortablen Mehrheit weiterregieren kann (bis 1974, da folgt Helmut Schmidt ihm nach). An sich haben sich die beiden Unionsparteien gegenüber der Kiesinger-Wahl von 1969 nur um 1,3 Prozent verschlechtert, Barzel hat sich also keineswegs blamiert – aber verloren hat er, wieder einmal, und die CDU, mehr noch die CSU nimmt ihm übel, welche Rolle er ihnen in der Ostpolitik aufgenötigt hat.

Die Quittung folgt schon 1973: Als CDU-Vorsitzender wird Barzel nun abgelöst von Helmut Kohl (Niederlage 3), und im selben Jahr tritt er als Vorsitzender der CDU/CSU-Fraktion zurück (Niederlage 4) – zermürbt von der Opposition in den eigenen Reihen und verärgert darüber, dass die Fraktion auf Drängen von Strauß gegen den UNO-Beitritt der beiden deutschen Staaten gestimmt hat. Nachfolger als Fraktionsvorsitzender: Karl Carstens, der spätere Bundespräsident.

Barzel tritt in eine Anwaltskanzlei ein. 1977 verübt seine einzige Tochter Selbstmord, 1980 stirbt seine erste Frau an Krebs. Ganz beendet ist seine Karriere in der Politik noch nicht: Von 1980 bis 1982 ist er Vorsitzender des Auswärtigen Ausschusses des Bundestags; 1982 macht der neue Bundeskanzler Helmut Kohl ihn sogar noch einmal zum Bundesminister für innerdeutsche Beziehungen (wie das Ministerium «für gesamtdeutsche Fragen» jetzt heißt); ja 1983 lobt Kohl, nach seinen triumphalen 48,8 Prozent, seinen alten Intimfeind ins Amt des Präsidenten des Deutschen Bundestags empor, der ist nach Protokoll der zweite Mann im Staate, und Barzel scheint das zu genießen. Als er seinem Widersacher nach dessen neuerlicher Wahl zum Bundeskanzler den Eid auf die Verfassung abnimmt, ziehen die beiden viele lauernde Blicke auf sich.

Schon 1984, nun 60 Jahre alt, muss Barzel auch noch sein letztes Amt niederlegen (Niederlage 5 und Schluss): Denn der Anwaltskanzlei, in der er von 1973 bis 1982 tätig war, wird nachgesagt, sie habe im Zusammenhang mit einer Parteispenden-Affäre dubiose Steuerbefreiungen für den Flick-Konzern erwirkt. Die Unionsfraktion legt Barzel den Rücktritt nahe. Dass sein Nachfolger Philipp Jenninger ihn später mit einer Ehrenerklärung «voll rehabilitiert», mag ihn trösten; aber die Karriere ist vorbei. 1987 legt er sein Bundestagsmandat nach dreißig Jahren nieder.

Sieben Bücher hat Barzel seitdem geschrieben: eines über Ostpreußen, die anderen mit politischen Appellen und Rückblicken, zuletzt «Ein gewagtes Leben», die Autobiographie, der die Kritiker Pathos nachsagen und natürlich manche Schönfärberei. Schon 1979 hatte er, törichterweise, einen Roman publiziert, «Das Formular», doch die böse Presse würdigte das Werk meist nur in der Form, dass sie die Passage zitierte, in der der Held vor Angst eine lang gezogene Blähung streichen lässt.

Ein Leben ohne Fortüne: einmal fürchterlich betrogen, dann immer wieder in die Knie gezwungen – vielleicht, weil es ihm an der

Witterung für den richtigen Augenblick fehlte oder an der letzten Brutalität des Machtwillens, wie Strauß und Kohl sie besaßen; vielleicht auch, weil er eines absolut nicht zu stiften vermochte: Sympathie.

Dass man ihn jedoch aus der Geschichte habe jagen müssen, um, nach den Worten Willy Brandts, «eine schmutzige Politik» zu verhindern: Das ist eine jener perfiden Legenden, die man den Verlierern (wozu sind sie schließlich welche!) gern auch noch um die Ohren schlägt.

UM DEN SIEG BETROGEN:

9 Al Gore

Wie er die Wahl gewann und das Amt verlor

Dass Staatspräsidenten durch Gewalt, Betrug, Bestechung an die Macht kommen, ist nicht ungewöhnlich auf Erden; einzigartig aber war die Posse, aus der George W. Bush im Dezember 2000 als Präsident der USA hervortaumelte – eines Landes, das auf Volkes Stimme und auf Verfassungstreue so eingeschworen ist wie kaum eine andere Demokratie und sich eben auf diesem Feld vor aller Welt blamierte.

Bush gewann erstens mit Hilfe einer amtlich festgestellten Mehrheit von 537 Stimmen (oder 0,000005 Prozent der Wählerschaft); zweitens damit, dass diese Stimmen höchstwahrscheinlich ergaunert waren; drittens schließlich mit einer einzigen Stimme: der jenes Richters am Obersten Bundesgericht in Washington, der die Mehrheit zu Bushs Gunsten herstellte, indem auch er die Machenschaften des Bush-Teams mit den Weihen des Rechts versah.

Niemals sonst ist aus freien Wahlen in einer großen Demokratie der wahrscheinliche Sieger als derart düpierter Verlierer herausgekommen wie Al Gore. Als Person gehört er sicher nicht zu den interessanteren Figuren der Geschichte; allen Studiums wert aber sind die Mechanismen, mit denen ein mutmaßlich legitimer Sieger noch im Ziel in die Niederlage getreten worden ist. Und wer mit Hegel die Männer, die Geschichte machen, als «die Geschäftsführer des Weltgeistes» ansieht, der kann nur staunen über die unappetitlichen Mittel, deren sich der Weltgeist – gesetzt, es gäbe ihn – bedient haben müsste, um unter allen 280 Millionen US-Amerikanern ausgerechnet George W. Bush zu seinem Geschäftsführer zu bestellen.

Dienstag, 7. November 2000: Wahltag. 103 Millionen Amerikaner gehen ihren künftigen Präsidenten wählen. Chancen haben nur zwei Kandidaten: Al Gore, Demokrat und bisher Vizepräsident unter Bill Clinton, und George W. Bush, republikanischer Gouverneur von Texas und Sohn von George Bush, der von 1989 bis 1993 Präsident der Vereinigten Staaten war.

Auf ein knappes Rennen ist die Öffentlichkeit gefasst: Bush hat, nach einer verbreiteten und vermutlich zutreffenden Meinung, die Intelligenz nicht mit Löffeln gefressen; aber Gore, der unstreitig weit intelligentere, ermangelt jeglichen Charmes. Vielleicht war es auch ein Fehler, dass Gore den populären Präsidenten Clinton aus dem Wahlkampf herausgehalten hat – in der Sorge, dessen Eskapaden mit einer Praktikantin im Weißen Haus würden ihm, Gore, zum Nachteil ausschlagen.

2.15 Uhr in der Nacht zum Mittwoch (Ostküstenzeit): Das Fernsehen ruft Bush zum Sieger aus. Gore greift zum Telefon, gratuliert ihm und macht sich daran, die Rede an die Nation zu entwerfen, mit der er seine Niederlage eingestehen will.

4.15 Uhr: Das Fernsehen korrigiert sich – das Rennen ist wieder offen! Gore ruft Bush zum zweiten Mal an und bedauert, seinen Glückwunsch zurückziehen zu müssen.

8 Uhr: Gore führt! Auf ihn sind 260 Wahlmänner festgelegt, auf Bush 246. Aber es fehlt noch der Staat Florida. Wer dort siegt, auf den entfallen 25 Wahlmänner-Stimmen, und damit wird er der Präsident der Vereinigten Staaten sein.

Zwischen die Wähler und den Wahlsieger hat die amerikanische Verfassung ja diese Wahlmänner geschoben; offiziell sind sie es, die den Präsidenten wählen – und zwar so, dass alle Wahlmänner eines Bundesstaats für denjenigen Kandidaten stimmen, der dort die Mehrheit errungen hat, und läge er nur mit 0,1 Prozent vor seinem Konkurrenten. Auf diese Weise kam Ronald Reagan 1984 bei 59 Prozent der Wählerstimmen auf 525 Wahlmänner – gegen die bloß 13 seines Gegners Walter Mondale, der es doch auf stattliche 41 Prozent gebracht hatte.

Nach Prozenten führt diesmal Gore, das ist nie strittig: 338 000 Wählerstimmen mehr für ihn weist das Endergebnis aus – fast das Dreifache dessen, was 1960 John F. Kennedy genügte, um Richard Nixon zu besiegen.

Doch für den Sieg entscheidend ist jetzt allein, wer die Wahlmänner von Florida gewinnt, mit wie wenig Vorsprung auch immer. Im Lauf des Mittwochs teilt das Wahlbüro mit: Bush liegt mit 327 Stimmen vorn. Bei 6 Millionen Wählern in Florida und 103 Millionen in den USA klingt das wie ein Witz und wäre doch völlig legal – wenn, ja wenn der Unterlegene und die Öffentlichkeit sicher sein könnten, dass bei der Zählung alles mit rechten Dingen zugegangen ist.

Das Gore-Lager sieht genügend Grund, daran zu zweifeln, und beruft sich auf die Bestimmung des Wahlgesetzes von Florida: Jeder Kandidat kann binnen sieben Tagen nach der Wahl eine Nachzählung von Hand verlangen, wenn eine Testzählung von mindestens 1 Prozent der Stimmen einen Irrtum anzeigt, der den Wahlausgang beeinflussen könnte. Was sich per Zählung erfahren lässt, sind freilich nur die abgegebenen Stimmen; nicht erfassbar ist, was der Londoner *Guardian* den Republikanern von Florida nachsagt: Sie hätten viele Schwarze – mutmaßliche demokratische Wähler – behindert oder eingeschüchtert.

Gores Helfer machen sich ans Werk, Eile ist geboten, wenn das

Als Wahlkämpfer überzeugte er wenige, aber Präsident der Vereinigten Staaten geworden wäre er doch: Al Gore, mutmaßlicher Sieger von 2001 – aber von George W. Bush überrumpelt und von *einem* Richter überstimmt.

geforderte 1 Prozent der Stimmen fristgerecht ausgezählt sein soll. Besonders achten sie auf die nicht völlig abgetrennten oder bloß eingedellten Papierchen in der Wählmaschine (siehe Kasten auf der folgenden Seite). Auch damit bewegen sie sich im Rahmen des Wahlgesetzes von Florida: Wenn die Markierung eines Stimmzettels den Willen des Wählers deutlich macht, heißt es darin, darf der Stimmzettel nicht für ungültig erklärt werden.

Die unberechenbare Wählmaschine

Die Wählmaschine erfasste jede Lochung zugunsten eines Kandidaten, sodass das Wahlergebnis nicht mehr ausgezählt werden musste. Sie funktionierte indessen nur, wenn der mechanische Vorgang des Lochens einen klar ausgestanzten Papierkreis produzierte.
Technische Mängel oder ein zu geringer Druck auf die Lochtaste führten in vielen Fällen dazu, dass der auszustanzende Papierkreis nicht herausgedrückt, sondern nur eingedellt war (dann zählte die Maschine nicht) oder halb abgetrennt im Stanzloch baumelte (dann entschied sich die Maschine nach unüberprüfbaren Kriterien mal für eine gültige, mal für eine ungültige Stimme).
Der Londoner *Guardian* berichtete, Katherine Harris, die republikanische Wahlleiterin für Florida, habe dafür gesorgt, dass in den überwiegend von Schwarzen bewohnten Stadtvierteln alte, besonders fehleranfällige Wählmaschinen aufgestellt wurden, in der Hoffnung auf viele ungültige Stimmen unter den Schwarzen, die traditionell demokratisch wählten. Die Ausfallquote bei solchen Maschinen habe bei 5 Prozent gelegen, machten die Demokraten vor dem Obersten Bundesgericht geltend.

Bei einer Differenz von ein paar hundert Stimmen kann das Nachzählen also leicht ganz anders darüber entscheiden, wer der Gewinner und wer der Verlierer ist. Nachzählung verhindern!, heißt folglich das klare Ziel der Republikaner. Das Wahlrecht von Florida lässt ihnen dazu keine Chance. Also nach Washington zum

Obersten Bundesgericht! Begründung der Klage: Was der «deutliche» Wählerwille ist, unterliegt der subjektiven Interpretation; damit verletzt das Wahlgesetz von Florida den Gleichheitsgrundsatz der amerikanischen Verfassung (ein überaus schwaches Argument, wie Bushs Rechtsberater hinter vorgehaltener Hand einräumen).

13. November, sechs Tage nach der Wahl: In Washington nimmt ein Bundesrichter die Klage entgegen. In Florida streiten sich der Generalstaatsanwalt, ein Demokrat, und die oberste Wahlleiterin, Katherine Harris, die nicht nur Republikanerin ist, sondern sogar in Bushs Wahlkampfteam mitgearbeitet hat. Sie macht geltend: Sollten in den nachgezählten Wahlzetteln Irrtümer nachgewiesen werden, dann zählen nur die, die auf einen Maschinenfehler zurückgehen; der Generalstaatsanwalt hält dagegen, es sei ebenso zu berücksichtigen, wenn die Maschine einen deutlich erkennbaren Wählerwillen ignoriert habe (siehe Kasten rechts).

Zur Verzweiflung vieler Anhänger Gores erklärt dessen Anwalt sich einverstanden, die Handzählung so lange zu stoppen, bis der Staatsgerichtshof von Florida diesen Streit entschieden hat. Es ist der sechste Tag nach der Wahl, und Katherine Harris erklärt, nach dem siebenten Tag – der Standardfrist im Wahlgesetz – werde sie Ergebnisse von Handzählungen nicht mehr entgegennehmen.

Am 18. November, elf Tage nach der Wahl – längst ist Florida zum Gespött der USA und die amerikanische Kunst des Wählens zum Gespött der Welt geworden –, an diesem 18. November also will Katherine Harris das amtliche Wahlergebnis verkünden, inzwischen mit einem Vorsprung von 930 Stimmen für Bush. Denn da sind nachträglich eingegangene Briefwahl-Ergebnisse aus Übersee eingerechnet – von denen die Demokraten wiederum behaupten, viele von ihnen seien erst mit der Nachhilfe republikanischer Wahlhelfer zu gültigen Stimmen gemacht worden.

Floridas Staatsgerichtshof verbietet der Wahlleiterin jedoch die Verkündung des Ergebnisses und ordnet drei Tage später, am

Der chaotische Stimmzettel

Jeder der 67 Wahlkreise (Counties) des Staates Florida konnte den Stimmzettel selbst gestalten. Im County von Palm Beach sah er so aus: In der Mitte standen eng untereinander zehn kleine schwarze Kreise für die zehn Präsidentschaftsbewerber, jeweils zusammen mit ihrem Kandidaten für die Vizepräsidentschaft.

Die eine Hälfte der zwanzig Namen war links von der Mittelachse der schwarzen Kreise angeordnet, die andere rechts davon. *Bush* und *Gore* befanden sich jedoch nicht links und rechts auf gleicher Höhe, sondern Gore war links *unter* Bush und seinem Vize Cheney platziert, an dritter Stelle also – merkwürdig genug und wahrscheinlich eine psychologische Benachteiligung.

Doch viel schlimmer für Gore: Das Feld mit den Namen *Gore* und *Liebermann* (seinem Vize) wurde rechts von *drei* der kleinen schwarzen Kreise berührt, und nur wer den mittleren davon, den dritten von oben, lochte, hatte Gore gewählt. In diesem Irrgarten sollte ein Pfeil von Gore zum mittleren der drei Kreise dem Wähler die Orientierung erleichtern.

Doch in mindestens 9869 Fällen verfehlten die Pfeile ihren Zweck: So viele Wähler, zu Recht verwirrt, nahmen eine doppelte Lochung vor, und die machte den Stimmzettel ungültig. 1631 Wähler drückten auf *Bush* plus Pat Buchanan, den erzkonservativen Bewerber, der rechts auf gleicher Höhe mit ihm stand; 5330 auf *Gore* plus Buchanan, weil der für ihn bestimmte Kreis der oberste der drei war, die das Feld «Gore/Liebermann» berührten; und 2908 auf

Gore plus den sozialistischen Kandidaten unter Buchanan, für den der unterste der drei schwarzen Kreise neben dem Feld «Gore/Liebermann» gedacht war.

Die 1631 Wähler abgezogen, die offensichtlich zuerst *Bush* meinten, blieb ein Nachteil von 8238 Doppellochungen, bei der einer der beiden gelochten *Gore* hieß. Der angebliche Vorsprung von 537 Stimmen, der *Bush* zum Sieg verhalf, machte also weniger als den 15. Teil derjenigen Stimmen aus, die offensichtlich für *Gore* gedacht waren.

Die Zahl der Doppellochungen hat die Zeitung *Palm Beach Post* ermittelt. Nicht zählbar war die Anzahl derjenigen Wähler, die korrekt nur einmal lochten und dabei möglicherweise *Gore* meinten, aber bei *Buchanan* landeten.

Gegen den Stimmzettel selbst konnten die Demokraten nicht polemisieren: Seine Form stammte von der Wahlleiterin von Palm Beach County, einer Demokratin. Sie war offensichtlich unfähig, das Problem zu lösen, wie sie diesmal zehn Präsidentschaftskandidaten statt der sonst üblichen drei oder vier auf dem Zettel unterbringen sollte.

21. November, an, erst sei die Zahl der strittigen Stimmzettel zu ermitteln, und zwar gleichgültig, ob ein Maschinenfehler oder ein mutmaßlicher Wähler-Irrtum vorliege. Dafür sei den Demokraten eine zusätzliche Frist von zwölf Tagen einzuräumen.

So beginnt die Handzählung durch demokratische Wahlhelfer zum zweiten Mal. Sie konzentrieren sich auf den Wahlkreis Miami-Dade, wo die Wählmaschinen an die zehntausend Stimmen als ungültig ausgespuckt haben.

Zwei Tage später, am 23. November, wird Florida vollends zum

Irrenhaus: Ein Rollkommando – von republikanischem Eifer getrieben oder im allerhöchsten republikanischen Auftrag, das ist unklar – donnert an die Türen und Fenster des Wahllokals, dringt gewaltsam ein und jagt die Zähler in die Fahrstühle. Das *Wall Street Journal* jubelt anderntags («eine halb spontane Explosion, die wahrscheinliche Rettung Bushs»); die *New York Times* resümiert später: Dies seien die Minuten gewesen, in denen Gore die Wahl verloren habe.

Am 24. November, dem Tag nach dem Überfall, entscheidet das Oberste Bundesgericht in Washington mit 5 gegen 4 Stimmen: Die Klage der Republikaner aus Florida ist zur Verhandlung angenommen; die meisten Juristen hatten erwartet, das Gericht werde sich für unzuständig erklären.

Zwei Tage später, am 26. November, tritt Katherine Harris die Flucht nach vorn an und ruft George W. Bush zum Wahlsieger in Florida aus – und damit de facto zum neuen Präsidenten der Vereinigten Staaten. Sie stützt sich jetzt auf eine dritte Zahl: 537 Stimmen betrage der Vorsprung Bushs vor Gore. Die Verwirrung ist komplett, das Gelächter wird lauter, die Nerven der Parteifunktionäre liegen bloß; afrikanische Zeitungen bieten dem amerikanischen Volk Nachhilfe in Wahlkultur an.

Am 3. Dezember, fast vier Wochen nach der Wahl, verweist das Oberste Bundesgericht die Entscheidung des Staatsgerichtshofs von Florida, die Handzählung zu erlauben und dafür die Frist zu verlängern, zur neuerlichen Klärung des Sachverhalts nach Florida zurück. Experten deuten dies später als den Versuch, den leidigen Vorgang loszuwerden; noch nie hat ja ein amerikanisches *Gericht* eine Präsidentenwahl entschieden. (1876, bei einem ähnlich verworrenen Wahlausgang, hatte eine vom *Kongress* eingesetzte Kommission das Ergebnis mit 8 gegen 7 Stimmen festgestellt.)

Am 8. Dezember 2000 beschließt Floridas Oberstes Gericht, aus Washington zur neuerlichen Verhandlung aufgefordert, mit 4 zu 3 Stimmen: Die gewaltsam unterbrochene Nachzählung im Wahlkreis Miami-Dade ist unverzüglich wieder aufzunehmen. In Windeseile machen sich die Wahlhelfer an die Arbeit, zum dritten Mal. Doch fürs Zählen bleiben ihnen nur zwanzig Stunden.

Denn am 9. Dezember um 15 Uhr fallen die Würfel: Auf Antrag von Bushs Anwälten ordnet das Oberste Bundesgericht mit 5 zu 4 Stimmen an, dass die Handzählung sofort zu beenden ist. Begründung, wie von Bushs Team vorgegeben: Die im Wahlgesetz von Florida vorgesehene «deutliche» Wählerabsicht sei verschiedenen Deutungen zugänglich und verletze damit den Gleichheitsgrundsatz der Bundesverfassung.

Damit sind alle Pannen der Wählmaschinen, alle Irrtümer verwirrter Wähler, alle mutmaßlichen Manipulationen der Republikaner, ja sogar der Gewaltakt vom 23. November letztinstanzlich abgesegnet, und Bush hat gesiegt – offiziell mit dem strittigen Vorsprung von 537 Stimmen in Florida, der in Wahrheit vermutlich ein Rückstand von etlichen tausend Stimmen war, und schließlich mit der einen Stimme Mehrheit unter den neun Richtern in Washington.

«Die fünf Richter haben das Gesetz gebeugt, gegen ihre eigenen Prinzipien verstoßen und ihre Roben dazu missbraucht, ein parteiliches Urteil zu fällen», schreibt der angesehene amerikanische Rechtswissenschaftler Alan M. Dershowitz in seinem Buch «Supreme Injustice». Und weiter: «Ich glaube nicht, dass die fünf Richter die Handzählung unterbunden haben würden, hätte George W. Bush um sie nachgesucht.»

Einer der vier Bundesrichter, die überstimmt worden sind, sagt in seinem Minderheitsvotum: «Eines ist gewiss – wir werden nie mit letzter Sicherheit wissen, wer diese Wahl gewonnen hat. Völlig klar aber ist der Verlierer: Verloren hat das Vertrauen der Nation in den Richter als den unparteilichen Wächter über das Gesetz.» Am krassesten sagen es 554 amerikanische Rechtsprofessoren in einer Anzeige in der *New York Times*: «Als die fünf Richter die Zählung stoppten, handelten sie nicht als Richter, sondern als Anhänger des Kandidaten Bush.»

Am 13. Dezember, noch bevor die Wahlmänner zusammengetreten sind, räumt Gore in einer Fernsehrede seine Niederlage ein und verabschiedet sich von seinen Wählern. «Soeben habe ich George W. Bush zu seiner Wahl gratuliert», sagt er, «und ich habe ihm versprochen, dass ich diesmal nicht ein zweites Mal anrufen werde.» Der Entscheidung des Obersten Bundesgerichts stimme er zwar nicht zu, «aber im Interesse der Einheit der Bürger und der Kraft der Demokratie akzeptiere ich die Endgültigkeit des Ergebnisses». Alle Amerikaner forderte er auf, sich vereint hinter den neuen Präsidenten zu stellen. «Und für mich, meine Freunde, ist es nun Zeit zu gehen. Ich danke Ihnen, gute Nacht, und Gott schütze Amerika.»

Und dann treten also am 18. Dezember die Wahlmänner endlich zusammen und «wählen» George W. Bush, Gouverneur von Texas, mit 271 zu 260 Stimmen zum 43. Präsidenten der USA; und natürlich ist es ganz abwegig, sich vorzustellen, dass ein auf solche Weise gewählter Präsident auch hätte sagen können: «Ich möchte mein Amt nicht einer einzelnen Richterstimme und ein paar tausend falsch ausgestanzten Löchern im Papier verdanken, liebe Mitbürger – bitte geht noch einmal wählen, diese Wahl nehme ich nicht an.»

Doch wie sollte man das von einem Menschen erwarten, der mit höchstem Einsatz das Ziel seines Lebens erreicht, das mächtigste Amt der Welt erobert hat? Hedley Donovan, Berater von Präsident Carter und langjähriger Chefredakteur des Nachrichtenmagazins *Time*, berief sich 1982 auf den zynischen Spruch: «Jeder, der so ehrgeizig ist, das auf sich zu nehmen, was er braucht, um auch nur Präsidentschaftskandidat zu werden, ist moralisch für das Amt des Präsidenten disqualifiziert.»

Neun Monate nach Bushs Wahl stürzen die Türme des World Trade Center zusammen, und der bis dahin oft verlachte Präsident wird plötzlich populär; Afghanistan lässt er besetzen und dann den Irak. Und immer wieder drängt sich die Frage auf: Wie wäre die Weltgeschichte wohl verlaufen, wenn der «Weltgeist» sich entschieden hätte, die Manipulation von Florida nicht zu akzeptieren?

Von Gore hat man seit seinem Scheitern wenig gehört – zunächst wurde ihm der Ehrgeiz nachgesagt, es Bush in einem zweiten Anlauf heimzuzahlen; aber er blieb als «loser» abgestempelt und fand kein Echo mehr. So ist es ja den meisten besiegten Präsidentschaftskandidaten ergangen: Wer spricht heute noch von den Senatoren Hubert Humphrey und George McGovern, die gegen Nixon verloren, von Walter Mondale, George Dukakis und Bob Dole, die gegen Reagan, Bush senior und Clinton untergingen?

Was hatten sie investiert in die Hoffnung auf den Sieg! «Sie haben Dutzende von Millionen Dollar von anderen Leuten und eine hübsche Summe eigenen Geldes verbraucht», schrieb *Time* 1980 über die geschlagenen Präsidentschaftskandidaten. «Hunderttausende von Meilen sind sie gereist, Zehntausende fast gleich lautender Reden haben sie gehalten, weithin ihre Familien vernachlässigt und ihre übliche Arbeit aufgegeben – alles vergeblich. Wenn die Schlacht vorüber war, schleppten sie sich in ihr altes Leben zurück, enttäuscht, geprügelt und voller Schulden. Nicht nur um Macht und Prestige hatten sie gekämpft, sondern um einen Platz in der Geschichte. Und nun kann jeder sehen, wie sie gescheitert sind.»

In der jüngeren Vergangenheit schafften es nur zwei besiegte Bewerber, auch nach der Niederlage eine bedeutende Rolle zu spielen: *Nixon*, der es erstaunlicherweise doch noch zum Präsidenten brachte (Kapitel 26), und *Adlai Stevenson*. Der war, wie Al Gore, ungleich intelligenter als sein Gegner, und er wurde, anders als Al Gore, nicht um den Sieg betrogen – aber er verlor gleich zweimal, und dies mit der klaren Einsicht, dass er keine Chancen hatte (insoweit dem SPD-Vorsitzenden Erich Ollenhauer vergleichbar, der 1953 und 1957 pflichtbewusst gegen den turmhohen Favoriten Adenauer in den Wahlkampf zog).

Stevensons Gegner hieß Eisenhower, und der galt als der Vater des Sieges über Hitler-Deutschland. «Kreuzzug in Europa» hieß sein 1948 erschienenes Buch darüber, das ihn reich machte und seinen Ruhm zementierte.

Der wog in der öffentlichen Meinung schwerer als alles, was jeder, der es wollte, schon 1952 über Eisenhower hätte wissen können: Durchaus kein begnadeter Feldherr war er gewesen, sondern der nützliche Moderator einer von Eifersüchteleien zerfressenen Invasionsarmee, «der Geschäftsführer eines riesigen Gemischtwarenkonzerns, der mit Krieg handelte» (so sein Biograph Piers Brendon); erfolgreich vor allem, weil sein Lächeln «zwanzig Divisionen wert war», wie man in seiner Umgebung sagte.

1947 schied Eisenhower aus dem Militärdienst aus und wurde Präsident der berühmten Columbia-Universität – eine Fehlbesetzung, räumten auch seine Freunde ein, da er absolut kein Intellektueller war und überdies denen, die es waren, misstraute. 1950 machte Präsident Truman ihn zum Oberbefehlshaber der neu gegründeten NATO, und 1952 gewann die Republikanische Partei ihn dafür, ihr Präsidentschaftskandidat zu werden. Er siegte klar. Bald zwar ahnten viele, dass seine Hauptleistung auch in diesem Amt offenbar das Lächeln war; aber das schadete ihm nicht. Die Geschäfte überließ er überwiegend Richard Nixon, seinem Vizepräsidenten, dem bulligen Außenminister John Foster Dulles und seinem Stabschef Sherman Adams. Als Eisenhower 1955 einen Herzanfall erlitten hatte, 64 Jahre alt, war er überdies nur noch Gast im Weißen Haus: Er spielte Golf, gab sich auf seiner Ranch der Ruhe hin und genoss das Leben inmitten einer Clique reicher Leute.

Warum stellten ihn die Republikaner 1956 dennoch zum zweiten Mal für die Präsidentschaft auf? Weil er wie der leibhaftige, der gütige Vater des Vaterlands wirkte und als einstiger Sieger über Nazi-Deutschland sicher auch den Kalten Krieg gegen die Sowjetunion bestehen würde.

Was sollten die amerikanischen Wähler da mit dem brillanten Kopf, dem weltgewandten Diplomaten anfangen, den die Demokratische Partei auf den Schild hob, Adlai Stevenson? Der stammte aus einer wohlhabenden Familie in Los Angeles, war erfolgreicher Rechtsanwalt, vertrat 1945 die Interessen der USA bei der Gründung der Vereinten Nationen und wurde 1948 zum Gouverneur von Illinois gewählt. Er verkehrte unter Intellektuellen, reiste um die Welt und war ein Liebling der Frauen; seine eigene zog nach der Scheidung öffentlich über ihn her. Seine Wahlreden, durchweg von ihm selbst geschrieben, wurden für ihre eleganten Bosheiten berühmt, von der Art: «Ich schlage den Republikanern einen Handel vor. Wenn sie aufhören, Lügen über uns zu verbreiten, werden wir aufhören, die Wahrheit über sie zu sagen.»

Er brachte es auch beide Male auf achtbare Ergebnisse, 44 und 42 Prozent der Wählerstimmen. Aber dass er gegen Eisenhower nur verlieren konnte, war ihm beide Male klar. Warum trat er an? Einen Gegenkandidaten musste es geben, und er sollte es sein, die Partei forderte es. Er sonnte sich wohl auch im Glanz der öffentlichen Aufmerksamkeit, und schließlich wollte er die Fahne der Liberalität hochhalten gegen den republikanischen Senator Joseph McCarthy, der bis 1954, lange also noch mit Eisenhowers Duldung, seine Hexenjagd gegen alle führte, die er der Sympathie mit dem Kommunismus für verdächtig befand.

Nach seiner zweiten Niederlage seufzte Stevenson: «Es tut zu weh, als dass ich lachen könnte, aber ich bin zu alt, um zu weinen.» Nach außen hin blieb er der heitere Spötter, von der akademischen Jugend bewundert und als Kommentator der Weltläufte weiter im

Adlai Stevenson: einer der wenigen brillanten Köpfe der amerikanischen Politik – und zweimal, bei den Präsidentschaftswahlen von 1952 und 1956, in hoffnungsloser Lage gegenüber Dwight D. Eisenhower, dem gütigen, zuletzt etwas trotteligen Vater der Nation.

Geschäft – dabei möglicherweise nicht frei von Schadenfreude, als Eisenhower in seinen letzten beiden Amtsjahren nur noch Niederlagen einsteckte: gegnerische Mehrheiten in beiden Häusern des Kongresses; sein Stabschef Sherman Adams über eine Korruptionsaffäre gestolpert; nach dem Tod des großen Außenministers John Foster Dulles auf eine eigene Außenpolitik zurückgeworfen; nach Moskau eingeladen und wieder ausgeladen, nach Japan eingeladen und auch wieder ausgeladen. Mitleid begann er auf sich zu ziehen.

Als 1961 John F. Kennedy für die Demokraten ins Weiße Haus einzog, machte Stevenson sich Hoffnung, Außenminister zu werden – und nahm, tief enttäuscht, stattdessen das Amt des US-Botschafters bei den Vereinten Nationen an. Während der Kuba-Krise im Oktober 1962 allerdings hatte er den größten Auftritt seiner Karriere, etliche große Zeitungen gruben ihn 41 Jahre später aus: 2003 nämlich, als Außenminister Powell die Behauptung, dass der

Irak über Atomwaffen verfüge, weder in der Sache noch rhetorisch besonders eindrucksvoll vertrat.

Wie aber war das damals? Am 22. Oktober 1962 verhängten die USA gegen Kuba eine Seeblockade, weil die Sowjetunion auf der Insel Raketenstellungen errichtete. 25. Oktober: Vor dem Weltsicherheitsrat verlangte der amerikanische Chefdelegierte Stevenson, die Sowjetunion müsse ihre Raketen abziehen. Welche Raketen?, fragte der Sowjetbotschafter Sorin. Stevenson: «Bestreiten Sie, Botschafter Sorin, dass die UdSSR Raketen auf Kuba stationiert hat und noch immer stationiert? Ja oder nein? Warten Sie nicht auf die Übersetzung: Ja oder nein?» Eine so formulierte Frage werde er nicht beantworten, erwiderte Sorin. Stevenson: «Ich bin bereit, auf Ihre Antwort zu warten, bis die Hölle zufriert!» Und legte 26 fotografische Beweise vor.

«Ich hätte nie geglaubt, dass Stevenson es so in sich hat», sagte Kennedy in vertrautem Kreis. Ja, er hatte es in sich – aber es half ihm nichts gegen einen, der das an sich hatte, was die Leute sehen wollten.

Pflichtbewusst blieb Stevenson im Amt, auch als er bei der UNO ab 1963 einen Präsidenten vertreten musste, den er vermutlich tief verachtete: Lyndon B. Johnson. «Ich möchte eigentlich nur noch im Schatten sitzen, ein Glas Wein in der Hand», hieß einer der letzten Sätze, die von ihm überliefert sind, «und zuschauen, wie die jungen Leute tanzen.» Im Juli 1965 ist Adlai Stevenson, 65 Jahre alt, gestorben.

VOM THRON GESTOSSEN:

10 Maria Stuart

Die enthauptete Königin der Intrige

Keine Verliererin der Weltgeschichte hat die Nachwelt so fasziniert wie Maria Stuart, die verführerische und intrigante, die gemarterte und geköpfte Königin von Schottland. In mehr als hundert Dramen – dem ersten schon sechs Jahre nach ihrem Tod – wurde sie gewürdigt, bewundert und verdammt als Märtyrerin, Mordkomplizin oder «Überweib», bis zu den Tragödien von Schiller, Björnstjerne Björnson und Marie von Ebner-Eschenbach. Algernon Swinburne schrieb 16 Jahre lang an einer Dramentrilogie über sie, Theodor Fontane widmete ihr eine Ballade, Walter Scott und Stefan Zweig jeder einen biografischen Roman – alle betört von der leidenden, von Leidenschaften zerrissenen Königin, die einem anderen Machtweib, Elisabeth von England, unterlag.

Das Königreich Schottland fiel Maria 1542 in die Wiege, als sie gerade eine Woche auf der Welt war: Da starb ihr Vater, Jakob V. aus dem Hause Stuart, 30 Jahre alt – zusammengebrochen und geistig verwirrt nach seiner vernichtenden Niederlage gegen eine englische Invasionsarmee, die sein Onkel, Heinrich VIII., gegen ihn in Marsch gesetzt hatte.

Als Maria ein halbes Jahr alt war, wurde ein Ehevertrag für sie geschlossen: Der Regent von Schottland versprach sie dem Sohn und Erben dieses Heinrich VIII., dem sechsjährigen Eduard. Heinrich hatte das eingefädelt, um die beiden seit Jahrhunderten verfeindeten Königreiche der Insel Britannien friedlich zu vereinigen. Wir staunen unwillkürlich über die zwei brutalen Selbstverständlichkeiten, die einem solchen Vertrag zugrunde lagen: dass zwei werdenden Menschen keinerlei Recht zugestanden wurde, auf die Gestaltung ihres Lebens irgendeinen Einfluss zu nehmen; und dass sich, ebenso selbstverständlich, zwei ganze Völker zum Objekt eines dynastischen Erbgangs gemacht sahen, als wären sie Immobilien oder Aktienpakete.

Doch schon ein halbes Jahr später war Maria Stuart, inzwischen ein Jahr alt, wieder frei: Schottland kündigte den Vertrag mit England, weil er letztlich die Unterwerfung unter den südlichen Nachbarn bedeutet hätte – das fast doppelt so große, viermal so volkreiche Königreich, das noch dazu in den modernen Gewerbezweigen, dem Bergbau und der Tuchmanufaktur, den Schotten weit überlegen war; und militärisch erst recht. Schottland ließ sich nur deshalb nicht nachhaltig besiegen, weil es mit Englands Erbfeind Frankreich im Bunde stand.

In diesen ewigen Zwist also wuchs das Königskind hinein, und auch Schottland selbst war tief zerrissen: zwischen der englischen Sprache, die mehr und mehr von der schottischen Oberschicht Besitz ergriff, und der gälischen, die in die Highlands abgedrängt wurde; zwischen den adligen Großgrundbesitzern und andererseits ihren Pächtern, den Kleinbauern und dem städtischen Proletariat; zwischen den Katholiken und den Calvinisten, die dem Reformator John Knox seit 1546, als Maria vier war, zu folgen begannen, beide Konfessionen auch noch von der anglikanischen Kirche Heinrichs VIII. bedrängt – kurz, dieses karge Land mit seinen Schafweiden, seinen Hafer- und Gerstenfeldern und seinen düsteren Burgen war derart bedroht von innen wie von außen, dass auch ein geradlinigerer Charakter als der der Mary Stuart darin hätte zerrieben werden können.

Als sie fünf war, beschloss ihre Mutter, Maria von Guise, eine Prinzessin aus dem französischen Lothringen, sie in Frankreich erziehen zu lassen – und nun wurde sie dem französischen Thronfolger versprochen, dem ältesten Sohn der Katharina von Medici. Als er 14 war und sie 15, wurden sie verheiratet. Im Jahr darauf bestieg der Kronprinz als Franz II. den Thron – ein kränklicher Jüngling von beschränktem Verstand. Mit 16 starb er, und Maria Stuart war eine 17-jährige Witwe mit dem Titel «Königin von Frankreich».

Man schrieb das Jahr 1560, und in Britanniens beiden Königreichen hatte sich, mit Marias Augen gesehen, alles zum Schlimmeren gewendet. In Schottland beschloss das Parlament, den Calvinismus zur Staatskirche zu erheben – Empörung bei den Katholiken, Ausschreitungen am Rand des Bürgerkriegs, und im Juni starb Marias Mutter, die die Regentschaft geführt hatte. Noch dazu wurden die Calvinisten militärisch unterstützt durch Elisabeth I., die sich seit zwei Jahren Königin von England nannte, obwohl sie nach katholischer Überzeugung als Bastard zu gelten hatte.

Elisabeth war als Tochter der Anna Boleyn zur Welt gekommen, der zweiten der sechs Ehefrauen Heinrichs VIII. Der König hatte die hübsche, temperamentvolle, machtlüsterne Anna kennen gelernt als Hofdame seiner ersten Frau, und da er sie heiraten wollte, ersuchte er den Vatikan um die Annullierung seiner ersten Ehe. Als der Papst ihm das verweigerte, entzog Heinrich ihm 1534 die Jurisdiktion über England, enteignete das Kirchenvermögen und gründete die anglikanische Kirche, mit ihm selbst als Oberhaupt. Daraufhin wurde er exkommuniziert und mit ihm alle Engländer, die der ketzerischen Abspaltung anhingen.

Folglich war aus katholischer Sicht Heinrichs Ehe mit Anna Boleyn ungültig und Elisabeth ein uneheliches Kind (wie auch ihre

beiden schon gestorbenen Halbgeschwister). Der rechtmäßige Anspruch auf den englischen Thron konnte also nur bei der Großnichte Heinrichs VIII., der Urenkelin von dessen Vater Heinrich VII. liegen: Maria Stuart (so dachte man in solchen Dynastien).

Kurz nachdem ihr Mann, König Franz II. von Frankreich, im Dezember 1560 gestorben war, schiffte sich Maria nach Schottland ein, vom Volk mit Jubel empfangen. Im Gefolge der schönen, viel bestaunten Witwe befanden sich, neben französischen Zofen und Hofdamen, mehrere schillernde Persönlichkeiten, darunter der Dichter Pierre de Chastelard und als ihr Privatsekretär ein David Riccio aus Florenz; und beide mussten sterben.

Einerseits nahm Schottlands neue Königin den Kampf gegen die Calvinisten in ihrem Lande auf, darunter die Mehrzahl der mächtigen Großgrundbesitzer, und dies zielstrebig und zugleich mit taktischer Klugheit: Sie empfing John Knox, den großen Widersacher, beeindruckte ihn tief «mit ihrem Stolz, ihrem Witz und ihrer Gottesfurcht» und räumte seinen Anhängern die Freiheit des Gottesdienstes ein.

Andererseits begann sich nun abzuzeichnen, «dass Maria unfähig war, Gefühle und Politik auseinander zu halten», wie Winston Churchill in seiner Geschichte der englischsprachigen Völker schreibt. Ihr habe die wache Selbstbeherrschung ihrer Rivalin Elisabeth gefehlt, ebenso deren kluge Entscheidung, nicht zu heiraten, schon gar nicht einen Höfling.

Maria heiratete 1565, mit 22 Jahren, ihren Vetter Lord Darnley und verlieh ihm den Titel «König von Schottland» – obwohl er, laut Churchill, nur «ein schwächlicher, eitler Jüngling» war. Wiederum

Maria Stuart, Königin von Schottland, 19 Jahre lang Gefangene der englischen Königin – und ihr Sohn Jakob, der die Hinrichtung seiner Mutter akzeptierte, weil er dafür König von England werden konnte.

hatte sich Maria, und diesmal aus freien Stücken, einen weit unterlegenen Mann genommen. Dessen Einfluss war aber groß genug, dass er von ihr verlangen konnte, den Dichter Pierre de Chastelard umbringen – ja, umbringen zu lassen, weil er den, vielleicht zu Recht, für einen Nebenbuhler hielt. Das Karussell des Wahnsinns kam in Gang.

Dass die Ehe mit Lord Darnley katholisch geschlossen worden war, versetzte wiederum die calvinistische Mehrheit der Schotten in Aufruhr, eine Bürgerkriegsarmee marschierte auf Edinburgh, musste aber vor den Kanonen des Königsschlosses kapitulieren. Maria brachte ihrerseits eine Armee von 18 000 Mann zustande – wobei sich ein Lord Bothwell hervortat, der so zu Marias nächstem Günstling aufstieg. Die Anführer der Calvinisten flohen nach England, die Armee zerstreute sich wieder, die blutige Intrige aller gegen alle nahm ihren Fortgang.

Lord Darnley, noch der König, erzürnte Maria, indem er erstens heimlich den Calvinisten zuarbeitete und zweitens von seiner Frau gleichwohl forderte, ihm die Königswürde auf Lebenszeit zu garantieren. David Riccio, Marias aus Frankreich mitgebrachter Privatsekretär, ermunterte sie, ihrem Mann entgegenzutreten – und was geschah? Riccio wurde am 9. März 1566 vor Marias Augen von Darnleys Leuten aus dem Saal geschleppt und vor der Tür erschlagen. Der zweite Tote aus Marias Gefolge.

Ging sie nun gegen Darnley vor? Nein, sie floh mit ihm vor den nach Schottland zurückgekehrten Calvinisten-Führern; Darnley beteuerte seine Unschuld an Riccios Tod und denunzierte die Mörder. Die Zeitgenossen fanden all das offenbar nicht so abstrus wie wir – hatte nicht Heinrich VIII., Marias Großonkel, von seinen sechs Frauen zwei verstoßen und zwei enthaupten lassen, darunter Anna Boleyn, die Mutter der englischen Königin?

An der Spitze von 2000 Reitern unter dem Kommando von Lord Bothwell zog das Königspaar am 28. März zum zweiten Mal mit militärischer Gewalt in Edinburgh ein. Am 19. Juni brachte Maria einen Sohn zur Welt. Knapp acht Monate später wurde Darnley, dessen Vater, im Garten eines Landschlosses stranguliert aufgefunden – der dritte Mord.

Die Zeitgenossen glaubten sofort (und die Historiker sind sich ziemlich einig), dass Lord Bothwell der Mörder war und Maria seine Komplizin. Bothwell musste sich vor dem Kronrat verantworten, dem er selber angehörte – und wurde freigesprochen. Am 3. Mai 1567 war er von seiner ersten Frau geschieden, am 15. Mai nahm Maria Stuart ihn zum Mann und ernannte ihn zum Herzog von Orkney und Shetland; nicht zum König, immerhin. Nach zwei Schwächlingen hatte sie einen Berserker gewählt.

Welch ein Mutwille aber – welch ein Skandal! Darnley erst seit einem Vierteljahr tot, der neue Ehemann der mutmaßliche Mörder, ein Protestant dazu, der die katholische Eheschließung verweigerte: ein Akt rücksichtsloser Gleichgültigkeit Marias gegen die Meinung ihrer Untertanen und des gesamten Abendlands; ein Beitrag zu ihrem Untergang. «Maria und Bothwell» nannte Theodor Fontane seine Ballade, und Maria flüstert darin:

> «Nun komm' und küsse dich rot,
> Ich danke dir alles, alles,
> Mein Leben – und seinen Tod.»

Aus der Empörung des schottischen Adels über eine solche Abfolge von Mord und Hochzeit der Komplizen folgte von neuem Bürgerkrieg. Am 15. Juni, einen Monat nach der Eheschließung, kam es vor den Toren Edinburghs zur Schlacht. Die Königstreuen verloren, Bothwell floh nach Dänemark, Maria wurde gefangen gesetzt. Die Sieger erzwangen ihre Unterschrift unter ihre Abdankung zugunsten ihres gerade einjährigen Sohnes.

Nach elfmonatiger Festungshaft gelang es Maria mit Hilfe wartender Getreuer, zu fliehen und noch einmal eine Armee zusammenzustellen. Doch die wurde am 13. Mai 1568 von Marias Halbbruder Lord Murray, dem Regenten Schottlands, zerschlagen. Hungernd, frierend, abgerissen lief die einstige schottische Königin drei Tage lang zur englischen Grenze, überschritt sie – und rief, dem Drama Swinburnes zufolge, nach Schottland hinüber: «Ich werde wiederkommen und dieses Land in einen Feuerofen verwandeln von Meer zu Meer.» Aber sie kam nie.

Wie würde sich Elisabeth I. verhalten gegenüber der Rivalin, die sich doch als rechtmäßige Erbin der englischen Krone sah? Elisabeth war neun Jahre älter als Maria Stuart, kräftig wie ein Mann, von herrischem Wesen, mit gefürchteter Zunge und seit zehn Jahren unangefochtene Herrin ihres Landes.

Vor offener Feindschaft brauchte sich Maria nicht zu fürchten: Als sie in Schottland inhaftiert war, hatte sich Elisabeth für ihre Freilassung stark gemacht, ja ihr als Symbol ihrer schützenden Hand einen Ring geschickt; und nun sandte sie der Geflohenen zur Begrüßung auf englischem Boden zwei Lords entgegen. Ihr wurde zunächst das Schloss Bolton in Yorkshire angewiesen – wobei eine Zeit lang unklar blieb, inwieweit sie dort eine Gefangene war.

Die Freiheit sah Maria nie wieder bis zu ihrer Hinrichtung 19 Jahre später. Es ist wohl diese trostlos lange Hilflosigkeit und das brutale Sterben, die ihr das Mitleid und weithin die Sympathie der Nachwelt eingetragen haben; geleistet hatte sie ja wenig, und an ihren Händen klebte Blut.

Welche Gefahr für Elisabeth I. eine lebende Maria Stuart blieb, wurde schon wenige Monate nach ihrer Internierung offenkundig: Die Großgrundbesitzer im Norden Englands, überwiegend katholisch geblieben und angewidert von den neureichen Protestanten des Südens, hätten Maria gern auf dem englischen Thron gesehen und bereiteten einen Aufstand gegen London vor. Einem der ihren, dem Herzog von Norfolk, der zugleich das Vertrauen Elisabeths besaß, gelang es, zu Maria vorzudringen. Der Gefangenen machte er einen Heiratsantrag und versprach ihr, zur Stelle zu sein, wenn die vom Norden mobilisierten Truppen zum Schloss Bolton vordringen würden, um Maria zu befreien.

Elisabeth ließ sie in letzter Minute weiter in den Süden bringen, der Widerstand brach blutig zusammen, Lord Norfolk wurde in den Tower geworfen (und 1572 hingerichtet), der spanische Botschafter, ein Drahtzieher der Rebellion, des Landes verwiesen; angeblich hatte er eine spanische Invasion vorbereitet. Unter den Engländern wuchs das Misstrauen gegen die hochmütige, unberechenbare katholische Maria von Schottland, die in ihrer Mitte wohnte.

Vierzehn Jahre lang blieb Maria auf Schloss Sheffield in Gewahrsam, unter strengeren Bedingungen als zuvor, nur von Gnaden Elisabeths noch am Leben, denn 1572 hatten beide Häuser des englischen Parlaments Marias Kopf gefordert. Die Königin hätte sie wohl in der Tat gern tot gesehen, doch zögerte sie, dies auf ihre Weisung und auf englischem Boden geschehen zu lassen; mehreren Regenten Schottlands aber bot sie im Lauf der Jahre an, ihnen Maria auszuliefern, falls – ja falls sie dort unverzüglich hingerichtet würde. Doch die Schotten zauderten erst recht.

Umsonst beklagte sich Maria Stuart mehrfach bei Elisabeth über ihre Haftbedingungen, und vollends vergebens bat sie um ein persönliches Gespräch. Dass es stattgefunden habe, ist eine Erfindung Friedrich Schillers. Bei ihm provoziert die Gefangene ihre Herrin und Rivalin aufs äußerste:

> «Der Thron von England ist durch einen Bastard
> Entweiht, der Briten edelherzig Volk
> Durch eine list'ge Gauklerin betrogen.
> Regierte Recht, so läget *Ihr* vor mir
> Im Staube jetzt, denn ich bin Euer König.»

Die Gefühle der Maria Stuart mag Schiller dabei treffend eingefangen haben. Königin von Frankreich und von Schottland war sie gewesen, drei Ehen hatte sie binnen neun Jahren hinter sich gebracht, Schlachten hatte sie geschlagen, Höflinge und Minister im Dutzend erhöht und erniedrigt, Morde zugelassen oder angestiftet, all dies vermutlich mit lauterstem katholischem Gewissen – und nun war sie zum Nichtstun, Nichts-bewirken-Können verdammt.

Immerhin gelang es ihr 1581, mit 38 Jahren, im dreizehnten Jahr ihrer Gefangenschaft, doch wieder eine Intrige zu spinnen: Von ihrer Schwiegermutter Katharina von Medici und ihrem Schwager Heinrich III., König von Frankreich, erreichte sie der Rat, sie solle ihren Sohn als König von Schottland akzeptieren und die Königswürde mit ihm teilen; dann würde eine schottische Armee in England einfallen und sie befreien.

Die Verschwörung flog auf, doch Maria ging zum Angriff über: Sie überschüttete Elisabeth mit einem Sturzbach von Verwünschungen für die Leiden, die sie zu erdulden habe. Zugleich verpfändete sie ihre Ehre dafür, dass sie nur noch *ein* Königreich erwerben wolle: das himmlische.

Natürlich war das gelogen. Denn 1585, vier Jahre und mehrere Zwangsumquartierungen später, wurden Briefe von ihr abgefangen, in denen sie Pläne für eine spanische Invasion entworfen hatte; und im folgenden Jahr korrespondierte sie mit Anthony Babington, dem Anführer einer katholisch-schottisch-spanischen Verschwörung zur Ermordung der englischen Königin. Philipp II. von Spanien versprach, eine Invasionsarmee zu schicken, sobald Elisabeth beseitigt – und Maria Stuart damit Königin von England sei.

Die spanische Flotte brauchte nicht auszulaufen: Elisabeth blieb am Leben, Babington wurde aufgegriffen und hingerichtet, für Maria Stuart begann der letzte Akt. Vor dem Kronrat wurde sie des Hochverrats und des Mordkomplotts angeklagt und am 25. Oktober 1586 zum Tode verurteilt. Maria hatte ihren Richtern imponiert durch die Bravour, die Eloquenz, die unerschütterliche Selbstgerechtigkeit, mit der sie sich verteidigte; ihre Mitwisserschaft an den beiden Verschwörungen bestritt sie bis zuletzt.

Elisabeth zögerte noch, das Todesurteil zu unterschreiben. Wie würde Marias 20-jähriger Sohn darauf reagieren, König Jakob VI. von Schottland? Ihr wurde zugetragen, dass er an seinem Thron viel mehr als am Leben seiner Mutter interessiert sei, und so gewann sie ihn für den Handel: Du wirst nach meinem Tod König von England, und die Hinrichtung deiner Mutter lässt du geschehen. Da unterschrieb Elisabeth. Es war der 1. Februar 1587.

Am 7. Februar überbrachten zwei Lords Maria in ihrer letzten Residenz, Schloss Fotheringhay, die Nachricht, dass sie tags darauf enthauptet werden würde. Sie reagierte darauf mit majestätischer Ruhe; sie sei bereit zu sterben als Märtyrerin für ihre Religion. Am nächsten Morgen wurde sie in die Halle des Schlosses geführt, wo das schwarz ausgeschlagene Schafott auf sie wartete. Sechs Dienerinnen begleiteten sie, eine Gruppe englischer Adliger war als Zeugen zugegen.

Als der Dekan von Peterborough in den letzten Minuten ihres Lebens noch versuchte, sie zur anglikanischen Kirche zu bekehren, herrschte sie ihn an: Sie sei Katholikin, als Katholikin wolle sie sterben, und die Gebete des Dekans würden ihr von geringem Nutzen sein. Als der trotzdem für sie zu beten begann, rezitierte sie mit erhobener Stimme die lateinische Liturgie.

Ihr Gewand von schwarzem Atlas musste sie vor der Enthauptung ablegen; das Schafott bestieg sie in einem Unterkleid aus scharlachrotem Samt, in der Hand bis zuletzt ein Kruzifix. Sie musste niederknien und den Kopf auf einen Holzklotz legen. Mit einer Axt schlug der Scharfrichter ihn ab und hob ihn hoch – «den Kopf einer gealterten Frau mit falschem Haar», wie Churchill schreibt. «Ein Schoßhund kroch unter den Röcken des blutenden Körpers hervor. Als die Nachricht von ihrem Tod London erreichte, flammten in den Straßen Freudenfeuer auf. Elisabeth saß allein in ihrem Gemach und weinte. Sie beklagte nicht so sehr das Schicksal einer Frau als vielmehr das einer Königin. Die Verantwortung für diese Tat wälzte sie mit einiger Mühe auf ihre männlichen Ratgeber ab.»

Die katholische Welt war empört, und Philipp II. von Spanien rüstete die Armada aus, mit der er im folgenden Jahr England nun endlich erobern und züchtigen wollte. Wie bekannt, gelang ihm das nicht. Stattdessen konnte Elisabeth die Grundpfeiler des künftigen britischen Weltreichs errichten.

Als sie 1603 starb, kinderlos, bestieg in der Tat Marias Sohn, Jakob VI. von Schottland, als Jakob I. auch den englischen Thron; er vollbrachte das, wovon seine Mutter vergeblich geträumt, wofür sie ihr Leben preisgegeben hatte.

Nun waren die beiden Länder in Personalunion vereint, mit Schottland als dem weit schwächeren Partner; dies noch mehr, seit Oliver Cromwell 1651 in der Schlacht von Worcester den wiederum aufrührerischen Schotten die endgültige militärische Niederlage bereitet hatte. 1707 schließlich verschmolzen die beiden Länder unter englischer Regie und mit Hilfe englischer Bestechungsgelder zu Großbritannien.

Hätte Maria Stuart diesen Weg verbauen können, wenn sie weniger von Leidenschaften getrieben worden wäre? Nicht das Hochfahrende, Maßlose, Gewissenlose ihres Charakters führte sie in den Untergang – denn die meisten *Sieger* sind aus demselben Holz geschnitzt. Was ihr zum Siegen fehlte, war die eiskalte Zielstrebigkeit, die ihre Gelüste gebändigt hätte. Wahrscheinlich aber wäre ihr kleines Schottland gegen das große, gierige England so oder so verloren gewesen.

VOM THRON GESTOSSEN:

11 Ludwig XVI.

Warum ein lieber Mensch auf der Guillotine endete

Gutmütig war er, sparsam und voll der redlichsten Absichten; zugleich wankelmütig, ein bisschen faul und herzlich beschränkt – von seiner ungeliebten Rolle als König also in einem Grade überfordert wie kaum ein anderer, der einen Thron erbte, bloß weil seine Wiege nah genug an ihm gestanden hatte. Jedenfalls war dieser Ludwig das äußerste Gegenteil eines Despoten, gegen den ein Volk sich verzweifelt erhebt. Seiner Hinrichtung lebte er nicht ohne Würde entgegen, und geköpft wurde er nur, weil er eben der König war. Mit mehr Pech ist eine reiche Schlafmütze kaum je überschüttet worden.

Sein Unglück begann damit, dass die drei vor ihm rangierenden Thronerben vor ihm starben: sein Vater – und seine zwei älteren Brüder auch. So sah er sich, als nunmehr ältester Enkel Ludwigs XV., mit elf Jahren plötzlich zum Dauphin, zum Kronprinzen erhoben; niemand dachte daran, ihn durch eine gute Erziehung auf seine künftige Rolle vorzubereiten.

Sein Großvater, der König, verheiratete ihn 1770, als er 15 war, mit der 14-jährigen Prinzessin Marie-Antoinette, der jüngsten Tochter der Kaiserin Maria Theresia von Österreich. Hübsch war sie, leichtsinnig und ihrem Gatten – der sie nicht besonders mochte – weit überlegen an Geist und Temperament; alsbald jedoch beim Hofstaat unbeliebt, vom Volk gehasst und so zum Untergang verdammt; während ihr Mann ohne sie vielleicht hätte überleben können.

Als Ludwig XV. am 10. Mai 1774 starb, soll der Thronfolger, 19 Jahre alt, ausgerufen haben: «Mon Dieu, quel malheur!» Und er brach in Tränen aus über das doppelte Unglück, den Großvater verloren und nun die Last der Königswürde auf den Schultern zu haben. Eigentlich liebte er nur die Jagd, einen Tag ohne erlegtes Wild hielt er für verloren; außerdem ging er gern mit Hammer und Feile um, womit er sich als Schlosser versuchte, dazu gelegentlich mit Druckerschwärze und mit der Maurerkelle.

Immerhin, Ludwig XVI., der neue König, schränkte sogleich die immensen Kosten der Hofhaltung ein, denn Luxus liebte er nicht, und die Staatsfinanzen fand er zerrüttet vor. Und mehr als das: In einer Aufwallung von erstaunlicher Vernunft ernannte er den berühmten Nationalökonom Robert Turgot zum Generalkontrolleur der Finanzen. Der steuerte sogleich einen strengen Sparkurs. Außerdem wollte Turgot die Frondienste der Bauern einschränken, den Zunftzwang aufheben und Selbstverwaltungskörperschaften gründen. Da aber waren Höflinge, Adel und Geistlichkeit empört, und nach kaum zwei Jahren (1776) trat Ludwig XVI. den ersten, nicht den letzten Krebsgang an: Er entließ Turgot.

Zum Niedergang der französischen Monarchie trug 1786 die bizarre «Halsband-Affäre» bei: Die öffentliche Meinung hängte sie der Königin an, der «Österreicherin», wie sie abschätzig genannt wurde – als Verschwenderin bekannt und als der böse Geist ihres Gemahls gefürchtet; dabei in diesem Fall das schuldlose Objekt einer Intrige. Der Fürstbischof von Straßburg, ein berüchtigter Lebemann, hatte sich von einer Schwindlerin dafür gewinnen lassen, sich bei Marie-Antoinette einzuschmeicheln, indem er ihr ein kost-

«Er war das Opfer, das zur Bestrafung des Königtums geschlachtet werden musste»: Der harmlose, redliche Ludwig XVI., den die Pariser eigentlich mochten; aber 1793 musste er auf der Guillotine sterben.

bares Diamantcollier finanzierte. Aber die Schwindlerin floh mit den Diamanten nach England, der Betrug flog auf, und das Volk glaubte dem Gerücht, seine Königin habe eine Affäre mit dem Erzbischof gehabt.

Bis zum Mai des Schicksalsjahrs 1789 blieb es in Frankreich ruhig; schließlich lebte man in einem der wohlhabendsten und am wenigsten unfreien Staaten Europas. Dann wurde Ludwig XVI. von seinem Finanzminister bedrängt, die *Generalstände* einzuberufen: eine Versammlung von Vertretern des Adels, des Klerus und des Bürgertums aus allen französischen Provinzen, schon 1302 begründet, aber seit 175 Jahren nicht mehr zusammengetreten. Die Generalstände und nominell nur sie waren bevollmächtigt, so drastische Steuererhöhungen zu beschließen, wie sie jetzt zur Rettung der Staatsfinanzen nötig schienen.

Bevor sie sich jedoch versammelten, handelte Ludwig zum dritten Mal fortschrittlich in seinem Leben (nicht ahnend natürlich, dass er damit den ersten Schritt auf seinem Weg zur Guillotine tat): Nachdem er die Kosten der Hofhaltung eingeschränkt und den Minister Turgot berufen hatte, entschied er nun, dass die Bürger, der «Dritte Stand», durch doppelt so viele Delegierte vertreten sein sollten – 600 gegen je 300 von Adel und Geistlichkeit.

Die 600 forderten als Erstes, nicht wie früher nach Ständen, sondern nach Köpfen abzustimmen; und da der Adel und der Klerus das verweigerten, riefen sich die Bürgerlichen, von einigen Adligen unterstützt, am 17. Juni 1789 allein zu einer «Nationalversammlung» aus. Sie schworen einander, zusammenzubleiben, bis sie eine Verfassung beschlossen hätten, und fassten sogleich einen dramatischen Beschluss: Die Steuerprivilegien des Adels und der Geistlichkeit werden abgeschafft – eine Kriegserklärung an die herrschende Schicht.

Die Bürger, durch Handel und Produktion zu Wohlstand gekommen, wollten nun ihren gerechten Anteil an der Macht im Staat. Gerade weil es mit ihnen aufwärts ging, gerade weil Frankreich sich weiter von den Sitten und Institutionen des Mittelalters entfernt hatte als die meisten Staaten Europas, sannen die Aufsteiger auf den Umsturz. «Ein Volk zerbricht drückende Gesetze gerade dann, wenn ihre Last sich vermindert», schrieb Alexis de Tocqueville 1856 in seinem Buch «Der alte Staat und die Revolution». «Die Franzosen fanden ihre Lage umso weniger erträglich, je besser sie wurde. Die Regierung, die durch eine Revolution beseitigt wird, ist fast immer besser als die, die ihr vorherging.»

Von der Mehrzahl der Franzosen – den Arbeitern, Tagelöhnern,

Kleinbauern, Kleinbürgern, dem «Vierten Stand» also, wie er dann im 19. Jahrhundert hieß: von denen war 1789 nicht die Rede. Weder *von* den kleinen Leuten noch *für* sie wurde die Revolution gemacht; sie waren es jedoch, die dann lärmend durch die Straßen zogen, ein zum Randalieren bereites Fußvolk im Dienst des dritten Standes.

Am 23. Juni rief Ludwig bei militärischem Gepränge alle 1200 Delegierten zu sich. Unter dem Druck der beiden feudalen Stände bezeichnete er die Steuerbeschlüsse des dritten Standes als unwirksam; sein zweiter Rückfall in die alten Zeiten nach der Entlassung von Turgot. Immerhin versprach er, dem Adel und dem Klerus einen gerechten Anteil an der Steuerlast aufzubürden. Dann befahl er den drei Ständen, in ihre Sitzungsräume zurückzukehren.

Die Bürgerlichen widersetzten sich: Sie blieben. Als der Zeremonienmeister sie fragte, ob sie den Befehl des Königs nicht vernommen hätten, stellte ihm der Graf von Mirabeau, ihr Sprecher, jenen berühmten «Donnerkeil» entgegen, den Kleist in die Mitte seines Essays «Über die allmähliche Verfertigung der Gedanken beim Reden» gerückt hat: «Sagen Sie denen, die Sie hierher geschickt haben, dass wir hier sind durch den Willen des Volkes und dass wir nur der Gewalt der Bajonette weichen werden» – der Satz, mit dem, einer verbreiteten Lesart zufolge, die Französische Revolution eigentlich ihren Anfang nahm.

Was tat Ludwig XVI., als der Zeremonienmeister ihn nach seinen Instruktionen fragte? Er ging ein paar Minuten auf und ab, und dann sagte er: «Also, man mag sie in Ruhe lassen!» Gelangweilt sagte er das, schreibt Jules Michelet in seiner großen Geschichte der Französischen Revolution. Zum ersten Mal war der König nicht vor der alten Macht zurückgewichen, sondern vor der neuen. Dann aber knickte er wieder vor seinem Hofstaat ein: Der bewog ihn nämlich, vorsorglich 30 000 Soldaten in der Nähe von Paris zusammenzuziehen. Die Drohgebärde sprach sich rasch herum, in der Hauptstadt kam es zu Unruhen.

Zwei Tage später, am 14. Juli, überrumpelten ein paar beherzte Aufrührer die Besatzung der Bastille: Festung, Munitionsdepot, Staatsgefängnis und Symbol der Königsmacht. Das war das Fanal! Paris, dann ganz Frankreich und Europa begriffen, dass der Umsturz aller Dinge in Gang gekommen war.

Der es zunächst nicht begriff, war Ludwig XVI. Er befand sich an diesem 14. Juli wie üblich auf der Jagd in den Wäldern von Versailles; in seinem Tagebuch hielt er fest: «Heute nichts.» Marie-Antoinette klärte ihren Mann über den Gewaltakt auf und bedrängte ihn, sich unverzüglich zu entscheiden: Fliehen – oder an der Spitze der Armee den Bürgerkrieg eröffnen? Er zauderte. Und in der Tat wusste niemand, ob der König sich auf seine Truppen würde verlassen können.

Jean Sylvain Bailly, Präsident der Nationalversammlung und von ihr zum Bürgermeister von Paris ernannt (skandalöserweise, denn es war der König, dem solche Ernennungen oblagen) – Bailly also wies ihm einen dritten Weg: Kommen Sie nach Paris, Sire, oder Sie werden Paris verlieren! In die Hauptstadt also? Das war weniger dramatisch als die Alternative Flucht oder Kampf. Ludwig machte jedoch sein Testament für den Fall, dass er nicht wiederkäme.

Am Morgen des 17. Juli bestieg der König nach der Frühmesse still und bleich die Kutsche. Er fuhr durch ein Spalier von Zehntausenden, die ihre Sensen und Heugabeln hochhielten. Im Rathaus wurde er respektvoll begrüßt und ließ sich – sein zweiter Kniefall vor der neuen Macht – vom Bürgermeister die Kokarde der Revolution anheften: weiß für Frankreich, blau-rot für das aufständische Paris. Am Fenster zeigte er sich damit der Menge, und, dringend um ein passendes Wort gebeten, sprach er den einzigen Satz: «Ihr könnt immer auf meine Liebe zählen.» Einige klatschten. Vor der Rückfahrt wurden seine Kutscher und Lakaien von

Männern aus dem Volk mit Wein traktiert, und zusammen ließen sie den König hochleben.

Marie-Antoinette empfing ihn in Versailles mit Tränen. Sein Bruder und der halbe Hofstaat waren Hals über Kopf geflohen, ihre Dienerschaft mit ihnen. Ganze Flügel des Palastes waren wie ausgestorben.

In Frankreich herrschte Anarchie: die alte Autorität schon halb zerstört, eine neue noch nicht etabliert, Adlige und Geistliche in ihren Schlössern verschanzt oder auf der Flucht. Bauern erhoben sich gegen die Großgrundbesitzer und setzten die Herrenhäuser in Flammen; sie bewaffneten sich ihrerseits gegen plündernde Banden. Nach zwei Missernten war das Getreide rar, Kavallerie zerstampfte die Felder, in Paris ging der Hunger um, Raubgesindel streifte durch die Straßen.

Inmitten des Chaos verkündete die Nationalversammlung am 4. August 1789 die «Menschenrechte», angelehnt an die amerikanische Unabhängigkeitserklärung von 1776 und schon ihn ihrem Namen eine Provokation für König, Adel und Geistlichkeit: Denn das Volk hatte bis dahin nur Pflichten gehabt. Artikel 1: «Der Mensch ist frei und gleich an Rechten geboren und bleibt es.» Artikel 2: «Das Ziel des Staates ist die Erhaltung der natürlichen und unveräußerlichen Rechte des Menschen. Diese Rechte sind Freiheit, Eigentum, Sicherheit und das Recht des Widerstands gegen willkürliche Bedrückung.»

Den König forderte die Nationalversammlung auf, die Deklaration zu unterzeichnen. Seine Berater empfahlen ihm, lieber zur königstreuen Garnison in Metz zu fliehen und dort für den Bürgerkrieg zu rüsten. Ludwig zauderte – und dann beugte er sich zum dritten Mal der neuen Macht und unterschrieb; wohl um den Thron zu retten.

«Konzessionen – nie welche machen. Ludwig XVI. haben sie den Kopf gekostet.» Gustave Flaubert schrieb das 1850 in sein

«Wörterbuch der Gemeinplätze», meinte es also ironisch. Die Frage ist aber, ob die These nicht doch ein Stück Wahrheit enthält: ob der König vielleicht hätte überleben können, wenn er sich, statt ständig zu lavieren, für die Alternative «kämpfen oder kapitulieren» entschieden hätte.

Konzessionen machte er weiterhin nach *beiden* Seiten: Zusätzlich zu seiner Garde du Corps hatte Ludwig das Regiment Flandern nach Versailles beordert, und für die Bewirtung der beiden Offizierskorps stellte er am 1. Oktober 1789 einen Prachtsaal des Schlosses zur Verfügung. Im Rausch schworen die Teilnehmer, für den König würden sie sterben, und die Nationalversammlung würden sie vernichten.

Gerüchte über den Frevel schwirrten durch Paris. Am 5. Oktober setzte sich eine johlende Menschenmasse nach Versailles in Marsch, in der Mehrzahl Frauen, und 40 000 Nationalgardisten folgten ihnen. Marie-Antoinette bestürmte den König, als er von seinem morgendlichen Jagdausflug zurückgekehrt war, nun endlich entweder zu fliehen oder zu kämpfen, jedenfalls abzureisen; er zögerte, wie immer, und dann war es zu spät.

Nationalgardisten drangen ins Schloss ein, Leibgardisten wurden von der Menge umgebracht, Frauen aus dem Volk rannten ins Zimmer der Königin, die in letzter Sekunde zu ihrem Mann geflohen war. Der bat auf einem Balkon des Schlosses um Gnade für seine Leibwache und folgte schließlich der Aufforderung der Nationalgarde, Versailles zu verlassen und in Paris Wohnung zu nehmen, in den Tuilerien – nun wieder eine Kapitulation vor der *neuen* Macht.

Ludwig ahnte, dass er in Paris halb und halb ein Gefangener sein würde, von allem Jagdvergnügen abgeschnitten und vom Volk der Hauptstadt eingemauert. Völlig gebrochen ließ er es geschehen. Dabei hätte er durchaus wieder populär werden können: «Die Pariser hatten stets eine Schwäche für diesen dicken Mann, der keineswegs boshaft war und in seiner Wohlbeleibtheit ein väterliches Wohlwollen abstrahlte», schreibt Michelet. «Er hatte nicht gerade viel Verstand, er hatte sein Wort gebrochen; aber daran war gewiß seine Frau schuld.»

Im Februar des verhältnismäßig ruhigen Jahres 1790 leistete Ludwig XVI. öffentlich und vom Volk noch einmal bejubelt den Eid auf die Verfassung; seine bis dahin tiefste Verbeugung vor der neuen Autorität: Adel abgeschafft, Geistliche der Staatsgewalt unterworfen, Kirchengüter eingezogen; Monarchie erhalten, der König aber fast aller Macht beraubt. Man ließ ihn in Ruhe, das war alles.

Als im April 1791 der Graf von Mirabeau, der Wortführer der gemäßigten Revolutionäre, gestorben war, griffen die radikalen Jakobiner unter Robespierre nach der Macht, und das Königspaar beschloss, nun doch zu fliehen – aber wohin? Ludwig war ratlos, wie immer, Marie-Antoinette drängte zum nächst erreichbaren österreichischen Territorium, direkt jenseits des Rheins im heutigen Baden. Der königstreue Feldherr Marquis de Bouillé wurde eingeweiht und versprach, den Fluchtweg mit Soldaten und Stationen für den Pferdewechsel zu säumen.

Am Abend des 20. Juni kann sich das Königspaar mit seinen beiden Kindern, der Gouvernante, einer Kammerfrau und drei Leibgardisten aus einem Hinterausgang der Tuilerien schleichen und eine bereitstehende Berline besteigen: eine voll gefederte viersitzige Kutsche mit Klappverdeck und hohen Rädern, von vier Pferden gezogen.

Kurz vor Mitternacht des folgenden Tages hält die Kutsche auf einem Hügel vor Varennes nordwestlich von Verdun. Die neuen Pferde sind nicht da, und die vierzig deutschen Husaren, die der Marquis de Bouillé hier stationiert hat, sind großenteils betrunken. Ein Reiter erkennt die königliche Familie. Menschen mit Lichtern strömen den Hügel hinauf. Die Leibgardisten befehlen den Postillions, durch Varennes hindurchzufahren, aber die Brücke am Ortsausgang ist verbarrikadiert. Plötzlich läutet die Sturmglocke, die Glocken der umliegenden Dörfer fallen ein, bewaffnete Bauern rotten sich zusammen. «Der König verrät uns!», hallt es durch die Nacht. «Der König läuft zum Feind über!»

Ein Kaufmann tritt zur Kutsche und bietet der königlichen Familie seinen Laden als Zuflucht an; Ludwig hat sich als Lakai verkleidet und stellt sich als «Durand, der Kammerdiener» vor. Keiner glaubt ihm. Frauen pressen die Gesichter an die Fenster des Geschäfts, viele weinen. Der Gemeinderat und Offiziere der Nationalgarde drängen herein und flehen Ludwig an: «Um Gottes willen, Sire, verlassen Sie uns nicht!» Nein, versichert der König, er wolle ja in Frankreich bleiben, nur dem üblen Paris habe er entfliehen wollen.

Und ebendorthin muss er zurück – Befehl der Nationalversammlung, ein Kurier hat ihn überbracht. Aber was soll nur aus ihm werden?, fragt man in der Hauptstadt. In der Nationalversammlung regiert die Angst, Ludwig könnte als Gedemütigter ein gefährliches Quantum Mitleid auf sich ziehen. Der Vorschlag des radikalen Georges Danton ist gescheit, aber nicht realisierbar: «den König im Namen der Menschheit für dumm erklären». Auf den Straßen von Paris werden seine Büsten zerschlagen.

Unterdessen ist die königliche Familie vier Tage lang von Varennes zurück nach Paris unterwegs, die Berline eingekeilt von bewaffnetem, oft betrunkenem Volk; vor Übergriffen schützt sie vor allem das Mitleid mit der 13-jährigen Tochter und dem 6-jährigen Sohn, der einmal König von Frankreich hätte werden sollen und Kusshändchen durchs Fenster wirft.

In Paris kommt die Kutsche bei schlimmer Hitze in einer Staubwolke an, die Menschen lehnen in den Fenstern und sitzen auf den Dächern, keiner zieht den Hut. Der Nationalversammlung ist inzwischen der rettende Ausweg eingefallen: Der König ist gar nicht geflohen – er wurde entführt! Der Marquis de Bouillé hat das Tor dazu aufgemacht: In die österreichischen Niederlande geflüchtet, nachdem Ludwig verhaftet worden ist, bezichtigt er sich in einem Brief an die Nationalversammlung, der Entführer gewesen zu sein.

Das Parlament verhört den König und spricht ihn frei. Kaum ein Vierteljahr nach seiner schmählichen Flucht, am 14. September 1791, leistet er den Eid auf die revidierte Verfassung; immer noch darf er die Krone behalten. Ins Schloss zurückgekehrt, soll er jedoch geweint haben vor Wut über die Erniedrigung, dass man ihn zur Unterschrift genötigt hat.

Von der einstigen Macht bleibt ihm, nach heftigem Zwist unter den Abgeordneten, immerhin ein Rest: gegen die Beschlüsse der Nationalversammlung ein Veto einzulegen; zwar nur mit aufschiebender Wirkung, aber dennoch geeignet, die Staatsmaschine monatelang zu lähmen. Und von dieser Chance macht Ludwig noch im selben Herbst zweimal Gebrauch – ein doppelter Kotau nun wieder vor den Inhabern der *alten* Macht; vielleicht auch nur ein Stück jener «unbelehrbaren Unwissenheit», die seine Abkunft, seine Erziehung und seine Umgebung produziert hätten, schreibt Michelet.

Dekret gegen die Emigranten, November 1791: Wer nicht bis zum 1. Januar nach Frankreich zurückgekehrt ist, verliert sein Vermögen und sein Leben. Veto. Dekret gegen die Priester, drei Wochen später: Geistliche haben den Bürgereid zu leisten, der sie zur Respektierung der Gesetze und der Religionsfreiheit verpflichtet; wer den Eid verweigert, «ist des Aufruhrs verdächtig». Veto. Unter Beachtung der neuen Verfassung hat Ludwig XVI. den alten Herren gedient und damit seinen Untergang eingeläutet. In der Nationalversammlung beginnt sich eine Mehrheit für die Abschaffung der Monarchie herauszubilden, und der Schlachtruf «Nieder mit dem Veto!» hallt durch die Straßen von Paris.

Am 20. Juni 1792 drückt eine Volksmenge, die sich tanzend, singend, schreiend auf das Palais des Tuileries zugewälzt hat, das Gittertor des Stadtschlosses ein und dringt durch den Park, unbehelligt von den wachenden Nationalgardisten, bis in Ludwigs Gemächer vor. Dort erst stellen sich vier Gardisten vor ihn mit gezogenem Säbel. Wie es scheint, will keiner den König umbringen; nur Angst einjagen wollen sie ihm.

Und da beweist er gute Nerven: Auf den Zuruf, er solle aufhören, das Volk zu täuschen, erwidert Ludwig ebenso kaltblütig wie scheinheilig: «Ich bin euer König. Ich werde tun, was die Gesetze und die Verfassung von mir verlangen.» Auf einer Bank stehend, harrt er zwei Stunden inmitten der drängelnden Menge aus. Vielen imponiert er damit – noch mehr, als er mit fester Stimme spricht: «Ich habe keine Angst. Ich habe die Sakramente empfangen. Tut mit mir, was ihr wollt.» Es sind wohl die zwei Stunden seines Lebens, in denen Ludwig der Königswürde am nächsten kommt. Allmählich zerstreut sich das Volk, Schmutz und Scherben hinterlassend.

Drei Wochen später, am 6. Juli 1792, fordert der Abgeordnete Pierre Vergniaud in der Nationalversammlung unter orkanartigem Beifall den Sturz der Monarchie. Dieser König, spricht er, glaube, «dass man die Menschen durch Schwüre unterhalten müsse, wie man die Kinder mit Murmeln unterhält». Und: «Diesem Volk, das Du so feige hintergangen hast, bedeutest Du nichts mehr.»

Der Endkampf beginnt. Noch hat Ludwig die Macht, 1300 Mann seiner disziplinierten Schweizergarde im Park der Tuilerien zu stationieren. Jeder Schweizer bekommt 50 Patronen; die Parterrefenster des Palais werden mit Eichenbohlen verrammelt. Es gibt ja noch Hoffnung! Die Preußen, seit April zusammen mit Österreich gegen Frankreich im Krieg, sind schon bis in die Champagne vorgestoßen.

In der Nacht zum 10. August 1792 läuten die Sturmglocken. Der König legt die Beichte ab. Im Morgendämmer, als die ersten

Tausende auf die Tuilerien zumarschieren, schleicht sich die königliche Familie zu Fuß in die nahe gelegene Nationalversammlung als den einzigen Ort, wo man ihre Sicherheit garantieren kann.

Bald darauf stürmt eine Menschenmenge, geschätzt auf 40 000 Köpfe, die Tuilerien. Die Schweizergarde schießt aus 1300 Gewehren und bringt mehr als tausend der Angreifer um. Aber die tobende Masse überrennt sie, wirft Möbel aus den Fenstern, legt Feuer und schlägt die Hälfte der Schweizer tot.

Dem König und seiner Familie weist die Nationalversammlung als letzten Wohnsitz den «Temple» an, einen finsteren Turm, der einst die Schatzkammer des Templerordens war – gedacht als eine Art Zitadelle gegen die Volkswut und zugleich als Ludwigs Gefängnis.

Drei Wochen später, am 2. September 1792, trifft in Paris die Nachricht ein: Die Preußen stehen in Verdun! Dort wie überall pflanzen sie das Lilienbanner des französischen Königshauses auf. Panik in Paris! Die Radikalen in der Nationalversammlung stiften den Straßenpöbel an, vorsorglich alle politischen Gefangenen zu töten, dazu alle, die königstreu sind oder dafür gehalten werden können, lange geprüft wird da nicht, mehr als tausend werden umgebracht, im Blutrausch schließlich sogar die Insassen eines Armen- und Waisenhauses. Vier Tage lang zieht der Mob mordend und plündernd durch die Stadt.

Am 21. September 1792 tritt der neu gewählte Nationalkonvent zusammen: 745 Abgeordnete, zumeist Groß- und Kleinbürger; ein paar Adlige und ein Arbeiter sind auch dabei. Was sie vereint, ist zum einen das Erschrecken über die Mord-Orgie und zum andern der nunmehr klare Wille, den König vom Thron zu stoßen. Zwar ist tags zuvor die preußisch-österreichische Invasion bei Valmy gestoppt worden; doch scheint es den meisten unerträglich, in Frankreich immer noch einen König zu haben, der offenkundig auf den Sieg der Invasoren hofft. Beschluss: Die Monarchie ist abgeschafft.

In seinem feuchten Gemäuer aber beschwört Ludwig indessen, ohne es zu wollen, eine neue Gefahr herauf. Die Wachtposten der Nationalgarde, täglich wechselnd, lernen einen dicklichen, freundlichen Menschen kennen, der sich nach ihren Familien erkundigt, seinen Sohn fleißig unterrichtet, viel betet und nach dem Mittagessen im Kreis seiner Familie ein Nickerchen macht. So ein lieber Mensch! Und läuft bei alldem vielleicht immer noch ein geheimer Draht zu Europas Monarchien, die auf der Lauer liegen, einem der Ihren wieder auf den Thron zu helfen?

Am 3. Dezember 1792, zweieinhalb Monate nach Ludwigs Inhaftierung, sagt Robespierre vor dem Konvent: «Der König liegt im Krieg mit uns – aus dem Gefängnis bekämpft er uns! Er soll sterben, denn das Vaterland muss leben. Zum Verräter an Frankreich, zum Verbrecher an der Menschheit müssen wir ihn erklären.»

Am 11. Dezember wird vor dem Konvent der Prozess gegen Ludwig eröffnet. Er verteidigt sich selbstbewusst und mit überraschender Kraft. Habe er nicht die meisten Handlungen, die ihm jetzt vorgeworfen würden, im Rahmen, ja im Auftrag der Verfassung begangen? Und Bestechung? Nun ja: «Ich kannte kein größeres Vergnügen, als denen etwas zu schenken, die es dringend brauchen konnten.» Was soll man mit diesem Angeklagten machen? Solange er lebt, ist er eine Gefahr für die Revolution, aber wenn er stirbt, hat man sich und den eigenen Kindern alle Könige Europas zum Feind gemacht, und die Emigranten wetzen schon die Messer für den Tag der Rache.

15. Januar 1793: Der Konvent spricht den König schuldig, sich gegen die Freiheit Frankreichs verschworen zu haben. 37 Enthaltungen, sonst nur Ja-Stimmen. 19. Januar: Welche Strafe soll Ludwig erhalten? Die Abstimmung erfolgt namentlich und dauert die ganze Nacht. 20. Januar: 387 Stimmen für die Guillotine, 334 dagegen.

Ludwig wird von einer Delegation mit dem Justizminister an der Spitze informiert, dass er am nächsten Morgen sterben soll. Er hört es gefasst. Als die Todesboten gegangen sind, verlangt er sein Mittagessen. Er schläft gut, hört im Morgengrauen kniend die Messe und verabschiedet sich von Frau und Kindern. Auf dem Schinderkarren liest er in den Psalmen, der Beichtvater begleitet ihn aufs Schafott. Es ist umstritten, ob er ins Karree der Nationalgarde hinein noch ruft: «Franzosen, ich sterbe unschuldig! Möge mein Blut nicht über Frankreich kommen.» Dann wird er angeschnallt, das Beil fällt.

Durch Europas Königs- und Adelshäuser hallt ein Schrei des Entsetzens. Frankreich ist zerrissen zwischen Bestürzung und Genugtuung, zwischen Triumph, Trauer und Angst.

Marie-Antoinette folgt ihrem Mann sieben Monate später aufs Schafott. Beider Sohn, einst der Dauphin, wird, sieben Jahre alt, von seinem Onkel, einem nach Deutschland geflohenen jüngeren Bruder Ludwigs, zum König ausgerufen: Ludwig XVII. Aber der Knabe lebt nur noch zwei Jahre; der Konvent hat ihn bei einem radikalen Revoluzzer, einem Schuhmacher, in Pflege gegeben, und der richtet ihn körperlich und geistig zugrunde. Der Onkel kehrt nach dem Sturz Napoleons nach Paris zurück und regiert als Ludwig XVIII. bis zu seinem Tod.

Alphonse de Lamartine fragte 1847: «Welcher Rat hätte Ludwig XVI. retten können? Keiner. Alle Fehler der früheren Regierungen, alle Laster der Könige zielten auf sein Haupt und drückten auf seine unschuldige Stirn das Sühnezeichen. Er war das Opfer, das zur Bestrafung des Königtums geschlachtet werden musste.»

Tocqueville zog 1856 das Fazit: «In keiner der Epochen, die auf die Revolution folgten, hat Frankreichs Wohlstand sich schneller entwickelt als in den zwanzig Jahren, die der Revolution vorausgegangen waren.»

VOM THRON GESTOSSEN:

12 Wilhelm II.

Kein anderer Verlierer fiel so weich

Zum Siegen schien er geboren, Wilhelm Friedrich Viktor Albert von Hohenzollern, deutscher Kaiser und König von Preußen: 1888, als er 29 war, fiel ihm ein Reich in den Schoß, das binnen zwanzig Jahren zu einem der zwei, drei mächtigsten auf Erden aufsteigen sollte. Die deutsche Industrie die zweitgrößte nächst der amerikanischen; der englischen eilte sie mit Riesenschritten davon. Die deutsche Kriegsflotte die zweitgrößte nächst der britischen, die deutsche Armee die zweitstärkste nächst der russischen, aber an Kampfkraft ihr weit überlegen. Die deutschen Naturwissenschaften standen gar an der Spitze der Welt: Von den 49 Nobelpreisen für Physik, Chemie und Medizin, die zwischen 1901 und 1914 verliehen wurden, gingen 14 nach Deutschland und 2 in die USA.

Und dieser Erbe war kein Trottel, kein Narr, kein kriegslüsterner Bösewicht, sondern ein hochintelligenter Mensch von rascher Auffassungsgabe und mit vorzüglichem Gedächtnis, ein geistreicher Plauderer, eine glänzende Erscheinung. Dass er obendrein sprunghaft, redselig, rührselig, selbstgefällig und prachtliebend war, würde ihm auch nicht geschadet haben – hätte er nur irgendein Vermögen geerbt, ein paar Milliarden hin oder her wie die reichen Söhne von heute, ja beliebt wäre er gewesen unter seinesgleichen, mit Charme und Bravour hätte er sein Erbe durchgebracht, vielleicht es sogar zu bewahren verstanden.

Doch es war eine Weltmacht, die ihm zufiel, und ihr wie ihm wurde das zum Verhängnis. Voll von kaum getarnter Arroganz, impulsiv und ohne Stehvermögen, vielfältig interessiert ohne jede Disziplin im Denken und Arbeiten, mit einer unglücklichen Hand in der Auswahl seiner Berater und dennoch ihren Einflüsterungen erliegend; und dazu stets in der Versuchung, sich, nach Bismarcks Worten, seiner unstreitigen Beredsamkeit «öfter als geboten zu bedienen».

Einerseits lag da ein Talent vor. Wilhelm verstand es, gescheite und kenntnisreiche Konversation zu treiben, ob mit Kaufleuten, Theaterintendanten, Archäologen oder «den Vorsitzenden von Männergesangsvereinen», schreibt der britische Historiker Gordon A. Craig. Auch konnte der Kaiser trotz seiner schnarrenden Stimme ein mitreißender, kühn improvisierender Redner sein.

Aber ebendies, das Unbedachte und meist Auftrumpfende, machte seine Reden, wenn sie gedruckt waren, zusammen mit seinen Interviews und Telegrammen zu «Katastrophen der Diplomatie», schreibt Golo Mann – umso mehr, als Wilhelm sich verhielt, als wäre er eigens Kaiser geworden, damit Staatsgäste, Diplomaten, Minister, Soldaten, Honoratioren und das halbe Volk verpflichtet waren, seinen Reden zu lauschen. Er sprach bei Empfängen, Jubiläen, Denkmalsenthüllungen, Grundsteinlegungen, Stapelläufen, Feldgottesdiensten und Rekrutenvereidigungen.

1892 ließ der Kaiser wissen: «Zu Großem sind wir noch bestimmt, und herrlichen Zeiten führe ich euch entgegen!» 1895 nannte er die Sozialdemokraten «eine Rotte von Menschen, nicht wert, den Namen ‹Deutscher› zu tragen». 1896 beglückwünschte er Ohm Krüger, den Präsidenten der Burenrepublik Transvaal, telegrafisch zu seinem Sieg über «die bewaffneten Scharen, welche als Friedensstörer in Ihr Land eingebrochen sind» – und das waren die Engländer.

1898 verkündete Wilhelm: «Wo der deutsche Aar seine Fänge in ein Land geschlagen hat – das Land ist deutsch und wird deutsch bleiben.» 1900 sagte er zu Frankreichs Griff nach Marokko: «Ich bin nicht der Meinung, dass unser deutsches Volk vor 30 Jahren gesiegt» (über Frankreich nämlich) «und geblutet hat, um sich bei großen auswärtigen Entscheidungen beiseite schieben zu lassen.» Und die deutsche Strafexpedition gegen die «Boxer» in China verabschiedete er 1900 in Bremerhaven mit der Aufforderung, kein Pardon zu geben und sich im Fernen Osten einen Namen zu machen wie einst in Europa die Hunnen.

Seine Berater waren entsetzt und bewogen das *Wolff'sche Telegraphenbüro,* die Hunnen-Passage unerwähnt zu lassen. Doch die beiden Bremer Zeitungen und das *Hamburger Fremdenblatt,* mit eigenen Reportern als Ohrenzeugen, druckten sie. Aus dem Gespött über den schon vertrauten martialischen Überschwang des deutschen Kaisers wurde mehr und mehr Beunruhigung im ganzen Abendland; und noch 1914 griff die britische Kriegspropaganda das schlimme Wort von 1900 auf und stellte die deutschen Soldaten, die in Belgien eingefallen waren, als mordende Hunnen dar.

Erst Wilhelms schneidige Reden hatten, nach Churchill, den Briten «die teutonische Gefahr» so recht bewusst gemacht. Die Großspurigkeit, in der Tat, mag der Beitrag des Kaisers dazu gewesen sein, dass Europa in den Ersten Weltkrieg stolperte, die Urkatastrophe des 20. Jahrhunderts – einen Krieg, den Wilhelm im Übrigen *nicht* verschuldet und durchaus nicht gewollt hat; einer in Versailles aktenkundig gemachten Legende zuwider, die von führenden Historikern aller Nationen längst verworfen worden ist.

Der Erste Weltkrieg war ja nicht, wie der Zweite, ein Anachro-

«Ich führe euch herrlichen Zeiten entgegen!», hatte Wilhelm II. seinem Volk versprochen – und so, wie er 1913 mit den ältesten seiner sechs Söhne über die «Linden» schritt, glaubt man ihm, dass er das glaubte.

nismus, den ein Verbrecher erzwang, schreibt Golo Mann. Vielmehr ging er «aus dem Geist der Zeit, aus den Begriffen, in denen die Leute dachten, aus dem Stil, in dem sie lebten, stimmig hervor ... Jubel herrschte in Europa in den ersten Augusttagen des Jahres 1914, Jubel, Kriegswut und Kriegsfreude... Selbst durch die Straßen Londons wälzten sich lustig die Volksmassen und schrien nach Krieg ... Der Krieg würde kurz sein und schön; ein erregendes, befreiendes Abenteuer. Und Gott würde auf allen Seiten sein; und alle würden siegen.»

Natürlich: Als oberster Kriegsherr und zugleich der Mann, der die Reichskanzler ernennen und entlassen konnte, hätte Wilhelm die Macht gehabt, seine nach Siegen gierende Generalität zu bändigen oder den großen Krieg wenn schon nicht zu verhindern, so mindestens früher zu beenden, was Deutschland weniger beschädigt und Millionen Soldaten gerettet hätte – vielleicht auch den Thron. «Aber das Räderwerk, das er kontrollieren sollte, verstand der Kaiser nicht», schreibt der britische Historiker John Keegan, und erst recht fehlte es ihm an Zielstrebigkeit und Energie – an der Entschlossenheit zumal, die zu entmachten, die in den letzten Kriegsjahren die eigentlichen Herren Deutschlands waren: Hindenburg und Ludendorff.

Der Zweite nahm es sich im Januar 1918 heraus, seinen Kaiser anzuschreien, weil der Russland beim bevorstehenden Sonderfrieden zu wenig Land entreißen wollte; und wo immer Wilhelm seinen beiden Feldherren widersprach, erpressten sie ihn mit der Drohung, sofort zurückzutreten. Der Kaiser war alles andere als «der unbarmherzige Herr des Deutschen Volkes», als den der amerikanische Präsident Wilson ihn anprangerte – eher die Galionsfigur der sterbenden Weltmacht.

Als Hindenburg im Juli 1918 das Scheitern der letzten deutschen Großoffensive in Frankreich eingestand, schlief der Kaiser schlecht, und am Morgen danach erzählte er verstört dem Chef seines Marinekabinetts, Admiral von Müller, im Traum sei er verhöhnt worden von seinen Generalen, seinen Ministern und seinen Vettern, dem Zaren und dem englischen König; nett zu ihm gewesen sei nur die kleine Maud, die Frau des Königs von Norwegen.

Am 29. September 1918 beichteten die beiden Machthaber ihrem Kriegsherrn, dass der Krieg verloren sei und ein Waffenstillstand abgeschlossen werden müsse. Wilhelm blieb ruhig, sprach das wahre Wort, dass die Armee wohl erschöpft sei, lobte den Mut seines Volkes und gab dem Versagen der Politiker die Schuld an der Niederlage.

Wäre er nun klarsichtig und großherzig genug gewesen, um seine Abdankung zu verkünden – vielleicht hätte er den Thron gerettet für einen seiner Söhne oder Enkel. Doch er dachte nicht daran, und um dem zunehmenden Druck der Politiker auszuweichen, die die Abdankung forderten, verließ er am 29. Oktober Berlin auf Nimmerwiedersehen und fuhr in sein Hauptquartier in der belgischen Kurstadt Spa.

«Ein Nachkomme Friedrichs des Großen dankt nicht ab!», rief Wilhelm, und das kann man ja auch wieder verstehen. «Der König von Preußen darf Deutschland nicht untreu werden.» Doch gleich danach Hass und wieder völlige Verkennung der Lage: «Ich denke gar nicht daran, wegen der paar hundert Juden und der tausend Arbeiter den Thron preiszugeben.»

Am 4. November 1918 stürmten meuternde Matrosen das Rathaus von Kiel. Am 7. November legte der neue Reichskanzler, Prinz Max von Baden, dem Kaiser förmlich die Abdankung nahe. Aber der gab stattdessen seinem Stab den Befehl, einen Plan auszuarbeiten mit dem Ziel: Ich, Wilhelm, marschiere an der Spitze treuer Truppen nach Berlin und schieße es notfalls zusammen – Ordnung muss sein!

Am 8. November fragte General Groener, der Nachfolger Ludendorffs, den Kaiser, ob es nicht das kleinste Übel wäre, wenn er an die Front ginge, um den Tod zu suchen. Aber eine Front gab es nicht mehr, und Wilhelms Berater waren wieder mal entsetzt – diesmal über das Risiko, er könnte dem Feind oder gar meuternden Soldaten in die Hände fallen.

Am Morgen des 9. November waren der Kaiser, seine Adjutanten, Hindenburg und Groener im Hauptquartier zu Spa versammelt, Wilhelm fröstelnd und mit grauem Gesicht. Groener erklärte kalt, die Armee sei nicht mehr bereit, ihrem obersten Kriegsherrn zu gehorchen. In Berlin hängte sich Prinz Max von Baden ans Telefon, ließ sich mit Wilhelm verbinden und sagte atemlos: Die Arbeiter marschieren zum Reichstag, die Soldaten verbrüdern sich mit ihnen – danken Sie ab, sofort, nur das kann die Lage noch retten! Wilhelm weigerte sich strikt, und zitternd vor Wut ging er in den Garten.

Um 11.30 Uhr desselben Tages gab der Reichskanzler in Berlin auf eigene Faust bekannt: Ich trete zurück, der Kaiser wird abdanken und der Kronprinz auch. Wilhelm schrie: «Verrat!» Aber Hindenburg erklärte ihm klipp und klar: «Ich kann es nicht verantworten, dass Euer Majestät von meuternden Truppen nach Berlin geschleppt und der revolutionären Regierung als Gefangener ausgeliefert werden. Deshalb muss ich Euer Majestät raten, abzudanken und nach Holland zu gehen.»

Das wäre, als verließe der Kapitän sein sinkendes Schiff!, wandte Wilhelm ein. Aber damit war sein Widerstand erschöpft. Im Morgengrauen des 10. November legte er in einem Autokonvoi die vierzig Kilometer zur holländischen Grenze zurück. Sechs Stunden musste er warten, dann bot ihm ein Graf Bentinck, Ritter des Johanniter-Ordens wie er, Asyl in seinem Schloss.

1920 verlangten die Siegermächte von der holländischen Regierung, den Exkaiser auszuliefern, damit er wegen seiner «Verbrechen gegen die internationale Moral» zur Verantwortung gezogen werden könne. Den Haag lehnte ab – gegen Wilhelms Versprechen, sich jeder politischen Betätigung zu enthalten. Das tat er. Da waren nun durch den Weltkrieg vier Großreiche aus den Fugen geraten: das Osmanische und Österreich-Ungarn völlig zerschlagen, Russland und Deutschland angenagt und umgestülpt; der Zar ermordet, Österreichs Kaiser Karl I. nach Madeira verbannt, Wilhelm II. nach Holland ausgerissen und Sultan Mohammed VI. nach Malta – Verlierer sie alle.

Doch Deutschlands einstigem Kaiser erging es am besten unter diesen. Während die Romanows ganz und die Habsburger teilweise enteignet wurden, ließ die deutsche Republik den Hohenzollern ihr stattliches Privatvermögen. So konnte sich der Kaiser in der Nähe von Utrecht für eine halbe Million Goldmark ein altes Wasserschloss mit 29 Zimmern kaufen, Haus Doorn, und aus seinen deutschen Schlössern ließ er Möbel, Bücher, Uniformen und eine Fülle kostbarer Kunstwerke kommen, 58 Güterwagen voll. Für sein fünfzigköpfiges Gefolge baute er ein zusätzliches Haus. «Die Krone fiel – wer wird denn weinen?», schrieb Tucholsky. «Das ganze Geld kam nachgerollt.»

In Doorn lebte Wilhelm noch 21 Jahre lang, ein weißhaariger Patriarch mit einem Hofstaat, von seiner vielköpfigen Familie und alten Weggefährten oft besucht; zum Souper erschien er in großer Uniform. Mit einem *ghostwriter* verfasste er sein Rechtfertigungsbuch «Ereignisse und Gestalten» und ein weiteres mit seinen Jugenderinnerungen. Er wanderte durch seinen 35 Hektar großen Park, fütterte Schwäne und Hirsche, pflegte seine Rosen und sägte Holz. Einmal im Jahr lud er zu kulturellen Vorträgen ein. «Es war ein Leben ohne rechten Zweck», resümiert sein englischer Biograph Michael Balfour, «aber eines, in das er gut hineinpasste.»

Im Oktober 1938, nachdem Hitler das Sudetenland kassiert hatte, beglückwünschte Wilhelm das englische Königshaus, dass Premierminister Chamberlain, «vom Himmel inspiriert», der Welt den Frieden gerettet habe. Als 1940 Hitler in Holland einfiel, war es Churchill, der dem englischen König vorschlug, dem Exkaiser Asyl anzubieten: «Mit Hochachtung und Würde» würde er empfangen werden. Das Angebot wurde Wilhelm auf privatem Wege übermittelt, er dankte und lehnte ab. An Hitler schickte er ein Glückwunschtelegramm zum deutschen Einmarsch in Paris.

Als der Kaiser am 4. Juni 1941 starb, 82 Jahre alt, bot Hitler der Familie ein Staatsbegräbnis in Berlin an. Doch Wilhelm hatte verfügt, dass er in Doorn begraben werden wolle. Ein Ehrenbataillon der Wehrmacht erschien dazu und der 91-jährige Feldmarschall August von Mackensen, der 1915/16, als der Kaiser noch von «herrlichen Zeiten» fabulierte, Russen, Serben und Rumänen aufs Haupt geschlagen hatte. Für die deutsche Presse gab Goebbels die Sprachregelung aus: «Wilhelm II. ist der Repräsentant eines Systems, das versagte. Man mag ihm zugestehen, dass er das Beste wollte. Aber auf dieser Welt kommt es nicht auf die Absicht an, sondern auf den Erfolg.» Haus Doorn ist seit 1948 ein Museum.

Unter den großen Verlierern der Weltgeschichte hält Deutschlands letzter Kaiser einen doppelten Rekord: Keiner hat je ein größeres, blühenderes Reich rascher verspielt (was der Zar und nach ihm Gorbatschow verloren, war ja ein längst marodes Imperium) – und kaum einer lebte nach dem Verlust so unbehelligt von Anfeindung, materiellen Sorgen, Verzweiflung oder Scham. Am ehesten war es noch ein Quantum Verbitterung, was ihn begleitete.

Einen «Bezauberer» und einen «Gezeichneten» hatte Walther Rathenau 1919 den einstigen Kaiser genannt – Rathenau, der 1914 Organisator der deutschen Kriegswirtschaft und 1922 Außenminister war, bis er von Rechtsradikalen ermordet wurde. Wilhelm habe er schon 1901, bei der ersten Begegnung, als «eine zerrissene Natur, die den Riss nicht spürt», erkannt, schrieb Rathenau; mit starkem Arm müsse der Kaiser behütet werden «vor dem, was er fühlt und was ihn zum Abgrund zieht».

«War alles falsch?», schrieb Wilhelm 1935 auf eine Autogrammkarte, die er seinem Biographen Joachim von Kürenberg überreichte. Einiges, schien er mit dieser Frage einzuräumen, muss wohl falsch gewesen sein; alles aber nicht! An Einsicht und Weltkenntnis hatte er es nie sehr weit gebracht; so hielt er, Kürenberg zufolge, Amerika «für ein fernes, unbekanntes Etwas, wohin man ungeratene Söhne zum Tellerwaschen schickt».

AN DIE WAND GEDRÜCKT – VOM SOHN:

13 Johann Strauß

Sie geigten um den Weltruhm, und der Vater verlor

Bis Elvis Presley kam, hat keine Musik je so viele Menschen in solche Raserei versetzt wie die Walzer und Galoppe des älteren Johann Strauß; sein Radetzky-Marsch ist das meistgespielte Musikstück der abendländischen Geschichte. Doch den Nachruhm hat der jüngere abgeschöpft – der mit der «Schönen blauen Donau», dem «Wiener Blut», der «Fledermaus»: der Sohn, den der Vater mit allen Mitteln hatte daran hindern wollen, ebenfalls Musiker zu werden. Weltberühmt, ausgebrannt und vom Neid auf diesen Sohn zerfressen, starb Johann der Ältere mit 45 Jahren, und zwar in der schäbigen Wohnung einer gewissen Emilie Trampusch, mit der er fünf Kinder hatte.

Das war Wien um 1820: Welthauptstadt der Musik, von Haydn, Mozart, Beethoven geprägt (Schubert kannten noch die wenigsten), Konzerte zuhauf in Sälen und öffentlichen Gärten, mehrstimmiger Gesang der Dienstmädchen, in jedem bürgerlichen Haushalt ein Klavier.

Da war der Walzer: ein spätes Kind des Ländlers, Landlers oder Drehers, eines alten Bauerntanzes aus Oberösterreich in langsamem Dreivierteltakt mit einem Aufstampfen der Tänzer auf dem *zweiten* Viertel. Im 18. Jahrhundert verbreitete sich der Landler über Bayern nach Norden und Westen. Franz Schubert ließ 1815 durch den dritten Satz seiner 3. Symphonie schon den kompletten *Wiener* Walzer tanzen: schneller, mehr schwingend als stampfend und mit dem Ton auf dem *ersten* Viertel; ähnlich Rossini 1825 im Finale seiner Oper «Die Reise nach Reims».

Um dieselbe Zeit war es der Wiener Konzertgeiger Josef Lanner, der den Walzer verselbständigte und in den Tanzsaal trug, mit langsamer Introduktion, jubelndem Schluss und jenem «schmachtenden Element» dazu, das der Große Brockhaus von 1845 an ihm rühmte. Damit war das Tanzen Brust an Brust provoziert, das im Gesellschaftstanz ein Novum, nach höfischen Maßstäben ein Skandal und für die Wiener ein Grund mehr war, zu Lanners Bällen zu eilen.

Und dann wurde da 1804, zwei Jahre nach Lanner, der Johann Strauß geboren, Enkel eines ungarischen Juden, Sohn eines Wiener Bierwirts. Von seinen fünf Geschwistern starben vier kurz nach der Geburt; seine Mutter starb, als er sieben war; und als sein Vater sich, hoffnungslos verschuldet, in der Donau ersäufte, war Johann zwölf.

Sein Vormund schickte ihn in die Buchbinderlehre. Er brachte sie zu Ende, erlernte nebenher das Geigenspiel und schaffte es mit 18 Jahren, von Josef Lanner in sein Sextett aufgenommen zu werden (so klein hatte es angefangen). Schon als er 20 war, gründete Johann Strauß selber eine Kapelle; bald brachte er es auf vierzehn Musiker. Sie waren Konkurrenten, der Lanner und er, aber weh taten sie einander nicht: Denn Wien war erfasst vom Walzerfieber, und beide wurden mit Aufträgen zugedeckt.

Ebenfalls mit 20 lernte Strauß die drei Jahre ältere Gastwirtstochter Anna Streim kennen. Als sie ihm sagte, dass sie von ihm schwanger sei, wollte er sich davonstehlen: Heimlich beantragte er einen Pass, um eine Auslandsreise anzutreten. Annas Vater kam

Aus dem Elend zum Weltruhm aufgestiegen, vom Sohn in den Schatten gedrängt, in Verzweiflung gestorben: Johann Strauß Vater, in dessen Walzern «die fünfmal hunderttausend Teufel des Champagners tanzten».

ihm auf die Schliche, nagelte ihn fest und nötigte ihm die Ehe auf. Sie war unglücklich von Anfang an und mit sechs Kindern gesegnet. Von den drei überlebenden Söhnen sollte um Gottes willen keiner Musiker werden – sie wurden es alle, gegen des Vaters Willen, der Älteste gegen seinen Hass.

Zunächst jedoch trat der Senior unbehindert seinen Siegeszug durch Wien, durch Österreich, durch halb Europa an – von 1829, als er dem Lanner zum ersten Mal den fettesten Auftrag des Wiener Faschings wegschnappte, bis 1844, als der Junior tolldreist begann, dem Vater öffentlich Konkurrenz zu machen.

Lanner wie Strauß waren zunächst vor allem die Stehgeiger, die eine Tanzkapelle dirigierten, oft auch selbst die Veranstalter des Tanzvergnügens. Aufs Komponieren verlegten sich beide bloß, damit sie genügend Stücke zu spielen hatten oder weil das Publikum immer mal wieder eine Uraufführung verlangte. Da kam es vor, dass der neue Walzer, für den Abend angekündigt, am Morgen noch nicht existierte. Das lief dann so: Strauß erfand eine Melodie, schrieb sie für die erste Geige auf und wechselte sich mit seinem Flötisten im Notieren der weiteren Stimmen ab: er die Flöte – Strauß den Kontrabass – er die Posaune – Strauß die zweite Geige – und so weiter, bis die Partitur für alle vierzehn Instrumente fertig war, manchmal erst eine Stunde vor dem Auftritt.

Und oft ohne Probe spielten sie den neuen Walzer «mit einer gewissen wollüstig schwebenden Macht, die die Füße fast zwang, ihrem Zauberreize zu folgen» – so hielt es der Brockhaus fest; nicht ohne hinzuzufügen: Der Walzer, «früher von mäßiger, dem deutschen Nationalcharakter mehr angemessener Bewegung», habe sich in jüngster Zeit in Wien «zu Frohsinn und Lustigkeit, oft auch bis zu bacchantischer Wut gesteigert».

Der 19-jährige Richard Wagner fand 1832 in Wien «die gesamte Zuhörerschaft fast ersichtlich in Flammen gesetzt» und staunte über «die an Raserei grenzende Begeisterung des wunderlichen Johann Strauß», dieses «Nervendämons», der wie eine Pythia auf dem Dreifuß zittere, wenn der Walzer losbrach. Im Jahr darauf bewunderte der spätere Burgtheater-Direktor Heinrich Laube vor allem die Strauß'schen Schnellpolkas, die Galoppe, gespielt mit einer solchen Präzision und in einem solch rasenden Tempo, «daß der Ballgaffer nicht mit sich einig wurde, was mehr anzustaunen sei: das Orchester oder das sich zu Tode hetzende Publikum».

Schon 1833 unternahm Johann Strauß seine erste Tournee, nach Ungarn, und im selben Jahr konnte er es sich leisten, in einem Patrizierhaus am Karmeliter-Platz zwei große Wohnungen zu mieten, eine für sich allein, mit einem Probenzimmer, in dem die Instrumente standen. Schon im Jahr darauf nahm sich der nunmehr 29-jährige Liebling der Wiener eine andere Wohnung für eine hübsche Modistin, die Emilie.

Den großen Ruhm heimste er 1837 und 1838 ein: auf seiner Tournee mit 22 Musikern durch Deutschland, Holland und Belgien nach Frankreich; die Pariser versetzte er in einen Beifallstaumel, als er den «Paris-Walzer», sein Opus 101, mit der Marseillaise im Dreivierteltakt beschloss. Weiter nach England, Irland, Schottland, allein in London 72 öffentliche Konzerte, die privaten Bälle nicht gerechnet, und ein Gala-Auftritt bei den Krönungsfeierlichkeiten der Queen Victoria. Von London aus flog sein Ruhm über die Ozeane, in Amerika und in Australien wurden seine Melodien gepfiffen – dergleichen hatte es noch nie gegeben.

Gesundheitlich schwer angeschlagen kehrte Strauß nach Wien zurück. Johann, seinen Ältesten, hatte er zum Kaufmann bestimmt und schickte ihn auf die «Commerzielle Abteilung» des Wiener Polytechnikums. Nach zwei Jahren, 1843, flog der Sohn von der Hochschule, weil er während der Vorlesung eine Melodie, die ihm gerade einfiel und die er eigentlich nur summen wollte, versehentlich laut sang. Der Vater, wütend, zwang ihn, beim Buchhalter einer Sparkasse Privatunterricht im Rechnungswesen zu nehmen; der Sohn schwänzte die Stunden. Als der Vater ihn auch noch dabei ertappte, dass er heimlich das Geigenspiel erlernte, war das Zerwürfnis komplett und Johann Strauß der Ältere der Familie vollends überdrüssig: Im Sommer 1843 verließ er die üppige eheliche Wohnung und zog für seine letzten sechs Jahre zu seiner Geliebten, die inzwischen fünf Kinder von ihm hatte.

Was war so schlimm am Geigenlernen? Klavier durften und sollten die Söhne spielen, das gehörte in Wien zum guten Ton. Indem der Sohn aber Klavierunterricht erteilte, um einen Geigenlehrer bezahlen zu können, gab er das Signal: Ich will in die Fußstapfen meines Vaters treten. Und warum wollte der das um jeden Preis verhindern? Überliefert sind die Gründe nicht. Vermutlich einerseits als guter Vater, der den eigenen Beruf als unsicher, ein bisschen unseriös und fast mörderisch empfand; andererseits wohl in vorauseilender Eifersucht.

Im April 1843 war Josef Lanner an Typhus gestorben, erst 41 Jahre alt – nun gab es für Johann Strauß keine Konkurrenten mehr in Wien und in der Welt des Walzers überhaupt. Anderthalb Jahre lang. Dann geschah das Unerhörte: Am 15. Oktober 1844, zehn Tage vor seinem 19. Geburtstag, gab der *Sohn* in Dommayers Casino im vornehmen Vorort Hietzing mit 24 Musikern eine «Soirée dansante», Ouvertüren, Opernausschnitte und vier eigene Kompositionen. Die Neugier der Wiener füllte das Haus, vielleicht auch die Schadenfreude, und der Beifall rauschte; den «Sinngedicht-Walzer», seinen ersten, musste der feurige Jüngling fünfmal wiederholen.

Vergeblich hatte der Vater versucht, dem noch nicht volljährigen Sohn die eigenmächtige Berufswahl per Gerichtsbeschluss zu untersagen. Und nun dirigierten und komponierten Vater und Sohn vier Jahre lang in groteskem Wettstreit nicht nur um die Gunst der Wiener, sondern auch um die Zahl der Auftritte und der Kompositionen; Wiens Musikkritiker und Klatschreporter zählten mit.

1845: Vom Vater 15 neue Walzer, Polkas und Quadrillen, vom Sohn nur 10. Im Fasching dirigiert der Vater auf 76 Bällen, mehr als der Sohn und mehr als je zuvor; das schafft er nur, indem er 200 Musiker unter Vertrag nimmt, die in Gruppen auf verschiedenen Bällen spielen; er hastet von einem Saal zum andern, dirigiert nur ein, zwei Stücke, lässt sich umjubeln und eilt per Kutsche zum nächsten Ball. Schwarzes Kraushaar, aufgeworfene Lippen, stumpfe Nase, so beschreibt ihn Heinrich Laube: «Echt afrikanisch leitet er seine Tänze, die eigenen Gliedmaßen gehören ihm nicht mehr, wenn sein Walzerdonnerwetter losgelassen ist.» Im Herbst 1845 triumphiert der Senior in Dresden und Berlin.

1846: Nun veröffentlichen Vater wie Sohn je 17 Kompositionen. Der Vater erfindet für sich den Titel «Kaiserlich-Königlicher Hofball-Musikdirektor», und der Kaiser verleiht ihn auch. Der Sohn triumphiert in Budapest, und 1847 siegt er erstmals in der Zahl der neu komponierten Stücke.

Im Jahr vor seinem Tod, 1848, übertrifft der Ältere den Jüngeren im Komponieren noch einmal (mit 18 zu 13), und er erlebt seinen größten Triumph: Im Juli hat der greise österreichische Feldmarschall Radetzky bei Custoza die Italiener geschlagen; fünf Wochen später dirigiert der Vater den Marsch zum Ruhm des Siegers. Und wie er in Paris die Marseillaise in einen Walzer verwandelt hat, so greift er sich diesmal ein Walzerlied, das in Wien die Bäckerjungen pfeifen, zwingt ihm den geraden Marschtakt auf, setzt es als Trio ein, als melodiöses Mittelstück – und hat die Wiener hingerissen mehr denn je durch Frechheit und durch Schmiss.

1849 tritt Johann Strauß Vater noch einmal in London auf, und wieder kehrt er krank und ausgelaugt zurück. Am 19. September dirigiert er in Wien zum letzten Mal; sechs Tage später ist er in der Wohnung der Emilie Trampusch gestorben, an Scharlach und Erschöpfung, 45 Jahre alt.

In seinen Werken «tanzen die fünfmalhunderttausend Teufel des Champagners», schrieb ein Zeitgenosse, und eine Wiener Zeitung rief ihm nach: «Seine Walzer entzücken die Amerikaner, sie klingen über die Chinesische Mauer, sie jubeln im afrikanischen Biwak», und in Australien könne man bettelnde Straßenmusikanten Strauß'sche Melodien geigen hören. Als «Mozart der Walzer», als «Paganini der Galoppe» war er gewürdigt worden, Franz Liszt und Richard Wagner, Hector Berlioz und Robert Schumann lobten und liebten ihn.

Wie kam es, dass seine Walzer fast verschollen sind und die Erinnerung sich mehr oder weniger im Radetzky-Marsch erschöpft, bei dem das Publikum jubelnd mitklatscht, wenn die Wiener Philharmoniker ihr alljährliches Neujahrskonzert mit ihm beschließen?

Es lag am Sohn. Der vereinigte die beiden Orchester, baute auf den kompositorischen Finessen und der Weltgeltung seines Vaters auf und überlebte ihn um 50 Jahre – lang genug, um dessen Ruhm zu überstrahlen. Seine Walzer waren durchkomponiert in weiten Bögen und opulent orchestriert, die Operetten kamen hinzu – und Johann Strauß junior wurde der bis heute meistgespielte, meistausgeschlachtete Komponist der Geschichte, allgegenwärtig in Kaufhäusern, Fahrstühlen, Flugzeugen und Hotelfoyers.

Die Gleichheit des Vornamens erleichterte es der Nachwelt überdies, den weniger Grandiosen zu vergessen – ihn, der für den Walzer die Welt erobert hatte, indem er sich jagte und verzehrte bis an den Rand der Selbstzerstörung. «Das Leben ein Tanz» heißt einer seiner schönsten Walzer (Op. 49), frisch und «wollüstig schwebend» wie am ersten Tag; sein eigenes Leben muss ein Tanz zwischen Lust und Qual gewesen sein, wobei die Qual überwog – da er sich auf einen Wettlauf eingelassen hatte, den er nur verlieren konnte. Letztlich war Johann Strauß der Ältere einer von jenen armen Teufeln, die sich verbrannten, damit die Menschen es warm haben sollten.

AN DIE WAND GEDRÜCKT – VOM BRUDER:

14 Heinrich Mann

Die Qual, im Schatten von Thomas zu leben

Dies ist die traurige Ballade von einem zeitweise höchst erfolgreichen Schriftsteller, der ein halbwegs zufriedener Mensch hätte sein können, hätte ihm nicht sein jüngerer Bruder als übermächtiger Rivale im Nacken gesessen. Heinrich und Thomas, die Brüder, liebten und lobten, belauerten und verspotteten, verachteten und hassten einander fast ihr Leben lang. Als aber Thomas anfing, den Älteren öffentlich zu rühmen, war der längst gescheitert; und dass er ohne diesen Thomas schließlich fast verhungert wäre, muss für Heinrich die schlimmste aller Demütigungen gewesen sein. Vereinsamt, verbittert, halb vergessen starb er im Exil.

Heinrich kam 1871 als ältestes der fünf Kinder des Lübecker Handelsherrn und Finanzsenators Thomas Johann Heinrich Mann zur Welt. Vier Jahre später wurde Thomas geboren, 19 Jahre später Viktor Mann; dazwischen zwei Töchter, die beide durch Selbstmord endeten.

Auf seinen Vater war der kleine Heinrich stolz; von seiner Mutter fühlte er sich vernachlässigt, jedenfalls als er mit vier Jahren den Bruder bekam – den Nebenbuhler bis in den Tod. In seiner vermutlich autobiographisch gefärbten Novellensammlung «Das Kind» hielt Heinrich noch 1929 ein prägendes Erlebnis fest: Thomas zerbrach mutwillig seine, Heinrichs, kleine Geige – schlimm genug; die Mutter aber tat nichts, als Heinrich zu trösten; bestraft oder auch nur getadelt wurde Thomas nicht. Ein Jahr lang, heißt es, mit 15 und mit 11, sprachen die Brüder in ihrem gemeinsamen Zimmer kein Wort miteinander.

Mit 13, erzählte Heinrich später, habe er beschlossen, Schriftsteller zu werden; er schrieb Gedichte, Theaterstücke und mit 14 die Novelle «Apart», die damals nicht gedruckt, aber 1965 in die DDR-Ausgabe seiner Werke aufgenommen wurde: eine Verspottung der Lübecker Bürger. Der Vater hatte längst gespürt, dass Heinrich die Familienfirma nicht übernehmen würde, und drängte ihn, Jura zu studieren. Aber diesen Weg schnitt sich Heinrich ab, indem er das Gymnasium vor dem Abitur verließ, 17 Jahre alt.

1889, als er 18 war, schickte der Vater den Tunichtgut nach Dresden in eine Buchhandelslehre, offenbar mit opulentem Taschengeld: «Theater, Konzerte, Cafés, Puffs – das Leben ist doch zu amüsant!», ließ Heinrich einen Freund von dort aus wissen. Im Jahr darauf beschuldigt sich der Ich-Erzähler in Heinrichs zweiter Novelle, «Haltlos», getrieben zu sein «von dem brutalen Vieh», das in ihm stecke.

Der Vater schrieb dem 19-Jährigen nach Dresden, sein Lehrherr habe sich abfällig über ihn geäußert; was solle nur, «nach träger Hinschleppung der Jahre», aus ihm werden? Als Heinrich ein knappes Jahr später die Lehre abbrechen wollte, hielt der Vater ihm vor, seine Unbotmäßigkeit und seinen Mangel an Willenskraft habe er nun genug bewiesen – «mein Sohn verläßt weder wie ein Flüchtiger noch wie ein Hinausgeworfener ein ehrenhaftes Haus».

Doch Heinrich verstand es, sich einen Volontärsplatz beim angesehenen S.Fischer-Verlag in Berlin zu verschaffen, und sein Vater willigte ein. Kurz darauf starb er, 51 Jahre alt, an einer verpfuschten Blasenoperation. In seinem Testament hatte der Senator über seinen Ältesten verfügt: Seinen Neigungen zu einer literarischen Tätigkeit «ist entgegenzutreten», dazu fehlten ihm die Vorbedingungen: Studium und umfassende Kenntnisse. «Der Hintergrund seiner Neigungen ist träumerisches Sichgehenlassen und Rücksichtslosigkeit gegen andere.»

Thomas dagegen – der habe «ein gutes Gemüt und wird sich in einen praktischen Beruf hineinfinden», hieß es im Testament des Vaters weiter. Zwar kann man hinter beide Charakteristiken ein Fragezeichen setzen, doch ganz anders als Heinrich war der Jüngere in der Tat: diszipliniert bis zur Pedanterie und allen Ausschweifungen des Körpers abhold – wie Heinrich sie in Berlin sogleich wieder aufgenommen hatte.

1894 sah der Ältere, 23 Jahre alt, seinen ersten Roman gedruckt, «In einer Familie», und der 19-jährige Thomas seine erste Novelle, «Gefallen» (gemeint war: tief gefallen) – im Inhalt der Erzählung «Haltlos» des Bruders erstaunlich ähnlich. Der wurde 1895 Herausgeber der «Blätter für deutsche Art und Wohlfahrt», einer monarchistischen, völkischen, antisemitischen Postille – eine Episode seines Lebens, die er später mit Schweigen zudeckte.

1897 brachte es zum ersten Mal ein Werk der Mann-Familie zu literarischem Erfolg, und es war Thomas, der ihn erzielte: «Der kleine Herr Friedemann», die Geschichte eines Krüppels, der sich in eine Schönheit verliebt, von ihr Hohn lachend abgewiesen wird und sich daraufhin ertränkt. Im selben Jahr begann Thomas Mann, 22-jähriger Hagestolz und Eigenbrötler, mit der Arbeit an den «Buddenbrooks». Eine Zeit lang hatten die Brüder sich immerhin bis zu dem Grade verstanden, dass sie erwogen, den großen Roman des Verfalls einer Lübecker Familie gemeinsam anzugehen – aber zu verschieden waren die Temperamente, zu tief saß die Eifersucht, und Thomas schrieb allein.

1900, dem Jahr, bevor die «Buddenbrooks» erschienen, gelang

«Der Untertan» und der «Professor Unrat» machten ihn weltberühmt – aber immer mehr wurde das Leben Heinrich Manns durch den übermächtigen Ruf seines Bruders Thomas verdunkelt. Heinrich starb verbittert, verarmt und halb vergessen in Los Angeles.

dem Älteren, von der Konkurrenz beflügelt, der erste große Wurf: «Im Schlaraffenland / Ein Roman unter feinen Leuten» – der Anfang einer Reihe bissiger Satiren auf die Berliner Gesellschaft im Kaiserreich, auf preußische Adlige, jüdische Bankiers, korrupte Journalisten.

1901 dann traf den Älteren jener Schlag, von dem er sich nie wieder ganz erholte: Die «Buddenbrooks» kamen auf den Markt und machten den Jüngeren, den 26-Jährigen, binnen weniger Monate berühmt. Ein Werk von höchstem literarischem Rang, das alsbald obendrein ein Weltbestseller wurde – eine Kombination, die sich nur alle paar Jahrzehnte ereignet. Heinrich blieb gefasst, aber man darf vermuten, dass er verzweifelt war.

Doch er gab nicht auf. Fieberhaft schrieb er gegen den übermächtig gewordenen Bruder an: 1902 mit der Romantrilogie «Die Göttinnen» (über den Verfall nicht nur einer Familie, sondern der europäischen Aristokratie im Allgemeinen), 1903 schon mit dem nächsten Roman: «Die Jagd nach Liebe», einer Satire auf die Schwabinger Boheme. Dass die Kritik dieses Buch als dürftig, flüchtig, zerfasert einstufte, kann Heinrich Mann nicht einmal so hart getroffen haben wie der schreckliche Brief, den Thomas am 5. Dezember 1903 vom Thron seines Triumphs hinab an den Älteren richtete.

«Pein» habe «Die Jagd nach Liebe» ihm bereitet, schrieb Thomas. «Verrenkte Scherze», «krampfige Lästerungen der Wahrheit und Menschlichkeit», «unwürdige Grimassen und Purzelbäume» – alles verzerrt, schreiend übertrieben, durch Maßlosigkeit verdorben. In seiner «Besorgnis, hinter mir … an Leistung zurückzubleiben», habe der Bruder «sich zur Arbeitsfähigkeit trainiert»; noch kein ernsthafter Schriftsteller habe einen solchen Rekord an Quantität aufgestellt wie Heinrich im abgelaufenen Jahr. «Aber was Du machst, ist krank – nicht weil es ‹krankhaft› wäre, sondern weil es das Resultat einer schiefen und unnatürlichen Entwicklung ist und einer Wirkungssucht, die Dir unaussprechlich schlecht zu Gesichte steht.»

Und weiter so, Seite um Seite: Ob Heinrich sich eigentlich wohl fühle «in dieser Fratzenwelt der krassen Effekte»? Dazu «diese schlaffe Brunst in Permanenz, dieser fortwährende Fleischgeruch …» Wie könne sich der Bruder nur jeden Morgen wieder ans Schreiben machen, wenn er doch gerade gestern erst einen normalen, einen lesbischen und einen päderastischen Geschlechtsakt beschrieben habe?

«Soll ich meines Bruders Hüter sein?», sprach Kain zum Herrn und schlug den Abel tot. Dass Heinrich weiterlebte nach dieser brüderlichen Hinrichtung, dass er das Schreiben nicht aufgab, ja dass er sogar zwei Triumphe erfocht, zwei Jahre und fünfzehn Jahre danach – das war vielleicht die größte Leistung seines Lebens.

«Professor Unrat» – der kam 1905, und mit Hilfe der Verfilmung von 1931 («Der blaue Engel») wurde er sogar ein Welterfolg. Während aber im Drehbuch von Carl Zuckmayer (das Heinrich Mann gebilligt hatte) der Professor, von der feschen Lola ruiniert, ein klägliches Ende nimmt, geht er bei Heinrich Mann zum Angriff auf die Spießbürger seiner Kleinstadt über, verhöhnt sie, eröffnet einen illegalen Spielsalon und wird schließlich als Handtaschendieb verhaftet.

Thomas, viel weniger eifrig schreibend als sein Bruder, heiratete 1905 Katja Pringsheim, Tochter aus großbürgerlichem, kunstsinnigem Hause. Seinem überraschend leidenschaftlichen Werben hatte sie lange widerstanden: Den «leberleidenden Rittmeister» nannten sie und ihre Brüder den über Nacht weltberühmt gewordenen jungen Mann, weil er blass, schmal, hyperkorrekt gekleidet und mit einem Schnurrbart versehen war. Er wiederum nannte sie seine «kluge, süße, gütige, geliebte kleine Königin».

Die Ehe, aus der sechs Kinder hervorgingen, hielt 50 Jahre lang, bis zu seinem Tod. Heinrich heiratete zweimal: 1914 die tschechische Schauspielerin Maria Kanova, die sich 1930 von ihm scheiden ließ, und 1939 die 27 Jahre jüngere Nelly Kröger, die er als Animierdame in einer Bar am Kurfürstendamm kennen gelernt hatte. Sie teilte das Exil mit ihm und beging 1944 Selbstmord in Los Angeles. Auf Heinrich war das schlechtere Los gefallen, wieder mal.

1918 aber, da hatte er endlich die Nase vorn, da wurde über Nacht *er* weit populärer als der Bruder: Da durfte endlich sein Roman «Der Untertan» erscheinen, dessen Abdruck in Fortsetzungen 1914 bei Kriegsausbruch unterbunden worden war – und da traf Heinrich Mann den Geist der Zeit wie im selben Jahr auf andere Weise Oswald Spengler mit dem «Untergang des Abendlandes»: Binnen sechs Wochen waren hunderttausend Exemplare verkauft.

«Geschichte der öffentlichen Seele unter Wilhelm II.» hieß der Untertitel, noch zur Kaiserzeit war das Buch ja entstanden – und nun, da der Kaiser nach Holland geflohen war, weidete sich die deutsche Linke an diesem boshaften Gemälde der glücklicherweise untergegangenen Ära. Diederich Heßling ist die Hauptfigur, ein schwächlicher, ängstlicher Fabrikantensohn aus der Provinz, der als Korpsstudent in Berlin sein Erweckungserlebnis hat und zum Bewunderer des Kaisers, zum Anbeter der Macht, zum Eiferer gegen Proleten und Proletarier wird.

Als Heßling den Kaiser durchs Brandenburger Tor reiten sieht, hat er die Empfindung: Dort reitet die Macht! «Die Macht, die über uns hingeht und deren Hufe wir küssen! Die über Hunger, Trotz und Hohn hingeht! Gegen die wir nichts können, weil wir alle sie lieben! Die wir im Blut haben, weil wir die Unterwerfung darin haben! Triumphierend, noch wenn sie uns zerschmettert: denn so rechtfertigt sie unsere Liebe!»

Golo Mann schrieb 1966 im Rückblick auf das berühmteste Werk seines Onkels: Er sei ein «volksfremder Romantiker», ein «Satiriker und prunkliebender Ästhet» gewesen, «der den Volksmann nur spielte, unerfreulichen Wahrheiten aus dem Weg ging und ein stark idealisiertes Frankreich im gläsernen Kunststil zur Nachahmung bot».

Thomas Mann aber litt doppelt. Es ist nur allzu wahrscheinlich, dass der Riesenerfolg des Bruders ihn irritierte – hatte er, der Jüngere, doch in den 17 Jahren seit den «Buddenbrooks» nur ein paar Novellen publiziert und bloß mit einer davon Aufsehen erregt, dem «Tod in Venedig» (1912); während sein einziger Roman, «Königliche Hoheit» (1909) die meisten Bewunderer der «Buddenbrooks» enttäuschte.

Zum mutmaßlichen Neid trat das öffentliche politische Zerwürfnis. Während Heinrich seinem aggressiven Kurs gegen die Obrigkeit treu blieb, hatte sich Thomas, bis dahin mit politischen

Äußerungen kaum hervorgetreten, bei Ausbruch des Weltkriegs feldmarschmäßig eingekleidet. 1915 publiziert er den historischen Essay «Friedrich und die Große Koalition», eines der feurigsten Stücke deutscher Prosa – in seiner politischen Aussage aber, wie der Autor 1918 selbst ironisch schrieb, durch ein «äußerst bescheidenes Maß an Chauvinismus» gekennzeichnet; und noch im selben Jahr «Gedanken zum Kriege». Sie begannen mit dem Satz: «Nach einem Jahre stellt sich heraus, dass Deutschland geistig gesiegt hat, bevor noch die Entscheidung der Waffen fiel», und sie endeten mit der Feststellung, «ohne Furcht vor dem Maulverziehen der Feinschmecker» sollten die Deutschen bekennen: «Das Recht ist bei Deutschland.»

Ein tieferer politischer Gegensatz als der zwischen diesen Brüdern war nicht denkbar. Ihr Zwist wurde vollends öffentlich, als Heinrich noch 1915 in einem Essay über sein großes Vorbild Emile Zola den Bruder verspottete (ohne seinen Namen zu nennen, doch für alle Interessierten deutlich genug): Da gebe es Nationaldichter «durch Streberei», überall mitrennend, «vor Hochgefühl von Sinnen, verantwortungslos für die heranwachsende Katastrophe und übrigens unwissend über sie».

Thomas Mann, tief gekränkt, protestierte in einem Brief an Heinrich gegen die «reißende Polemik» des Zola-Essays und revanchierte sich 1918, indem er in die «Betrachtungen eines Unpolitischen» das Kapitel «Der Zivilisationsliterat» aufnahm: Der sei ein erstaunliches Beispiel dafür, wie weit ein Deutscher es in Selbstekel und Selbstentäußerung bringen könne, wenn er ein «Boulevard-Moralist», ein «Bummelpsychologe» sei, ein «Humanitätsprinzipienreiter mit Vorliebe fürs Blutgerüst».

1921, zu seinem 50. Geburtstag, wurde Heinrich Mann, Galionsfigur der deutschen Linken, mehr gefeiert, als es Thomas bis dahin je widerfahren war. Im Jahr darauf versöhnten sich die Brüder: Heinrich war schwer erkrankt, Thomas besuchte ihn, und seine ältesten Kinder, Erika und Klaus, lernten ihren Onkel lieben, eben weil er ein lustiges Haus und so ganz anders als der Vater war, der große Meister – ein leberleidender General inzwischen, der die absolute Unterordnung der Familie unter seine Arbeit forderte. Bei Heinrich ging es locker zu, ob in seiner Wohnung, wo sie ganz andere Menschen kennen lernten als zu Hause, oder bei seinen berühmten Streifzügen durchs nächtliche Berlin.

Der zeitweilige Vorsprung Heinrichs vor dem Rivalen aber wurde 1924 ein für alle Mal zunichte. Da publizierte Thomas Mann seinen zweiten Roman von Weltgeltung, den «Zauberberg», und für den ersten, die «Buddenbrooks», bekam er 1929 auch noch den Nobelpreis. Heinrich hatte verloren – so sahen es alle, und alles spricht dafür, dass er es auch so sah.

Doch in seiner Schreibwerkstatt lief die Produktion unverdrossen weiter, mehr und mehr von politischen Streitschriften durchsetzt, in denen Heinrich vor allem «die Herrschaft der geistigen Arbeiter» propagierte. Ein, wenn nicht zwei Romane waren ebenfalls jedes Jahr dabei – doch keiner, der auch nur von fern an die Erfolge des «Untertans» oder des «Professor Unrat» hätte anknüpfen können. Selbst Heinrichs Anhänger waren zuweilen irritiert über das Sprunghafte, Unausgegorene seiner Sprache wie seiner Argumentation.

Thomas notierte dazu privat: «Ich halte es für unmoralisch, aus Furcht vor den Leiden des Müßigganges ein schlechtes Buch nach dem anderen zu schreiben.» Er selbst produzierte ja grundsätzlich nicht mehr als eine Seite pro Tag – das aber mit unerbittlicher Disziplin, sodass jeweils in drei Jahren ein dickleibiger Roman entstanden war.

1926 wurde Heinrich Mann Gründungsmitglied der Sektion Dichtkunst in der preußischen Akademie der Künste, 1931 deren Präsident. Einer Partei trat er nie bei. Aber im Februar 1933 stand sein Name, zusammen mit Albert Einstein und Käthe Kollwitz, unter einem Aufruf, bei den Reichstagswahlen im März sollten sich SPD und KPD verbünden, um Deutschland «vor dem Versinken in die Barbarei» zu bewahren. An Thomas schrieb Heinrich, dies sei «ein dreister Missbrauch», unterschrieben habe er nie.

Doch so fein unterschieden die neuen Machthaber nicht, und Heinrich tat gut daran, am 21. Februar 1933 von Berlin nach Nizza zu reisen; Deutschland sah er nie wieder. Die Nazis bürgerten ihn aus, im April verbrannten sie öffentlich seine Bücher.

In Frankreich fühlte sich Heinrich zunächst nicht im Exil: Er liebte ja das Land, verehrte seine Dichter, sprach brillant Französisch und schrieb an seinem großen historischen Roman «Henri Quatre», der von 1589 bis 1610 König von Frankreich war, populär durch religiöse Duldsamkeit und soziale Gesinnung und nun von seinem deutschen Bewunderer zum Ahnherrn des Sozialismus stilisiert.

1935 wurde Heinrich Mann auf einem Internationalen Schriftstellerkongress in Paris enthusiastisch als Vertreter des anderen Deutschland gefeiert. Das war der letzte Triumph in seinem Leben. 1939 heiratete er Nelly Kröger, die Barfrau, die ihm nach Nizza gefolgt war. Seine französischen Freunde lachten ihn dafür hinter seinem Rücken aus, und Thomas Mann äußerte sich im Familienkreis empört, «eine Prostituierte» zur Schwägerin bekommen zu haben. Dabei hatte sie ihn doch in Heinrichs Briefen an den Bruder mehrfach gegrüßt und für seine Grüße jeweils ihren Dank ausrichten lassen.

Als Hitler Frankreich niedergeworfen hatte, flohen Nelly, Heinrich und sein Neffe Golo Mann über die Pyrenäen nach Spanien und reisten weiter nach Lissabon. Da war es Thomas, schon in Amerika, der Pässe und Visa für sie besorgt hatte und sie im November 1940 in New York begrüßte, einen festlichen Empfang hatte er für sie arrangiert: Thomas, der Weltberühmte, nun in der Rolle des Wohltäters; Heinrich war ja in den USA so gut wie unbekannt – weit weniger jedenfalls als Emil Jannings, der Professor Unrat im Film; von Marlene Dietrich zu schweigen.

Man muss sich das wohl als eine traurige Reise vorstellen, die des fast mittellosen 69-jährigen Heinrich Mann durch ein fremdes Riesenland, das nicht auf ihn gewartet hatte und dessen Sprache er kaum kannte – nach Los Angeles; offenbar in der Hoffnung, in Hollywood über den «Blauen Engel» noch als Drehbuchautor ins Geschäft zu kommen. Ja, Warner Brothers gab ihm einen Jahresvertrag, acht Bürostunden täglich, 500 Dollar im Monat: Drehbücher schreiben. Deutsch durften sie sein, verfilmt wurden sie nie. Als der Vertrag ausgelaufen war, musste das Paar in eine Zwei-Zimmer-Wohnung ziehen. Nelly verdiente ein bisschen, indem sie sich ein einer Klinik als Putzfrau verdingte; für den Rest kam Thomas auf mit einem monatlichen Scheck. Als der sich einmal verspätete, schrieb Heinrich an Katja, seine Schwägerin: «Wir schulden die Miete und öffnen die Tür nur, wenn kein Gläubiger dahinter steht.»

Bei alldem arbeitete Heinrich mit eisernem Fleiß wie eh und je – ein immer mehr in seine winzige Welt versponnener Sonderling. In Amerika interessierte sich keiner für seine Manuskripte, und sie in Deutschland gedruckt zu sehen gab es keine Chance. «Du bist beschäftigt – mich lassen sie in Ruhe», schrieb er an Thomas. Schlichter lässt Verzweiflung sich nicht formulieren.

1941, zu seinem 70. Geburtstag, wurde Heinrich Mann in den USA eingebürgert. Thomas hielt eine Rede auf ihn, die sich ebenso als nobel wie als gönnerhaft, ja mitleidig lesen lässt; dieser Bruder war wirklich keine Konkurrenz mehr für ihn. Heinrichs Bücher seien «vornehmste Kunst und Prophetie in einem», sagte Thomas, sie trügen «den Stempel des Genialen» durch literarischen Glanz und märchenhafte Simplizität.

1944, im Dezember, starb Nelly Mann mit 46 Jahren; es war ihr fünfter Selbstmordversuch. Bis zuletzt hatte sie Heinrich beschworen, sie aus der Suchtklinik herauszuholen: «Bedenke, als *Du* krank warst und ich gar keinen Pfennig hatte, ich habe Dich auch nicht in eine Anstalt gebracht! Nur weil ich in meiner tiefsten Demütigung ein Glas Wein zu viel getrunken habe und oft betrunken war, habe ich nicht ganz meinen Verstand verloren. Nun will ich leben!»

Drei Wochen nach ihrem Tod schrieb Thomas Mann an eine Bekannte: «Mein Bruder, der (zum Glück) seine Frau verloren hat, wird jetzt für einige Wochen zu uns ziehen...» Heinrich war 73, vergrub sich noch tiefer in seine Höhle in Los Angeles – und schrieb.

Zwei letzte Sonnenstrahlen durchdrangen den tristen Lebensabend: 1945 konnte in Stockholm Heinrichs autobiographisches Buch «Ein Zeitalter wird besichtigt» erscheinen, und 1946 schrieb ihm der kommunistische Schriftsteller Johannes R. Becher, Präsident des «Kulturbunds zur demokratischen Erneuerung Deutschlands», in Berlin warte man auf ihn. Diese zweite gute Nachricht scheint die Frucht der ersten gewesen zu sein: Denn im «Zeitalter» hatte Heinrich den Faschismus nicht als eine deutsche Nationaleigenschaft bezeichnet, sondern als typische Erscheinung des internationalen Spätkapitalismus; die «bis jetzt höchste Stufe der europäischen Moral» sah er in der Sowjetunion verwirklicht.

In seinem «Bericht über meinen Bruder», geschrieben zu Heinrichs 75. Geburtstag 1946, nannte Thomas Mann das «Zeitalter» ein faszinierendes Memoirenbuch «von unbeschreiblich strengem und heiterem Glanz, naiver Weisheit und moralischer Würde», und er fügte zum Lobe des Bruders hinzu: «Wäre in Deutschland beizeiten die rettende Revolution ausgebrochen, ihn hätte man zum Präsidenten der Zweiten Republik berufen müssen.»

Über Heinrichs Alltag teilte Thomas 1946 mit, er hänge an seiner kleinen Parterrewohnung, «durch die noch der Atem der Verstorbenen weht». Das Wohnzimmer mit dem eleganten Schreibtisch benutze er nicht; er ziehe es vor, im Schlafzimmer zu arbeiten. Er besitze «einen vorzüglichen Radio-Apparat», und gern lese er, französisch, deutsch und englisch, «und zwar, wenn die Prosa es wert ist, laut». Morgens um 7 beginne er zu arbeiten – «unbeirrbar in alter Kühnheit und Selbstgewißheit». Heinrich selbst schrieb jedoch 1947 an seinen Freund Félix Bertaux: «Meine Welt ist nur noch ein Totenacker.»

Thomas Mann ließ sich 1949 in Frankfurt und in Weimar feiern, wohin er eingeladen worden war, um eine Rede auf Goethe zu halten, zum 200. Geburtstag. Von Heinrich erschien in Amsterdam das letzte Buch, «Der Atem» – als Roman vorgestellt, aber eher eine Montage aus Träumen, Erinnerungen, Assoziationen und Sentenzen, «Produkt eines Greisen-Avantgardismus» nach dem vieldeutigen Urteil des Bruders.

Im Januar 1950 lud Johannes R. Becher Heinrich Mann, den 78-Jährigen, nunmehr förmlich ein, in der jungen DDR Präsident der Dichter-Akademie zu werden. Heinrich zögerte. «Mag sein», sagte er, «daß man mich herumzeigen will.» Thomas redete ihm zu, schrieb jedoch im Rückblick kurz nach dem Tod des Bruders: Es sei immer deutlicher geworden, «daß er nichts mehr wünschte, als in Ruhe gelassen zu werden». Aus Heinrichs letzten Wochen ist überliefert, dass er sich dann und wann, laut lesend, seine Stimme noch einmal zur Gesellschaft nahm.

Am Morgen des 12. März 1950 fand seine Pflegerin ihn tot im Bett, nach einem langen Abend still an einer Hirnblutung gestorben. So endete ein schreckliches Leben.

15 Lenz

Zu begabt, um nicht gehasst zu werden

Manche Menschen hat die Natur als Verlierer angelegt. Sind sie dabei hochbegabt, so ist ihr Weg in die Tragödie vorgezeichnet. Geriet einer von diesen auch noch mit Goethe über Kreuz wie Jakob Michael Reinhold Lenz, so kam es zur tragischen Farce – zumal da Lenz dem jungen Goethe den Schimpf antat, jahrelang ähnlich brillant zu sein wie dieser.

Die beiden begegneten einander in Straßburg im Frühjahr 1771, und zwischen ihnen entspann sich eine Freundschaft, die später Goethe zum Ärgernis und Lenz zum Schicksal wurde. Beide waren klassisch gebildet, schrieben Gedichte und gingen schwanger mit kühnen Ideen zur Revolutionierung des Theaters; sonst waren sie ziemlich verschieden.

Goethe, 22 Jahre alt, ein stattlicher, von seinen Eltern wohl versorgter Lizenziat der Rechte – Lenz, anderthalb Jahre jünger, ein kleiner, zappliger, ärmlicher Hauslehrer, nachdem er das Theologiestudium abgebrochen hatte; nun Reisebegleiter zweier junger Adliger aus dem Baltikum. Goethe hessisch babbelnd, Lenz mit breitem baltischem Akzent, als Sohn eines deutschen evangelischen Pfarrers im heutigen Lettland aufgewachsen. Goethe schließlich mit der Aussicht auf ein Grab in der Fürstengruft zu Weimar – Lenz auf einen Tod zu Moskau in der Gosse.

Als Goethe schon im August jenes Jahres 1771 von Straßburg nach Frankfurt übersiedelte, trat Lenz eine merkwürdige Erbschaft an: Er machte der 19-jährigen Friederike Brion den Hof, der hübschen Tochter des Pfarrers von Sesenheim, in die Goethe heftig verliebt gewesen war, bevor er sich – schriftlich – von ihr verabschiedete.

Für Lenz war Friederike die große Liebe. Doch sich ihr ernstlich zu nähern, war er zu schüchtern, und an eine Ehe konnte er, mittellos, wie er war, ohnehin nicht denken. «Es ist die Frage, ob ich lieben darf», schrieb er einem Freund.

Goethe aber muss sich sein Leben lang über diese Nachfolge geärgert haben. Denn er behauptete, bei einem späteren Besuch in Sesenheim habe Friederike ihm erzählt, sie sei misstrauisch geworden, weil Lenz versucht habe, seine, Goethes Liebesbriefe «zu sehen und zu erhaschen», und weiter schrieb Goethe: Lenz habe sich «nach seiner gewöhnlichen Weise verliebt in sie gestellt», und da sie von ihm nichts habe wissen wollen, «so treibt er es bis zu den lächerlichsten Demonstrationen des Selbstmords» – auch dies in der Absicht, «mir zu schaden und mich in der öffentlichen Meinung zugrunde zu richten».

Eine seltsam harsche Reaktion, kaum anders erklärlich als dadurch, dass Goethe in Lenz eine Zeit lang einen ernstlichen Konkurrenten sah. Und dafür gibt es in der Tat Indizien. Offenbar schrieb der junge Lenz genauso herrliche Gedichte wie der junge Goethe: Denn als 1835, drei Jahre nach Goethes Tod und 23 Jahre nach dem von Friederike, das «Sesenheimer Liederbuch» erschien, elf an sie gerichtete Liebesgedichte aus ihrem Nachlass – da wurden alle Verse Goethe zugeschrieben; doch inzwischen gilt es als erwiesen: Mindestens fünf der Gedichte stammen von Lenz.

Nur diese Zeichnung existiert von dem Dichter Jakob Michael Reinhold Lenz, der mit Goethe wetteiferte; manche Zeitgenossen verwechselten ihn sogar mit diesem. Dafür überzog Goethe ihn mit seinem Hass, und Lenz endete zu Moskau in der Gosse.

Schon 1773 trat Goethe mit dem «Götz von Berlichingen» den Weg in den Ruhm an; im Jahr danach publizierte Lenz seine «Anmerkungen übers Theater», in denen er die Abkehr von den starren Regeln des französischen Dramas, die Hinwendung zu Shakespeare forderte, «eine Reihe von Handlungen, die wie Donnerschläge aufeinander folgen» – ebendas, was Goethe mit dem «Götz» vollzogen hatte. Im Vorwort dieser Schrift aber stellte Lenz die Behauptung auf, im Freundeskreis habe er sie schon 1771 vorgelesen; sodass der Eindruck entstehen konnte, er, Lenz, habe Goethe inspiriert. Das wiederum verdross den so, dass er noch 1813 in «Dichtung und Wahrheit» die Prioritätsfrage aufgriff und Lenz beschuldigte, dieser habe ihn «zum vorzüglichsten Gegenstande seines imaginären Hasses und zum Ziel einer abenteuerlichen und grillenhaften Verfolgung ausersehen».

Schweres Geschütz gegen einen, der längst gescheitert und in Russland verschollen war. Die ärgste Vermischung mit Lenz aber musste Goethe noch 1774 erleben. Da hatte der schwierige Freund – durch Goethes Vermittlung, in der Tat – einen Verleger für seine

Tragikomödie «Der Hofmeister» gefunden, und, wunderlich wie er war, ließ Lenz sie anonym erscheinen (spätere Dramen unter Pseudonym; seine Gedichte sammelte er nie).

In der saftvollen Sprache und sprunghaften Szenenfolge schien der «Hofmeister» den Zeitgenossen dem «Götz» so ähnlich, dass sie ihn Goethe zuschrieben – schriftlich fixiert in der Zeitschrift «Deutsche Chronik», die der Dichter Christian Friedrich Daniel Schubart herausgab: ein Stück «unseres Shakespeares, des unsterblichen Dr. Goethe», hieß es über den «Hofmeister».

Die Handlung des Dramas ist verworren, Bert Brecht rückte sie in seiner Bearbeitung von 1950 gerade; bei der Uraufführung im Jahre 1778 wurde wenigstens die Selbstkastrierung gestrichen, deren der Held sich im fünften Akt rühmt oder bezichtigt. Doch der sozialkritische Ansatz – der arme Hauslehrer verführt die Tochter des reichen Majors, und Lenz streitet für ihn – faszinierte die Zeitgenossen, und die Sprache war so saftig, dass Georg Büchner sie sich sechzig Jahre später zum Vorbild nahm, ja dass sie auch uns noch als frisch erscheinen kann: «Nehmt mir nicht übel, dass ich euch die Wahrheit sage!», spricht der Schulmeister: «Das würzt das Gespräch wie Pfeffer den Gurkensalat.» Und der Major schleudert der heimgekehrten Tochter den Zwiespalt seiner Seele entgegen: «Dass ich dich wieder in meinen Armen tragen kann, gottlose Kanaille!» («Franz heißt die Kanaille!», schrieb Schiller sieben Jahre später.)

Mit Goethe verwechselt, von Büchner bewundert, in manchen Gedichten überdies von einer tänzerischen, zynischen Leichtigkeit, die auf Heine verweist:

Willkommen, kleine Bürgerin
Im bunten Tal der Lügen!
Du gehst dahin, du Lächlerin,
Dich ewig zu betrügen.

Was weinest Du? Die Welt ist rund
Und nichts darauf beständig.
Das Weinen nur ist ungesund
Und der Verlust notwendig.

Lenz widmete diese Verse seinem Patenkind, der Tochter von Goethes Schwester Cornelia. Anfang 1776 kehrte er, fast mittellos, Straßburg den Rücken. Seinen Freunden las er eine «Schauervolle und süß tönende Abschiedsode» vor, in der es hieß:

Ich, der von allen guten Dingen
In meinem Leben dreimal schied ...

Im März 1776 tauchte er in Weimar auf, dem Residenzstädtchen, wo Goethe seit November als Gast des Herzogs Karl-August von Sachsen Weimar weilte. An Goethe schrieb er: «Der lahme Kranich ist angekommen und weiß nicht, wohin er seinen Fuß setzen soll», dem Herzog widmete er ein artiges Gedicht, und die Hofgesellschaft nahm ihn auf, von ihm witzig unterhalten, wenn auch zuweilen durch seine Unberechenbarkeit und seine ungehemmte Spottlust irritiert; sodass er, auf des Herzogs Kosten lebend, eingeladen wurde, doch lieber im zehn Kilometer entfernten Bad Berka Quartier zu nehmen.

Dr. Goethe – im Juni, noch keine 27 Jahre alt, von Karl-August zum Geheimen Legationsrat ernannt, ohne dass er zuvor auch nur Kammerherr gewesen wäre –, Dr. Goethe also fühlte sich offensichtlich kompromittiert durch die Anwesenheit eines Zeugen seiner eigenen Straßburger Sturm- und Drangjahre, jedenfalls belästigt durch dessen Neigung, den Hofnarren zu spielen; ja gereizt reagierte er darauf, dass Frau von Stein, die von ihm umworbene, Lenz im September auf ihr Gut einlud, zu sich und ihren sieben Kindern, um bei ihm Englisch zu lernen.

Im November 1776 brachte Lenz mit einer «Eselei», wie Goethe sie nannte, das Fass zum Überlaufen. Worin sie bestand, darüber schweigen die Quellen – vermutlich in einem Spottgedicht auf die Hofgesellschaft, unter besonderer Berücksichtigung von Goethe und Frau von Stein. Der Geheime Legationsrat war entnervt und sorgte für eine herzogliche Order, dass der Jakob Michael Reinhold Lenz das Herzogtum binnen 24 Stunden zu verlassen habe.

Das kann man ja einerseits verstehen und muss es doch zum andern als einen menschenfeindlichen Akt betrachten. Dass der Not leidende, dem Leben offensichtlich nicht gewachsene Jugendfreund nun vollends in den Abgrund stürzen würde, sollte Goethe klar gewesen sein. Der Sieger gab dem Verlierer auch noch einen Tritt.

So verbanden sich die verschiedenartigsten Gründe zu Lenz' Untergang; fünf lassen sich unterscheiden, und Goethe wirkte in dreien von ihnen.

Erstens: Lenz fehlte es schmerzlich an dem Gestaltungswillen, der Arbeitsdisziplin, die nötig gewesen wären, um die Fülle seiner oft krausen Ideen zu einem schlüssigen Werk zurechtzuschleifen; Georg Büchner besaß sie im selben Lebensalter. Und kaum, selbst wenn ihm ein langes Leben vergönnt gewesen wäre, hätte Lenz den langen Atem gehabt, dem manches große Werk seine Existenz verdankt: Sechzehn Jahre lang plagte sich Thomas Mann mit seiner Joseph-Tetralogie; sechzig Jahre lang blieb Goethe damit beschäftigt, seine «Faust»-Idee von 1771 in die endgültige Form zu gießen.

Zweitens aber fehlte Lenz jedes Talent, sein Licht *auf* den Scheffel zu stellen, für sein Werk zu trommeln, sich selbst zu vermarkten – worin Goethe es ziemlich weit brachte (man denke nur an Goethes Hymnen auf den großen Goethe in Goethes Zeitschrift «Über Kunst und Altertum»); zu schweigen von den genialen Managern des eigenen Ruhms wie Richard Wagner, Bert Brecht oder Salvador Dalí. Lenz wollte nicht einmal seinen Namen gedruckt sehen.

Dies beides zusammen – mir mangelt es an Gestaltungskraft, und was aus dem Geschriebenen wird, ist mir egal: Dies allein hätte genügt, um Lenz selbst dann nicht so hoch aufsteigen zu lassen wie Goethe, wenn er das gleiche poetische Talent besessen hätte. Auf den so vorgezeichneten Misserfolg aber legte sich der Schatten Goethes lähmend in dreifacher Weise.

Auch ein stärkerer Charakter als Lenz hätte entmutigt werden können durch den jähen Höhenflug, den der Freund mit dem «Götz» und binnen eines einzigen Jahres auch noch mit den «Leiden des jungen Werthers» antrat. «Alle großen Begabungen haben das Verhängnisvolle an sich, viele schwächere Kräfte und Keime zu erdrücken und um sich herum gleichsam die Natur zu veröden», sagt Nietzsche; Beethoven war auch so einer, der Generationen von potenziellen Komponisten den Wind aus den Segeln nahm.

Dies, natürlich, kann man Goethe nicht zum Vorwurf machen. Zweierlei aber wohl doch. Zum einen, dass er die Neigung großer Männer teilte, unduldsam zu sein, ja jeden zu demütigen, der von Gleich zu Gleich mit ihm umgehen will. Was sagte Goethe zu Hölderlin, der ihm auf Schillers Empfehlung hin («ein poetisches Genie») 1794 einen Besuch abstatten durfte? «Ich habe ihm geraten, kleine Gedichte zu machen und sich zu jedem einen menschlich interessanten Gegenstand zu wählen», schrieb er an Schiller. Bettina Brentano merkte dazu an, Goethe habe «einen ihm superioren poetischen Geist» nicht ertragen können.

Und was schrieb Goethe 1808 an Kleist, nachdem dieser dem «hochzuverehrenden Herrn Geheimrat» einen Teil seiner Tragödie «Penthesilea» übersandt hatte, mit der Bitte, sie im weimarischen Hoftheater aufzuführen? Es betrübe und bekümmere ihn, schrieb Goethe, «wenn ich junge Männer von Geist und Talent sehe, die auf ein Theater warten, welches da kommen soll»; das mache ihm Missbehagen wie ein Jude, der auf den Messias wartet. Und in einer Rezension schob Goethe nach, Kleist habe ihm «immer Schauder und Abscheu» erregt, «wie ein von der Natur schön intentionierter Körper, der von einer unheilbaren Krankheit ergriffen wäre». Thomas Mann nannte dieses Urteil «tadelnswert», und der Schweizer Schriftsteller Hermann Burger schrieb 1987: «Ich würde gern auf den ‹Faust II› verzichten, wenn dadurch die ungeheuerlich anmaßenden Worte Goethes über Kleist aus der Welt geschafft werden könnten.»

Lenz klein zu machen, zog Goethe zweimal aus: 1776, indem er ihn aus seinem Lebenskreis verbannte, und 1813 im dritten Teil von «Dichtung und Wahrheit». Klein, aber nett von Gestalt, «ein allerliebstes Köpfchen mit etwas abgestumpften Zügen», eine angenehme, nicht ganz fließende Sprache, so wird Lenz einleitend vorgestellt; «kleinere Gedichte, besonders seine eigenen, las er sehr gut vor». Auch rühmte Goethe «die Poesie, die er in das Gemeinste zu legen wußte». Der leicht herablassende Ton dieser Passagen weicht dem Unmut, wo Goethe den Jugendfreund dabei ertappt, «mein Talent und das seinige nebeneinander zu stellen»; so habe Lenz es in seiner (verschollenen Schrift) «Über unsere Ehe» unternommen.

Hatte Goethe bei Hölderlin und Kleist nur versucht, zwei großen Geistern einen genügend kleinen Platz anzuweisen, so verfolgte er Lenz darüber hinaus mit übler Nachrede – 1813, also 37 Jahre nach der letzten Begegnung, 21 Jahre nach seinem Tod, von dem man in Weimar freilich nichts wusste. Was der Geheimrat im 14. Buch von «Dichtung und Wahrheit» zu Papier brachte, war «der vielleicht bösartigste Anschlag auf das Nachleben eines Kollegen», urteilte die *Frankfurter Allgemeine* in einem Nachruf auf Lenz zu seinem 250. Geburtstag; «jeder Satz ist ein Schlachtruf in eigener Sache, ein wohlformulierter Fluch ins Grab hinab.»

«Er hatte nämlich einen entschiedenen Hang zur Intrige», schrieb Goethe, 64 Jahre alt – «und zwar zur Intrige an sich, ohne dass er eigentliche Zwecke dabei gehabt hätte … Durch die verkehrtesten Mittel suchte er seinen Neigungen und Abneigungen Realität zu geben und vernichtete sein Werk immer wieder selbst; und so hat er niemandem, den er liebte, jemals genützt, niemandem, den er hasste, jemals geschadet, und im Ganzen schien er nur zu sündigen, um sich zu strafen.»

In seinen Werken, fuhr Goethe fort, «konnte man große Züge nicht verkennen; eine liebliche Zärtlichkeit schleicht sich durch zwischen den albernsten und barockesten Fratzen... Seine Tage waren aus lauter Nichts zusammengesetzt, dem er durch seine Rührigkeit eine Bedeutung zu geben wusste.» Und dann, wie schon zitiert, habe dieser Lenz ihn, Goethe, «zum vorzüglichsten Gegenstand seines imaginären Hasses» gemacht.

Ja, Hass muss im Spiel gewesen sein. 1776 aus Weimar vertrieben, versuchte Lenz sich in der Schweiz durchzuschlagen, und offenbar verlor er phasenweise die Kontrolle über sich selbst. Im Januar 1778 stolperte er in Waldersbach in den Vogesen in das Haus des evangelischen Pfarrers Johann Friedrich Oberlin, der ihn bei sich aufnahm. Auf Oberlins Tagebuch und erhaltene Lenz'sche Briefe stützte Georg Büchner 1835 seine Erzählung «Lenz» – das grandiose Monument eines heraufziehenden Wahnsinns; wobei offen bleibt, inwieweit Büchner den Wahn mit dichterischer Freiheit überzeichnet und ins Zynische verfremdet hat.

Lenz streift durch die verschneiten Vogesen, «Müdigkeit spürte er keine, nur war es ihm manchmal unangenehm, dass er nicht auf dem Kopf gehen konnte... Es fasste ihn eine namenlose Angst..., als jage der Wahnsinn auf Rossen hinter ihm.» Er hat Tage der Normalität, Oberlin lässt ihn sogar einmal predigen; dann stürzt er sich aus einem Fenster des ersten Stocks und kugelt sich den Arm aus; dann will er sich im Brunnentrog ertränken; dann wieder war in seiner Brust «ein Triumphgesang der Hölle... Es war ihm, als könnte er eine ungeheure Faust hinauf in den Himmel ballen und Gott herbeireißen und zwischen seinen Wolken schleifen; als könnte er die Welt mit den Zähnen zermalmen und sie dem Schöpfer ins Gesicht speien.»

Oberlin schob ihn schließlich nach Straßburg ab. «So lebte er hin», nach dem berühmten Schlusssatz Büchners. Wie sein «Hofmeister» hätte Lenz sagen können: «Ich muss sehen, wie ich das elende Leben zu Ende bringe, weil mir doch der Tod verboten ist.»

Bei Goethes Schwager Johann Georg Schlosser in Emmendingen am Kaiserstuhl fand er noch einmal Unterschlupf. Von seinen Wutausbrüchen und Wahnsinnsschüben zur Verzweiflung getrieben, brachte Schlosser ihn bei einem Schuster, dann bei einem Förster unter. Im Sommer 1779 – dem Jahr, in dem Goethe vom Geheimen Legationsrat zum Geheimen Rat aufstieg – holte Karl Lenz, Student in Jena, seinen Bruder heim nach Riga.

Der Vater, inzwischen Generalsuperintendent von Livland, sah die Krankheit seines Sohnes als «unwürdig», seine Dichtungen als Verirrung an. Immer mal wieder fast genesen, zog Lenz 1781 nach Moskau. Noch einmal fand er dort Anschluss an einen literarischen Zirkel, er übersetzte Shakespeare ins Russische, eine Zeit lang konnte er sich als Hauslehrer verdingen. Im Mai 1792 lag Lenz, ein Obdachloser, tot auf der Straße, 41 Jahre alt, geliebt von keinem und keiner.

Im selben Jahr jedoch wurde ihm zum ersten Mal ein Denkmal gesetzt. Der Schriftsteller Nikolai Karamsin schrieb in seinen «Briefen eines russischen Reisenden» über Lenz: «Eine tiefe Melancholie hatte seinen Geist zerrüttet, aber selbst in diesem Zustand setzte er uns alle in Erstaunen durch seine poetischen Ideen und rührte uns häufig durch seine Gutherzigkeit … Wer sieht nicht in allem, was er bis zum 25. Lebensjahr geschrieben hat, die Morgenröte eines großen Geistes? Doch eine schwarze Wolke hat diese schöne Morgenröte bedeckt, und die Sonne ist nie aufgegangen. Das tiefe Gefühl, ohne das Shakespeare nie Shakespeare geworden wäre, hat ihn zu Boden gestürzt. Andere Umstände, und Lenz wäre unsterblich.»

Eben zu Lenz' Sterblichkeit leistete Goethe 1813 in «Dichtung und Wahrheit» seinen nachhaltigen Beitrag. 1828, immerhin, gab Ludwig Tieck in drei Bänden die Gesammelten Werke heraus. «Tötendes Leben, gaukele hin!» hieß ein Vers von Lenz, undatiert, irgendwo, wie das meiste. Gründlicher, vielstufiger, hoffnungsloser als Lenz hat keiner verloren.

AN DIE WAND GEDRÜCKT – VON MARX:

16 Lassalle

Der eigentliche Messias der Arbeiterbewegung

Sein Leben verlor er im Duell mit dem rumänischen Bräutigam einer 20-Jährigen, die er anschmachtete; seinen möglichen Weltruhm verlor er an Karl Marx. Er war ein reicher jüdischer Intellektueller, der die Arbeiter mit Sie ansprach, die erste Arbeiterpartei auf Erden gründete und mit seiner Popularität die von Marx jahrzehntelang weit überstrahlte – der «Messias» der deutschen Arbeiterbewegung, wie Heinrich von Treitschke ihn nannte. Für Alexander von Humboldt war Lassalle ein «Wunderkind», für Heine besaß er «den größten Scharfsinn, der mir je vorgekommen», und Marx schimpfte ihn einen «kraushaarigen Niggerjuden» von «niggerhafter» Zudringlichkeit.

Nimmt man hinzu, dass dieser Ferdinand Lassalle zehn Jahre seines kurzen Lebens in den Dienst der 36 Scheidungsprozesse einer um zwanzig Jahre älteren Gräfin stellte; dass er mit einem zweibändigen Werk über die Philosophie Heraklits Ansehen in der akademischen Welt erwarb; dass er ein unsäglich eitler Selbstdarsteller war, mehrfach im Gefängnis saß und davon träumte, nach dem absehbaren Zerfall des Osmanischen Reichs würden «deutsche Soldaten- oder Arbeiterregimenter am Bosporus stehen» – so scheint das Urteil klar: Nie ist ein bunterer Vogel durch die große Politik geschwirrt.

Sein Vater, Seidenhändler in Breslau, schickte ihn nach Leipzig auf die Handelsschule. Dort riss er mit 16 Jahren aus, holte das Abitur nach und warf sich in Breslau und Berlin auf das Studium der Philosophie. Auch dies nicht lange: Denn mit 19 lernte er eine Dame der höchsten Kreise kennen, die 39-jährige Gräfin Sophie von Hatzfeldt, die so schön, so geistreich und so unglücklich war, dass er – Schwärmer, Rechthaber, edler Ritter zugleich – ihr unverzüglich anbot, seine Zeit, seine Kraft und sein Vermögen in ihren Dienst zu stellen. Zu Großem fühlte er sich berufen, und ob er es in der Philosophie vollbrachte oder im Kampf gegen eine verrottete Gesellschaftsschicht, das war ihm offenbar egal.

Die Gräfin, als Fürstin geboren, hatte mit 16 Jahren einen verkrüppelten, aber ungeheuer reichen Mann heiraten müssen; der hatte sich inzwischen von ihr getrennt, zahlte ihr keinen Unterhalt und verschwendete sein Geld an seine Konkubinen. Also galt es, den Grafen juristisch und psychologisch so lange unter Druck zu setzen, bis die Scheidung erreicht und die Vermögensfrage geregelt war. Lassalle, der junge Philosoph, der von Jura keine Ahnung hatte, zog mit der schönen Gräfin als eine Art Privatanwalt von Gericht zu Gericht und erregte alsbald Aufsehen mit seinen blendenden, juristisch perfekten Reden zu ihren Gunsten.

Da wurden aber auch Spitzel beschäftigt, Dokumente vernichtet, Bestechungsgelder gezahlt, und es war nicht nur der Graf, der sich solcher Mittel bediente. Im Besitz der Mätresse des Grafen vermutete Lassalle ein Kästchen mit einem Papier, worin der Graf ihr eine üppige Leibrente ausgesetzt haben sollte; Lassalle gewann 1846 zwei Freunde dafür, die Kassette aus dem Reisegepäck der Mätresse zu stehlen. Das Kästchen war leer, die Diebe wurden verhaftet und vor Gericht gestellt. Als «intellektueller Urheber des Diebstahls» wurde auch Lassalle angeklagt, verbrachte 1848 fünf

Monate in Untersuchungshaft, verteidigte sich so furios, dass er freigesprochen wurde – und griff sogleich nach einer neuartigen, kostspieligen und hemmungslosen Form der Selbstvermarktung: Seine «Verteidigungsrede wider die Anklage der Verleitung zum Kassettendiebstahl» ließ er drucken, außerdem eine Gesamtdarstellung über den «Kriminalprozess wider mich».

Obgleich sich dieser bizarre Vorgang nur wenige Wochen nach dem Zusammenbruch der deutschen Revolution von 1848 abspielte, war Lassalle sogleich ein bekannter Mann – erst recht, als er drei Monate später erneut verhaftet wurde, nun plötzlich und zum ersten Mal unter einer politischen Anklage: «Aufreizung gegen die Staatsgewalt wegen des Versuchs, eine Steuerverweigerung zu organisieren». Der Grund war eine Rede, die er unter dem Eindruck der gescheiterten Revolution geschrieben und noch gar nicht gehalten hatte, nun aber (was sonst!) sogleich drucken ließ. Lassalle erstritt einen Freispruch, blieb jedoch in Haft, musste sich gegen die verminderte Anklage «Aufruf der Bürgerwehr zur Widersetzlichkeit gegen die Beamten» verteidigen und wurde zu sechs Monaten Gefängnis verurteilt.

In das Jahr 1848 fiel auch die erste Begegnung zwischen Lassalle und dem sieben Jahre älteren Karl Marx, der zusammen mit Friedrich Engels gerade das «Kommunistische Manifest» veröffentlicht hatte, freilich ohne großen Widerhall; 1849 musste Marx nach London emigrieren. Bis zu seinem Tod berief sich Lassalle auf Marx, schrieb ihm, bewunderte ihn und betrachtete sich als eine Art Statthalter in Deutschland. Marx vergalt ihm das mit Neid und Hass. Wer denn würde die geistige Führung im Sozialismus an sich reißen, wer vor der Nachwelt bestehen?

Seit François Babeuf 1796 die «Diktatur des Proletariats» ausgerufen hatte, wimmelte es ja in Europa von reichen Söhnen, die die Armen erlösen wollten. Gewiss, Wilhelm Weitling, der erste deutsche Sozialist, war ein Schneidergeselle und August Bebel ein

Einen «Niggerjuden» nannte ihn Karl Marx, der «Messias» war er für viele Arbeiter: Ferdinand Lassalle gründete 1863 die erste Arbeiterpartei auf Erden. Sein Leben verlor er im Duell, seinen Ruhm an Marx.

Drechslermeister; doch der Graf von Saint-Simon, Begründer der Theorie des Sozialismus, entstammte einer uralten Fürstenfamilie; der Vater von Marx war Justizrat, der von Engels ein Fabrikherr, der von Louis Blanc Generalinspekteur der Finanzen, der von Lenin ein adliger Wirklicher Staatsrat und Großgrundbesitzer.

Zu den Problemen dieser Vorkämpfer einer mehr oder weniger besseren Welt gehörte bis weit ins 19. Jahrhundert eines, von dem selten die Rede ist: Die Arbeiter, deren Los die Theoretiker des Sozialismus verbessern wollten, bildeten noch eine ziemlich kleine Minderheit. 1848 waren zwei Drittel der Erwerbstätigen in Deutschland Bauern, Knechte oder Tagelöhner in der Landwirtschaft, kaum zehn Prozent arbeiteten in der Industrie, und die Stadt Essen hatte 10 000 Einwohner.

Wohl lässt sich jeder arbeitende Mensch als «Arbeiter» bezeichnen (so, wie das Dritte Reich die «Arbeiter des Kopfes» von denen der Faust unterschied). Geläufiger aber ist die Bedeutung: Lohnarbeiter; und unter dem «Proletariat» wiederum, für das sie kämpften, verstanden die Theoretiker des Sozialismus meist nur die Arbeiter in der Industrie. Ihr Elend war ja das neue und das augenfällige, sie waren der rapid wachsende «vierte Stand», und nur sie boten überdies die Chance, sich politisch mobilisieren zu lassen.

So dauerte es bis 1863, ehe zum ersten Mal eine Partei der Arbeiter entstand, und es war Lassalle, der sie gründete – nach weiteren biographischen Sprüngen, versteht sich. 1851 hatte er für die Gräfin Hatzfeldt nach sieben Jahren den Scheidungsprozess gewonnen: für sie einen angemessenen Anteil am gräflichen Vermögen, für ihn von ihr eine schöne lebenslange Rente. Aber nochmals drei Jahre prozessierte Lassalle mit dem Grafen über die finanziellen Einzelheiten.

Nach den zehn Hatzfeldt-Jahren kehrte er zu einer Arbeit über Heraklit zurück, die er als Student begonnen hatte, und publizierte sie 1857 in zwei Bänden. Dann versuchte er sich als Dramatiker:

«Franz von Sickingen» hieß das 1859 gedruckte, nie aufgeführte Stück über den Reichsritter, der der Feldhauptmann Karls V. und ein Parteigänger Martin Luthers war.

1861, dreizehn Jahre nach seiner «Aufreizung gegen die Staatsgewalt», wandte sich Lassalle endgültig der Politik zu, und in seinen letzten drei Lebensjahren spielte er in ihr eine nie vermutete Schlüsselrolle. «Das System der erworbenen Rechte» hieß das in jenem Jahr veröffentlichte rechtsphilosophische Werk, das seiner Forderung nach einem Umbau der Gesellschaft den wissenschaftlichen Unterbau geben sollte. Ist es denn erträglich, fragte er darin, dass ein einmal erworbenes Anrecht niemals verfallen kann, wie die herrschende Rechtsordnung dies unterstellt? Nein, wir müssen Wege finden, einen alten Rechtszustand in einen neuen zu überführen.

Die akademische Welt war, nach dem Werk über die Philosophie Heraklits, zum zweiten Mal beeindruckt. Marx – außerhalb kleiner sozialistischer Zirkel noch völlig unbekannt – sprach von einer «unerhörten Anmaßung», von einer Mischung aus «Sextanerweisheiten» und Diebesgut aus Marx'schen Werken. Als er 1861 in Berlin im Haus der Gräfin Hatzfeldt zu Besuch gewesen war, berichtete er an Engels, dem Pathos Lassalles habe er so viel Ironie entgegengestellt, dass der vor seiner Geliebten blamiert gewesen sei. Engels seinerseits nannte Lassalle in einem Brief an Marx einen «krausen Judekopp», aus dem «der polnische Schmuhl durchkuckt».

Dabei hatte Lassalle seinen kurzen Höhenflug in die große Politik noch gar nicht angetreten. Der begann erst im April 1862 mit dem Vortrag, den er in einer großen Arbeiterversammlung hielt: «Über den besonderen Zusammenhang der gegenwärtigen Geschichtsperiode mit der Idee des Arbeiterstandes» – was zwar nicht gerade aufrührerisch klang, ihm aber eine Anklage wegen «Gefährdung des öffentlichen Friedens durch öffentliche Anreizung der

Angehörigen des Staates zum Hass aufeinander» eintrug. In erster Instanz wurde Lassalle zu vier Monaten Gefängnis verurteilt, in zweiter freigesprochen – und was tat er selbstverständlich? Er ließ sofort drei Broschüren drucken: die erste mit dem Wortlaut seiner Verteidigungsrede, die zweite mit einer Gesamtdarstellung des Prozesses, die dritte unter dem Titel «Die indirekte Steuer und die Lage der arbeitenden Klassen».

Im Juli 1862 war Lassalle in London bei Marx zu Gast, und da er dessen Frau mit der ihm selbstverständlichen Galanterie begegnete, mokierte sich Marx gegenüber Engels über «die geile Brunst dieses ‹Idealisten›... Er ist nun ausgemacht nicht nur der größte Gelehrte, tiefste Denker, genialste Forscher usw., sondern außerdem Don Juan und revolutionärer Kardinal Richelieu... Es ist mir jetzt völlig klar, dass er von den Negern abstammt, die sich dem Zuge des Moses anschlossen.»

Auf die Veröffentlichung der drei Broschüren über seinen Prozess wegen «Gefährdung des öffentlichen Friedens» folgte im Februar 1863 eine Anfrage aus Leipzig, an Lassalle gerichtet von einem Arbeiterkomitee, das einen Kongress der bisher nur regional organisierten Arbeitervereine vorbereitete: Wollen Sie uns Ihre Ansichten über die Arbeiterfrage erläutern? Lassalle antwortete zwei Wochen später, und sein Schreiben wurde zum Programm:

Es gelte, den Staat unter «die Herrschaft der Idee des Arbeiterstandes» zu stellen – das heißt: Die Arbeiter müssten den dominierenden Einfluss auf die Staatsorgane gewinnen, und zwar durch demokratische Wahlen. Die würden ihnen zur Mehrheit verhelfen, sobald es ein allgemeines, gleiches Wahlrecht gebe – statt des Dreiklassensystems, das in Preußen bis 1918 galt: Das *Stimmrecht* besaßen zwar alle mündigen Männer, das *Stimmgewicht* jedoch richtete sich nach der Steuerleistung. Das gesamte Aufkommen an direkten Steuern wurde gedrittelt, und die wenigen Reichen, die das eine Drittel aufbrachten, bestimmten genauso viele Wahlmänner wie mit ihrem Drittel die vielen Arbeiter und Habenichtse.

Seien durch das gleiche Wahlrecht die Arbeiter zur Mehrheit gelangt, schrieb Lassalle weiter, so würden sie «die stützende und fördernde Hand des Staates» beanspruchen, und die Wirtschaft müsse in Produktionsgenossenschaften organisiert werden, in denen die Arbeiter ihren vollen Anteil am Wert des Produzierten erhalten. Die Gründung dieser Genossenschaften habe der Staat zu ermöglichen. Der bloße «Nachtwächterstaat», der allein für die Sicherheit von Mensch und Eigentum sorge, sei abzulehnen.

Das gefiel dem Arbeiterkomitee. Es lud Lassalle zur Gründungsversammlung des «Allgemeinen Deutschen Arbeitervereins» am 23. Mai 1863 im Ballsaal Pantheon zu Leipzig ein. «Sie sind der Fels, auf den die Kirche der Gegenwart gebaut werden soll!», rief Lassalle den 600 Versammelten zu. Er begeisterte sie und ließ sich scheinbar widerstrebend die Rolle des Vorsitzenden aufnötigen, auf fünf Jahre, mit jenen «diktatorischen Vollmachten», auf denen er – wenn schon! – bestanden hatte; und sie sangen das Lied:

Mann der Arbeit, aufgewacht
Und erkenne deine Macht!
Alle Räder stehen still,
Wenn dein starker Arm es will.

Der Lyriker Georg Herwegh hatte das gedichtet, der später berühmte Dirigent Hans von Bülow es vertont; und das Wort «Räder» macht deutlich, dass der Arbeiterverein sich in der Tat in erster Linie als Vertretung der Fabrikarbeiter verstand. Und auch das noch sangen die Arbeiter:

Nicht zählen wir den Feind,
Nicht die Gefahren alle!
Der Bahn, der kühnen, folgen wir,
Die uns geführt Lassalle!

Da lief nun eine Welle der Begeisterung durchs Land. Überall tauchte Lassalles Porträt auf, sogar auf Skatkarten war er abgebildet, seine gedruckten Reden wurden wirklich gelesen, schwülstig, aber eingängig und temperamentvoll, wie sie waren. Lassalle hatte es verstanden, den Sozialismus endlich aus seinem Theoriegefängnis zu befreien, ihn populär zu machen und die erste wirkende, beachtete Arbeiterpartei auf Erden ins Leben zu rufen. Marx, in London verbissen anschreibend gegen den Fluch der öffentlichen Nichtbeachtung, nahm es verzerrt vor Wut zur Kenntnis. Nie hatte er es über eine ätzende Debattiertechnik in Hinterzimmern hinausgebracht – und dieser reiche Müßiggänger verstand es, sich mit flammender Rede zum Volkstribun zu stilisieren!

Es war kein Wunder, dass Bismarck, seit 1862 preußischer Ministerpräsident, sich für den merkwürdigen Feuerkopf und Weltmann interessierte, der die anrüchigen neumodischen Ideen mit glühendem Patriotismus verband; und selbst das Wahlrecht, das Lassalle forderte, konnte ein Mittel sein, die Vormacht der Bismarck verhassten liberalen «Fortschrittspartei» durch ein Bündnis zwischen Arbeitern und Konservativen zu brechen.

Die beiden Männer trafen sich mehrfach, strikt geheim, doch das Gerücht davon machte die Runde; und aus heutiger Sicht ist es atemberaubend zu lesen, wie weit Lassalle mit mancherlei Vorlieben Bismarcks konform ging: «Der Arbeiterstand fühlt sich instinktiv zur Diktatur geneigt», schrieb er im Juni 1863 an den Ministerpräsidenten – vorausgesetzt, sie werde in seinem Interesse ausgeübt. Leider sei es unwahrscheinlich, dass die Monarchie «sich aus einem Königtum der bevorrechteten Stände in ein soziales und revolutionäres Volkskönigstum» verwandle; aber er sehe in der Krone durchaus «den natürlichen Träger der sozialen Diktatur».

Die Gespräche der beiden verwandten Geister schliefen noch 1863 wieder ein, weil Bismarck befand, Lassalle habe nicht genügend Macht anzubieten und sei doch wohl ein «Phantast». Als

Gutsnachbarn aber, sagte Bismarck später, hätte er einen so gebildeten, geistreichen, liebenswürdigen Menschen gern gehabt.

Mit der Macht Lassalles war es in der Tat nicht weit her, und mit ihm selbst ging es rasch bergab. Er reiste, redete und wurde bejubelt, aber er war mehr ein Prediger als ein Parteivorsitzender, und auf mehr als ein paar tausend Mitglieder brachte der Arbeiterverein es nicht, solange Lassalle noch lebte. 1864 wurde ihm ein Hochverratsprozess angehängt wegen einer Rede «An die Arbeiter Berlins», die er, wie üblich, sogleich im Druck verbreitete; abermals wurde er freigesprochen.

Im Juni 1864 reiste er zur Erholung in die Schweiz, erschöpft, offenbar auch von der damals noch unheilbaren Syphilis beschädigt, der Modekrankheit der Künstler und der gebildeten Stände; vielleicht überdies in der Ahnung, dass er mehr auf Erden nicht werde leisten können, und in all seinem Hochmut von Selbstzweifeln angenagt. «Ich habe stets zwei Arten von Menschen gehaßt», sagte er einmal: «die Juden und die Literaten. Und ich bin beides.»

In Genf machte Lassalle der zwanzigjährigen Tochter des bayerischen Diplomaten Wilhelm Ritter von Dönniges den Hof – unbekümmert darum, dass sie mit einem rumänischen Adligen verlobt war. Als Lassalle gar von Heirat sprach, vertraute sie sich ihren Eltern an, die verboten ihr den Umgang mit ihm, der Rumäne wurde herbeigerufen. Lassalle, bis dahin der Sieger in jedem Streit, sah sich zum ersten Mal mit einer Niederlage konfrontiert, forderte den Rivalen zum Duell auf Pistolen – was in den meisten zivilisierten Staaten längst unter Strafe stand – und wurde tödlich verwundet. Drei Tage später starb er, am 31. August 1864, 39 Jahre alt.

«Welcher Jubel wird unter den Fabrikanten herrschen!», schrieb Engels an Marx. «Lassalle war doch der einzige Kerl in Deutschland, vor dem sie Angst hatten.» Und Marx an Engels: «Schwer zu glauben, daß ein so geräuschvoller Mensch nun mausetot ist und altogether den Mund halten muß.»

Vier Wochen nach seinem Tod versammelten sich in London Vertreter des radikalen Sozialismus in verschiedenen europäischen Ländern und gründeten die «Internationale Arbeiter-Assoziation», kurz die *Internationale.* Sie bestellte einen Generalrat von 34 Mitgliedern, darunter Marx, der den Auftrag erhielt, ein Programm und die Statuten auszuarbeiten. Dies tat er mit Bravour; wenigstens in seinen Kreisen hatte er nun Status und Einfluss gewonnen. Die Arbeiter aber, die zu befreien er versprach, blieben für ihn und Engels «Ochsen», «Knoten» oder «komplette Esel», wie es im Briefwechsel der Freunde hieß; sah Marx überhaupt mal welche, so züchtigte er sie mit überlegener Rhetorik, wie er sich gegenüber Engels brüstete.

1869 gründeten August Bebel und Wilhelm Liebknecht in Eisenach die «Sozialdemokratische Arbeiterpartei»; sie beriefen sich zwar auf Marx und bezeichneten sich als deutscher Zweig der Internationale, forderten aber vor allem dasselbe wie Lassalle: gleiches Wahlrecht, Staatskredite für Produktionsgenossenschaften.

Da war es nicht weit zum Zusammenschluss der Arbeiterpartei mit dem Arbeiterverein, dem Erbe Lassalles: 1875 verschmolzen sie sich in Gotha zur «Sozialistischen Arbeiterpartei Deutschlands», unter wütendem Protest von Marx und Engels. Das Programm blieb, obwohl im Parteinamen das Wort «demokratisch» gestrichen war, nahe an Lassalle, doch kraft der überlegenen Organisation der «Eisenacher» und ihres stärkeren revolutionären Impetus setzten sich Liebknecht und Bebel allmählich mit ihrer Ansicht durch: Nicht mit dem Stimmzettel – nur durch eine Revolution könnten die Arbeiter siegen.

Das Erfurter Programm von 1891 schließlich besiegelte den Sieg der Marxisten: Karl Kautsky hatte es ausgearbeitet, vormals Privatsekretär von Engels und ein Vierteljahrhundert lang der Hohepriester der marxistischen Ideologie. Der Bankrott des Kapitalismus, so verkündete er, stehe «mit Naturnotwendigkeit» bevor.

Lassalle hatte verloren. Und im Wettrennen um die Meinungsführerschaft in der sozialistischen Bewegung wäre er vermutlich auch dann geschlagen worden, wenn er sich nicht mit 39 Jahren im Wege eines törichten Duells von der Welt verabschiedet hätte: Denn was er lehrte, konnte die Massen nicht bewegen, und aus dem Holz, aus dem die Sieger sind, war er nicht geschnitzt.

Lässt man seinen penetranten Patriotismus als Tribut an den Zeitgeist beiseite, so erhob Lassalle einerseits erzvernünftige Forderungen (wie die nach dem gleichen Stimmgewicht) und nur mäßig unrealistische, die er auf strikt demokratische Weise erfüllt sehen wollte (wie die nach den staatlich zu fördernden Produktionsgenossenschaften). Marx dagegen! Der hatte es verstanden, sich den Anschein strikter Wissenschaftlichkeit zu geben, indem er den Sieg des Proletariats nicht nur forderte, sondern als unausweichlich prophezeite; er lehrte, nach den Worten des polnischen Philosophen Leszek Kolakowski, «die blinde Zuversicht in eine Welt allumfassender Befriedigung, die gleich hinter der Ecke auf die Menschheit wartet». Das war der erhabene Unsinn, mit dem man Menschenmassen elektrisieren konnte und mehr oder weniger ausgeschlafene Köpfe auch.

Was aber den Typus des Siegers angeht, so war Lassalle in vielfältiger Hinsicht das Gegenteil von ihm. Dass ihm als Parteiführer alles Verständnis für stetige Parteiarbeit abging, spielte dabei noch die kleinere Rolle. Ihm fehlte vor allem die Zielstrebigkeit über Jahrzehnte hin, der eiskalte Wille zur Macht, die Rücksichtslosigkeit gegen Feind und Freund, die den Erfolg verbürgen; Marx und Lenin besaßen sie, auch Bismarck, Konrad Adenauer oder Helmut Kohl. Die geborenen Führer duellieren sich nicht und werfen nicht zehn Jahre ihres Lebens einer leidenden Gräfin in den Schoß.

Ebendies freilich trug bei zu Lassalles Popularität. Noch 26 Jahre nach seinem Tod und sieben Jahre nach dem von Marx war Lassalle dem Großen Meyer von 1890 dreimal so wichtig wie

Marx, in Zeilen gemessen, vier volle Spalten nämlich; und größer als Marx standen auch der Graf von Saint-Simon und der französische Sozialist Charles Fourier im Lexikon. Zum Weltruhm stieg Marx erst 1917 auf, als Lenin sich auf ihn berief – nicht ohne ihn auf den Kopf gestellt zu haben, indem er die Diktatur *des* Proletariats durch die Diktatur einer Kaderpartei *über* das Proletariat ersetzte.

Als sich 1917 von der Sozialistischen Arbeiterpartei Deutschlands der Spartakusbund abspaltete und sich 1919 in «Kommunistische Partei Deutschlands» umbenannte: Da blieb die SPD des Friedrich Ebert übrig, die das gleiche Wahlrecht für alle, nun auch für die Frauen, durchsetzte und das Ziel eines sozialistischen Umsturzes aufgab – ein Schritt zu Lassalle zurück. Sein Geist habe die SPD ohnehin «nie ganz verlassen», schreibt Leszek Kolakowski. Am deutlichsten zeigte sich das 1959: Da verabschiedete die SPD ihr Godesberger Programm, mit dem sie sich von der Arbeiterpartei in eine Volkspartei verwandeln wollte.

Insofern hätte Lassalle doch noch gesiegt – der hochfahrende Mann mit dem hochfliegenden Geist, der Spieler, der Beweger, der sprühende Exot im grauen Alltag der Parteien; ein Glücksfall der deutschen Geschichte, falls Goethe Recht hat: «Höchstes Glück der Erdenkinder ist nur die Persönlichkeit»; nach Golo Mann «ein politischer Genius, der eine kurze Zeit über Norddeutschland leuchtete, um wieder zu verschwinden wie ein Meteor». Seinesgleichen habe es nie mehr gegeben.

AN DIE WAND GEDRÜCKT – VON STALIN:

17 Trotzki

Der Feuerkopf der Oktoberrevolution

So dramatisch gesiegt und so schrecklich verloren hat keiner wie Lew Davidowitsch Bronstein, der sich den Decknamen «Trotzki» gab: ein begnadeter Volksaufwiegler, ein viel bewunderter Feldherr, ein Missionar des unaufhörlichen Umsturzes – und der eigentliche Vollstrecker, später auch noch der Retter der Russischen Revolution. Aber vor Lenin kuschte er, an Stalin zerschellte er, und Stalins Rache brachte ihn um.

Geboren wurde Lew Bronstein am 7. November 1879 als fünftes Kind eines verhältnismäßig wohlhabenden jüdischen Bauern in einem ukrainischen Dorf. Der schickte ihn mit sechs auf die Schule, mit acht auf die «Realschule zum Heiligen Paulus» in der vibrierenden Hafenstadt Odessa. Dort lernte er Deutsch und Französisch, und in den meisten Fächern war er bald der beste Schüler.

Mit 17 Jahren bestand er das Abitur («ausgezeichnet») – und schloss sich einem revolutionären Zirkel an, dem «Südrussischen Arbeiterbund», der eine handgeschriebene Zeitschrift herausgab. «Ich malte die Buchstaben mit höchster Sorgfalt», erzählt Trotzki in seiner Autobiographie, «da ich es als Ehrensache betrachtete, daß auch jene Arbeiter, die nur mühsam lesen konnten, unsere Proklamationen zu entziffern vermochten. Manchmal schrieb ich eine Woche lang mit gekrümmtem Rücken und riß mich nur los, um eine Versammlung zu besuchen.»

Trotzkis Vater, Wohlstand ansammelnd und zarentreu, war entsetzt und entzog dem Sohn die finanzielle Unterstützung. Nach wenigen Monaten war die Ochrana, die zaristische Geheimpolizei, den Verschwörern auf die Spur gekommen und warf sie ins Gefängnis – für Trotzki, gerade 18 Jahre alt, die erste seiner vielen Deportationen.

Mit 20 heiratete er in der Haft eine sechs Jahre ältere Kampfgefährtin, damit er mit ihr in der Verbannung zusammenbleiben konnte. 1900 wurde das Paar nach Ust-Kut nördlich des Baikalsees verschickt, in die verwanzten Hütten einer verlassenen Goldgräbersiedlung. Einer in Irkutsk erscheinenden Zeitung konnte Trotzki sich als Mitarbeiter andienen – ein höchst brauchbarer, weil er sozusagen über alles schrieb: über russische und über deutsche Literatur, über Nietzsche, Henrik Ibsen und die betriebswirtschaftlichen Probleme des Bauernstandes. So verdiente er sich ein paar Rubel und hielt den Geist wach.

1902 erreichten ihn zum ersten Mal geschmuggelte marxistische Schriften, darunter die Zeitschrift *Iskra* («der Funke»), die Lenin in Leipzig gegründet hatte, und schließlich auch Lenins erstes Schlüsselwerk «Was tun?» – mit der kopernikanischen Wende gegen Karl Marx: Die Arbeiterklasse dürfe nicht sich selbst überlassen bleiben; es sei die Intelligenz, die ihr zum Sieg verhelfen müsse. Nur eine eisern disziplinierte Organisation von Berufsrevolutionären könne die Diktatur des Proletariats erzwingen.

Noch im selben Jahr verließ Trotzki seine Frau und die beiden inzwischen geborenen Töchter und floh, auf einem Bauernwagen unter Stroh versteckt, zum nächsten Bahnhof, wo Freunde mit Kleidung und einem falschen Pass auf ihn warteten. Seine Familie

In einer Stille «schrecklicher als alle Donner der Welt» vollzog Trotzki die Oktoberrevolution – nicht Lenin, nicht Stalin, und populärer als beide zusammen war Trotzki sowieso. Dafür ließ Stalin ihn sterben.

zu verlassen sei seine «revolutionäre Pflicht» gewesen, schrieb er später. Er erreichte Kuybischew an der Wolga, wo sich die illegale russische Redaktion der «Iskra» befand, und begann für sie zu schreiben – so, dass Lenin, damals in London, auf ihn aufmerksam wurde und ihn einlud.

Im Oktober 1902 begegneten sich die beiden Männer: der neun Jahre ältere Rechtsanwalt und Großgrundbesitzerssohn Wladimir Uljanow, der sich Lenin nannte, und Lew Bronstein, der nun Trotzki hieß, seinem falschen Pass zuliebe; Lenin, der eiskalte Stratege der Macht, der mit seiner grellen Stimme und seiner schweren Zunge niemals eine Volksmasse begeistern konnte, und Trotzki, der Feuerkopf, der Volkstribun; hochgebildete Intellektuelle sie beide.

Ob die beiden Berufsrevoluzzer Gefallen aneinander fanden, ist umstritten; bald jedoch entzweiten und bekämpften sie sich, bis sie sich rechtzeitig zum welthistorischen Umsturz verbündeten. Zunächst ging Trotzki im Auftrag der *Iskra* nach Paris. Dort lernte er die russische Studentin Natalia Sedowa kennen, mit der er bis zu seiner Ermordung zusammenlebte; scheiden ließ er sich nie.

Im Februar 1905, nun 25 Jahre alt, reiste Trotzki mit seiner Freundin illegal nach St. Petersburg: Dort war am 22. Januar ein Massenprotest von streikenden Arbeitern mit Frauen und Kindern vor dem Winterpalais zusammengeschossen worden, mit Tausenden von Toten und Verwundeten. Im Juni 1905 dann die Meuterei auf dem Panzerkreuzer «Potemkin»; im September in Petersburg die Gründung des ersten Arbeiterrats, eines «Sowjets».

Am 26. November 1905 wurde Trotzki zu dessen Vorsitzendem gewählt – und schon am 16. Dezember verhaftet. Den Polizeileutnant, der vor dem Exekutivausschuss des Sowjets den Haftbefehl verlesen wollte, herrschte er an: «Unterbrechen Sie mich nicht! Wenn Sie das Wort haben wollen, werde ich die Versammelten fragen, ob sie Ihnen zuzuhören wünschen.» Sie wünschten. Als der Leutnant die Verlesung beendet hatte, forderte Trotzki ihn auf, den

Saal zu verlassen, denn das Wort habe er nun gehabt. Überrumpelt ging der Offizier hinaus und kam erst nach Minuten wieder, nun mit einer Schar von Polizisten.

Vollends populär und im ganzen Zarenreich berühmt wurde Trotzki im Oktober 1906 – zu einer Zeit, da Lenin, seit sechs Jahren fast ständig im Ausland, nur sozialistischen Theoretikern bekannt war und Stalin ein kleiner sozialistischer Funktionär im Kaukasus. Da forderte Trotzki vor Gericht hochgemut Respekt und Dankbarkeit für den Sowjet, weil nur der in der Lage gewesen sei, den Strom der Hunderttausende von Streikenden zu kanalisieren. Das Urteil für Trotzki und fünfzehn seiner Mitangeklagten: lebenslange Verbannung nach Sibirien.

Am 15. Januar 1907 trat er die lange Reise an – mit Goldmünzen und einem falschen Pass in den Schuhen. In die Tundra sollte es gehen, zur Mündung des Ob ins Nördliche Eismeer. Kurz vor dem schrecklichen Ziel fand Trotzki einen Bauern, der ihn in achttägiger Rentierschlittenfahrt durch die Polarnacht zu einer Bahnstation am Ural brachte. Sieben Wochen nach seinem Aufbruch kam er wieder in Petersburg an, bei Natalia Sedowa. Aber nun war er zu bekannt, als dass er noch hätte untertauchen können. Über Finnland reiste das Paar zu einem zehnjährigen Exil in Deutschland, Österreich, der Schweiz und Frankreich, ja zuletzt in den USA.

Die längste Zeit verbrachte Trotzki in Wien, von 1907 bis 1914. Das Paar lebte in einer spärlich möblierten Drei-Zimmer-Wohnung, worin sich die Bücher türmten. Sein Geld verdiente er als Journalist, Kunstkritiker und hoch geachteter Militärkorrespondent in den Balkankriegen (1912/13). In den Wiener Kaffeehäusern war er so zu Hause, dass die Anekdote geht, ein österreichischer Minister habe über die Aussichten einer Revolution in Russland gesagt: «Bitte, wer soll die machen? Vielleicht der Herr Trotzki vom Café Central?»

Unverzagt arbeitete er weiter auf den großen Umsturz hin. Er besuchte den Parteitag der SPD in Jena und die Sozialistenkongresse in London, Stuttgart, Paris, Prag und Brüssel. 1912 in Prag erklärte Lenin seine Mehrheitsfraktion der russischen Sozialdemokratie, die «Bolschewiki», zur eigenen Partei, spaltete also die Arbeiterbewegung. Trotzki reagierte wütend und bezichtigte Lenin einer «schmutzigen Intrige»; 1904 hatte er ihn sogar einen «boshaften, verschlampten Rechtsanwalt» genannt, der den Marxismus «wie einen Putzlappen» behandle und letztlich der alleinige Diktator werden wolle.

Im August 1914 hielt Trotzki es für ratsam, aus dem Krieg führenden Österreich in die Schweiz überzusiedeln. In Zürich schrieb er begeistert, der Krieg habe den objektiven Sinn, die Nationalwirtschaften zu zertrümmern; nur Heuchler oder Blinde sprächen von Vaterlandsverteidigung.

Im November 1914 nahm Trotzki in Paris Quartier. Im September 1915 trafen sich 38 Delegierte der sozialistischen Parteien aus elf Ländern in Bern und fuhren in vier Pferdeomnibussen nach Zimmerwald im Berner Oberland. «Ein halbes Jahrhundert nach der Gründung der I. Internationale», will Trotzki über die Pferderücken hinweg gerufen haben, «kann man alle Internationalisten in vier Wagen unterbringen.»

Lenin legte in Zimmerwald ein Manifest vor, gegen das die meisten Delegierten protestierten, weil es sie in ihren Ländern der Todesstrafe ausgesetzt hätte: Verweigerung aller Kriegskredite, Verbrüderungspropaganda in den Schützengräben. Einstimmig angenommen, auch von Lenin also, wurde Trotzkis Gegenentwurf: Zwar rief er die Arbeiter auf, nach allzu langem Dienst an der herrschenden Klasse nun für ihre eigene Sache und «den unversöhnlichen proletarischen Klassenkampf» einzustehen; er vermied jedoch Lenins konkrete Forderungen nach Aufruhr und Boykott.

Lenin erlitt nicht nur in Zimmerwald eine Niederlage – auch an internationaler Berühmtheit blieb er weit hinter Trotzki zurück. Dass die Rivalen sich noch 1915 versöhnten, scheint auf Lenins taktisches Kalkül zurückgegangen zu sein, nach dem amerikanischen Spruch: «If you cannot beat him, join him.» Und, ganz anders als Stalin, war Lenin zu sehr von sich überzeugt, als dass Beleidigungen ihn hätten verletzen können.

Im Oktober 1916 wurde Trotzki von der französischen Polizei in einen Zug nach Spanien gesetzt – offenbar auf Betreiben der russischen Geheimpolizei, die den Kriegsverbündeten dazu angestiftet hatte. Doch in Madrid wurde er wieder mal verhaftet, im Dezember schließlich ausgewiesen. Am 25. Dezember 1916 bestieg Trotzki, zusammen mit seiner Lebensgefährtin und den beiden Söhnen, die sie inzwischen bekommen hatten, in Barcelona ein Schiff nach New York und kehrte «der alten Canaille Europa» den Rücken; für immer, wie er meinte.

Doch im März 1917 fand – zur Verblüffung von Lenin in Zürich und Trotzki in New York – in Russland jene Revolution statt, die ihre eigene nach aller politischen Vernunft ziemlich überflüssig machte: Der Zar unter Hausarrest, die Macht in den Händen eines Sowjets aus streikenden Arbeitern, meuternden Soldaten und sozialistischen Politikern; ihr Wortführer der 35-jährige Rechtsanwalt Kerenski von der Sozialrevolutionären Partei, die den Großgrundbesitz durch eine gesetzliche Landreform unter den Bauern aufteilen wollte.

Also auf nach Russland! Denn wenn diese Revolution unsern Zielen auch nahe kommt – *unsere* Revolution ist sie nicht! Schon am 17. März, zwei Monate nach seiner Ankunft in Amerika, schiffte sich Trotzki wieder nach Europa ein. Zwischendurch von britischen Behörden in Kanada festgehalten, kam er über Dänemark und Finnland erst am 17. Mai 1917 in Petersburg an, einen Monat später als Lenin. Das war einer der zwei Umstände, die den

Redner an der Arbeiterfront gegen den Schreibtischstrategen in Nachteil setzten.

Lenin bot Trotzki zunächst eine führende Position bei den Bolschewiki an – wenn er in die Partei einträte. Trotzki wollte nicht. Das minderte den Einfluss, den er auf die Kader hätte nehmen können, und erfüllte viele alte Genossen mit Misstrauen; der zweite der Gründe, die ihm gegenüber Lenin das Nachsehen gaben. Aber kaum eine Arbeiterversammlung, vor der er nicht eine Rede hielt, manchmal sechs pro Tag, bis zu zwei Stunden lang, immer von stürmischem Beifall getragen und oft bis zu totaler Erschöpfung.

Kerenski, am 21. Juli 1917 zum Regierungschef berufen, befahl, Lenin zu verhaften; der zog sich wieder nach Finnland zurück. Auch fünf Tage später, beim VI. Parteitag der Bolschewiki, war er nicht zugegen – und nun wurde Trotzki verhaftet. So trat Stalin, Chefredakteur der *Prawda*, zum ersten Mal als Führer in Erscheinung. Aus dem Gefängnis schmuggelte Trotzki eine Serie von kämpferischen Artikeln in die *Prawda* («Die Wahrheit»), und jetzt vollzog er auch den Eintritt in die Bolschewistische Partei.

Am 17. September 1917 entlassen, nutzte er seine Popularität unverzüglich dazu, aus den Arbeitern eine bewaffnete Rote Garde zu rekrutieren. Am 6. Oktober wurde er unter tobendem Beifall zum Vorsitzenden des Sowjets von Petersburg gewählt – wie schon 1905. Lenin kehrte erst zwei Wochen danach aus Finnland zurück, verkleidet und nur für einen Tag: zu einer Sitzung des Zentralkomitees der Bolschewiki, bei der mit 12 gegen 9 Stimmen beschlossen wurde, die Regierung Kerenski mit Gewalt zu stürzen. Wieder in sein finnisches Versteck zurückgekehrt, ließ Lenin die Genossen jedoch wissen: Er bezweifle, dass die Arbeiter und Soldaten für einen Straßenkampf zu gewinnen sein würden.

Ein solcher Kampf brauchte auch nicht stattzufinden, und Lenin war für den Umsturz gar nicht nötig: Trotzki allein ergriff die Initiative und führte die Revolution fast unblutig zum Sieg. Es geschah in der Nacht vom 6. auf den 7. November 1917, seinem 38. Geburtstag, dass seine Roten Garden nach seinen generalstabsmäßig ausgearbeiteten Plänen die Bahnhöfe, die Telefonzentrale, die Elektrizitätswerke von Petersburg besetzten, dazu die Brücken, die Staatsbank und die Proviantlager des Militärs. Das Winterpalais wurde umstellt, die Minister in ihm eingesperrt.

«Die bürgerlichen Klassen hatten Barrikaden, Feuerbrände, Plünderungen, Blutströme erwartet», schrieb Trotzki darüber. «In Wirklichkeit herrschte Stille, schrecklicher als alle Donner der Welt. Lautlos verschob sich der soziale Boden, einer Drehbühne gleich, die die Volksmassen in den Vordergrund hob und die gestrigen Herren in die Unterwelt hinabtrug.» In einer Sonderausgabe der *Prawda* tat Trotzki kund: Die Regierung habe sich gegen das Volk verschworen, und die Verschwörer würden vernichtet werden. Petersburg blieb ruhig. Nur das Winterpalais ließ Trotzki schließlich gewaltsam stürmen. Mit rund 5000 bewaffneten Arbeitern hatte er das Reich der 150 Millionen umgestülpt.

Lenin, aus Finnland herbeigeeilt, bildete eine Regierung der Volkskommissare und machte Trotzki zum Außenminister. Nirgends in seinen vielen Schriften hat Trotzki die Frage aufgeworfen (und auch die meisten seiner Biographen stellen sie nicht), warum nicht er es war, der umjubelte Führer der Arbeiter und Herr über die Roten Garden, der die Macht an sich riss; vermutlich fehlte ihm dazu zweierlei.

Zum einen: In all seinem Furor war Trotzki ein berechenbarer Mensch, wenig begabt zur Intrige und nicht von Lenins rasendem Willen zur persönlichen Macht besessen. Und zum anderen: Indem Trotzki die Macht über die Massen, über die Proletarier hatte, stand nur die zweitstärkste Kraft auf seiner Seite; die stärkste waren ja die Kader der Partei, die Lenin herangezüchtet und zu seiner Verfügungsmasse gemacht hatte – zu dem Zweck, die Diktatur *über* das Proletariat zu errichten.

Im Dezember 1917 bot die neue sowjetische Regierung den deutschen und österreichischen Armeen, die seit 1915 tief in Russland standen, einen Waffenstillstand an, und Trotzki, der Außenminister, leitete die Delegation für Brest-Litowsk. Die siegreichen deutschen Generale verblüffte er mit souveräner, unverschämter Rhetorik, und in der trügerischen Hoffnung, die russische Revolution werde auf Deutschland und Österreich überspringen, setzte er auf Verzögerung. Die erwies sich als Misserfolg: Die Deutschen marschierten weiter ostwärts, und den Frieden vom 3. März 1918 musste die Sowjetunion zu verschlechterten Bedingungen unterzeichnen: Finnland, die baltischen Staaten, Polen, ja die Ukraine abgetrennt.

Lenin wurde indessen nicht irre an seiner Devise: Frieden nach außen um jeden Preis – alle Kraft für die Revolution! Im Februar 1918 hatte er von bewaffneten Matrosen die zwei Monate zuvor gewählte verfassungsgebende Versammlung auseinander jagen lassen: Denn bei diesen freien Wahlen, den letzten bis 1991, waren die Bolschewiki nur auf 24 Prozent gekommen; auf 62 Prozent aber die gemäßigten Sozialrevolutionäre, deren Sprecher Kerenski war.

Nach dem Frieden von Brest-Litowsk wurde Trotzki in die Position gebracht, die ihm den Weltruhm sicherte: Präsident des Obersten Kriegsrats, also Oberbefehlshaber der Roten Armee. Er musste sie erst aufbauen, diese Armee, er erfand sie fast, und mit ihr siegte er im Bürgerkrieg gegen die scheinbar weit überlegenen «Weißen»: die Truppen der gemäßigten Sozialisten, der Bürgerlichen, der Monarchisten, mit den Kosaken im Bund und vereint in der Absicht, die Roten wieder zu verjagen. Von drei Seiten stießen die Weißen im Sommer 1918 tief ins russische Kernland vor, vom Ural her, von der Krim und aus Estland. Engländer und Franzosen unterstützten sie, indem sie die Eismeerhäfen Murmansk und Archangelsk sowie Odessa besetzten.

In dieser verzweifelten Lage setzte sich Trotzki gegen einen verbreiteten Widerwillen in der Partei mit seiner Überzeugung durch, dass die Roten Garden und die ihm ergebenen verwahrlosten Reste der Zaren-Armee nur dann zu einer schlagkräftigen Truppe werden könnten, wenn er 40 000 «militärische Spezialisten» übernehme: ehemalige zaristische Offiziere, jeder allerdings von einem Politkommissar bewacht.

Für sich selbst organisierte er einen gepanzerten Zug, gezogen von zwei Dampflokomotiven, versehen mit einer Funkstation, beladen mit Waffen, Munition, Medikamenten und Lebensmitteln. In ihm residierte der Generalissimus mehr als zwei Jahre lang, fuhr von der Ostfront an die Südfront und die Nordfront, den drei Stoßkeilen der «Weißen» immer überlegen durch Tempo, Übersicht und zentrale Gewalt. Engländer und Franzosen zogen sich irritiert zurück, im Herbst 1920 waren die Weißen geschlagen.

Doch noch im April hatte der polnische Marschall Pilsudski eine vierte Front eröffnet und stieß tief in die Ukraine vor. Trotzkis Rote Armee trieb sie bis nach Warschau zurück. Der von allen erwartete endgültige Sieg über die Polen wurde jedoch in eine Niederlage verwandelt, weil die Reiterarmee des russischen Generals Budjonny befehlswidrig nach Süden abschwenkte und so die linke Flanke der Hauptarmee unter General Tuchatscheswki entblößte. Anstifter dieser Eigenmächtigkeit war Budjonnys politischer Kommissar, Stalin, und den griffen Trotzki und Tuchatschewski dafür öffentlich an. Die Grundlage einer Todfeindschaft war gelegt, Tuchatschewski wurde 1937 hingerichtet. Die Rache an Trotzki brauchte etwas länger.

Im März 1921 erhoben sich in Kronstadt, dem Kriegshafen von Petersburg, 16 000 Matrosen. Rede-, Presse- und Versammlungsfreiheit forderten sie und, noch schlimmer: Sowjets ohne Bolschewiken! Das waren dieselben Matrosen, vor denen Trotzki seine ersten großen Erfolge als Agitator erzielt und denen er den Sturm auf das Winterpalais anvertraut hatte. Es ist nicht überliefert, ob es ihn Überwindung kostete, den Parteibefehl zu vollziehen: Schlag den Aufstand nieder, Genosse! Jedenfalls ließ er die Aufrührer zusammenschießen.

Was zählte Dankbarkeit, was die einstige Sympathie, wenn es um die Macht ging? Vielleicht war es auch ein Übersoll an Parteitreue, das Trotzki demonstrieren wollte – um Lenin und die anderen Mitglieder des Rats der Volkskommissare zu beeindrucken, da ihm doch der bolschewistische Stallgeruch fehlte. Gegen Stalin freilich half ihm das nichts.

Der stellte schon 1922 die Weichen für seine künftige Allmacht: Bis dahin Volkskommissar für die Überwachung von Arbeitern und Bauern, erfand er für sich das Amt eines Generalsekretärs der Partei und machte sich zur Spinne im Netz der uferlos wachsenden Partei- und Staatsbürokratie; als «Genosse der Karteikästen» wurde er alsbald verspottet.

Diese geheime Machtergreifung fiel in ebendas Jahr, in dem Lenin, 52 Jahre alt, zwei Schlaganfälle erlitt. Der erste, im Mai 1922, ließ ihm noch die Kraft für ein paar Arbeitsstunden; der zweite, im Dezember, lähmte seine rechte Seite und fesselte ihn an den Rollstuhl. Um die Jahreswende 1922/23, ein Jahr vor seinem Tod, diktierte Lenin eine Botschaft an die Partei, die später als sein Testament bezeichnet wurde. Darin empfahl er dem Zentralkomitee, Stalin als Generalsekretär abzulösen: Er sei grob, intolerant, illoyal und launenhaft. Die Nachfolge aber regelte Lenin nicht, sie schien auch für alle Welt selbstverständlich: Nur Trotzki konnte es sein. Stalin sorgte dafür, dass die Botschaft geheim blieb.

In den letzten neun Monaten seines Lebens versagte Lenin auch die Zunge. Am 21. Januar 1924 starb er. Bei seinem Begräbnis – trauernde Menschenmassen und ein Pomp, als wäre ein Zar gestorben – war Stalin einer derer, die den Sarg trugen. Trotzki war kurz vor Lenins Tod zur Erholung ans Schwarze Meer gefahren und nahm nicht an der Totenfeier teil. Stalin habe ihm vorsätzlich einen falschen Termin telegrafiert, behauptete er später. Aber zugleich räumte er in seinen Memoiren ein: «Ich hatte das Bedürfnis, allein zu bleiben.» Der politische Wille habe ihm gefehlt.

Das ist die Sprache des Verlierers. Stalin konnte mit dem Vollzug seines Stufenplans beginnen: Trotzki entmachten – Trotzki demütigen – Trotzki verjagen – Trotzki ermorden. Trotzki verlor, weil er den Willen zur Macht nicht bis zur letzten Höhe trieb; weil die kluge Menschenführung so wenig seine Stärke war wie die langfristig eingefädelte Intrige; wohl auch, weil er rhetorische Triumphe selbst dann einfahren wollte, wenn das berechnende Schweigen die wirksamere Taktik gewesen wäre.

Dass Stalin diesen Mann mit seinem Hass verfolgte, konnte keinen wundern. Politisch war er mit Trotzki über Kreuz, weil der die Weltrevolution predigte und Stalin den «Sozialismus in einem Land»; Trotzkis Ideologie der «Permanenten Revolution» sollte aber auch nach innen wirken, also durch keine strategische Erwägung und keine bürokratische Verfilzung behindert werden – und damit stand Trotzki frontal gegen die von Stalin hergestellten Strukturen der Macht.

Zur rabiaten Verfolgung hätte das vermutlich nicht genügt. Es kam so viel hinzu: Stalins Hass auf Trotzkis überragende Rolle in der Revolution und sein strahlender Ruhm; Trotzkis öffentliche Attacken gegen ihn; am meisten aber wohl Trotzkis Lust am Auftrumpfen, seine unverhüllte Arroganz. Da stand der Mann der großen Geste, der feurigen Rede, weltläufig und weltberühmt, gegen einen von niemandem bewunderten, aber von den meisten gefürchteten Parteisekretär, den Trotzki noch dazu herablassend behandelte oder einfach ignorierte – der Weltmann gegen ein listiges, machtlüsternes, rachsüchtiges Kellerkind.

1925 also: Das Zentralkomitee der KPdSU löst Trotzki als

Kriegskommissar ab. 1926: In der *New York Times* erscheint Lenins «Testament». Im Politbüro wird Trotzki beschuldigt, er habe es der Zeitung zugespielt. Er holt zu seinem letzten Gegenangriff aus: Stalin bezichtigt er, das Proletariat an die Bürokratie verraten zu haben – ja er schleudert ihm den Satz entgegen: «Der Generalsekretär kandidiert für das Amt des Totengräbers der Nation!»

Tags darauf wird Trotzki vom Zentralkomitee aus dem Politbüro ausgeschlossen, 1927 auch aus der Partei. Am 18. Januar 1928 dringen Agenten der GPU gewaltsam in seine Wohnung ein, tragen ihn zum Auto, da er sich weigert zu gehen, und aus dem Auto in den Zug nach Alma-Ata in Kasachstan. In Moskau stirbt im selben Jahr unter mysteriösen Umständen seine Tochter Nina.

1929: Stalin lässt Trotzki in die Türkei deportieren. In Alma-Ata hat der Verbannte nämlich, mit Hilfe seiner vielen Anhänger, 800 Briefe und 500 Telegramme an seine heimlichen Mitstreiter in der Sowjetunion verschicken können und noch mehr von ihnen bekommen. Erstaunlicherweise darf Trotzki sein umfängliches Privatarchiv mitführen; der sowjetische Konsul in Istanbul steckt ihm 1500 Dollar zu. Der deutsche S.Fischer-Verlag animiert ihn, seine Autobiographie zu schreiben.

1931: Trotzkis Haus brennt, ein Teil des Archivs wird vernichtet. 1933: Seine andere Tochter, Sinaida, nimmt sich in Berlin das Leben; seine beiden Schwiegersöhne, in der Sowjetunion geblieben, werden nach Sibirien deportiert und sind dort verschollen, ebenso ihre vier Kinder.

Trotzki erhält 1933 ein Visum für Frankreich. Dort fühlt er sich jedoch verfolgt, wechselt mehrfach den Wohnsitz und den Namen und rasiert sich den weltberühmten Spitzbart ab. 1935 darf er sich in Norwegen niederlassen.

Im selben Jahr fühlt Stalin sich endlich stark genug, den Namen Trotzki ein für alle Mal aus der kollektiven Erinnerung zu tilgen.

Er lässt eine «Geschichte der Kommunistischen Partei» schreiben, in der nicht Trotzki, sondern er, Stalin, der Organisator des Sturms auf das Winterpalais und der siegreiche Stratege des Bürgerkriegs gewesen ist; bei Stalins Tod ist das Buch in 67 Sprachen übersetzt und in 42 Millionen Exemplaren verbreitet. Auf allen Fotos, die Trotzki in der Nähe Lenins zeigen, wird er wegretuschiert; aus der Sowjet-Enzyklopädie wird das Stichwort «Trotzki» entfernt. Das meiste ist nun geschehen – nur die Person selber muss noch beseitigt werden.

1936: Vermutlich auf Druck Moskaus untersagt die norwegische Regierung Trotzki jede politische Betätigung, zensiert seine Briefe und stellt ihn unter Hausarrest. Sein Sohn Sergej wird in der Sowjetunion verhaftet und ist seit 1938 verschollen.

1937: Trotzkis Sohn Leo stirbt unter ungeklärten Umständen in einer Pariser Klinik. Nun sind seine vier Kinder alle tot – drei vermutlich ermordet. Trotzki erreicht seine letzte Station: Der Präsident von Mexiko gewährt ihm Asyl, in einem Sonderzug wird er vom Hafen in die Hauptstadt geholt. «Erschießt den tollen Hund!», rufen ihm prominente Dichter aus Europa nach: Maxim Gorki, Michail Scholochow (Nobelpreis 1965), Lion Feuchtwanger (deutscher Bestseller-Autor), Ilja Ehrenburg (mutmaßlicher Verfasser des Appells von 1945: «Tötet, Soldaten der glorreichen Roten Armee, tötet, tötet!»).

Das ihm zugewiesene Haus lässt Trotzki auf Anraten der Polizei mit einer doppelten Betonmauer umgeben, sein Arbeitszimmer ist zusätzlich durch eine Stahltür gesichert, Leibwächter sind Tag und Nacht zur Stelle. Dennoch gelingt es am 24. Mai 1940 einer Gruppe von Männern, die als Polizisten verkleidet sind, in die Festung einzudringen, ehe sie überwältigt werden. An den mexikanischen Außenminister schreibt Trotzki: «Stalin hat meine gesamte Familie umbringen lassen, mit Ausnahme meiner Frau und eines meiner Enkelkinder... Auch zwei meiner ehemaligen Sekretäre wurden durch GPU-Agenten ermordet... All diese Verbrechen zielen auf meine physische Vernichtung ab.»

Das schließlich erfolgreiche Attentat drei Monate später hat der sowjetische Geheimdienst mehr als zwei Jahre lang eingefädelt. Der spanische Kommunist Ramón del Rio Mercader, gut aussehend und auf einer Hotelfachschule zu glänzenden Manieren erzogen, erhält den Auftrag, sich als Sohn eines belgischen Millionärs auszugeben und in Paris einer 27-jährigen amerikanischen Staatsbürgerin russischer Abkunft, Sylvia Agelof, die große Liebe vorzugaukeln, weil sie eine bekennende Trotzkistin, vor allem aber, weil ihre Schwester Trotzkis Sekretärin ist. Der elegante Belgier, der im Luxusauto vorfährt und die Amerikanerin mit Geschenken überhäuft, hat rasch Erfolg, und bald lebt sie mit ihm zusammen.

Ein Jahr nach Erteilung des Auftrags, im Frühjahr 1939, geht Mercader mit seiner Verlobten, wie er sie nun überall vorstellt, nach New York, angeblich im Auftrag einer belgischen Zeitung. Von dort reist er im Oktober nach Mexiko und lädt sie ein, ihn zu besuchen – was sie nur zu gern tut, um zugleich ihre Schwester wiederzusehen, Trotzkis Sekretärin; und stolz stellt sie der Schwester im November 1939 ihren Verlobten vor.

So erhält Mercader Einlass in die Festung. Aber er lässt sich sehr viel Zeit, das gehört zur Regie. Erst am 28. Mai 1940, vier Tage nach dem ersten Attentat, kommt eine Begegnung mit Trotzki zustande. Der junge Mann versteht es, einen angenehmen Eindruck zu machen, die Trotzkis laden ihn zum Tee ein. Und erst bei seinem zwölften Besuch, am 20. August, zieht Mercader einen Eispickel unter dem Mantel hervor und rammt ihn Trotzki in die Schädeldecke. Das Opfer stirbt 25 Stunden später.

Mercader wird von den Leibwächtern zusammengeschlagen, später in Mexiko zur Höchststrafe von 20 Jahren Gefängnis verurteilt. Er schweigt. Er lebt, von unbekannten Gönnern unterstützt, in seiner Zelle ziemlich komfortabel, ohne jeden Wunsch, begnadigt oder wegen guter Führung vorzeitig entlassen zu werden; denn er kennt die kommunistische Praxis: Ermordete Mörder reden nicht. Mercader soll, lange nach Stalin, wie dieser eines natürlichen Todes gestorben sein – in Belgien, kurioserweise.

ABGESTÜRZT:

18 Oscar Wilde

Der Salonlöwe, der ins Zuchthaus kam

Tief gestürzt sind viele; kaum einer aber so tief, so rabiat, ja so mutwillig wie Oscar Wilde: binnen eines halben Jahres von der Höhe eines Party-Königs und bejubelten Komödienschreibers hinab in den Schmutz des Zuchthauses zu Reading – geächtet und verhöhnt von ebenjener Gesellschaft, die sich bis dahin um ihn gerissen hatte.

Geboren wurde Oscar Wilde 1854 in Dublin, der Vater ein angesehener Chirurg, die Mutter schrieb Gedichte. Mit 16 bezog er das protestantische Trinity College seiner Heimatstadt. Dort fiel er auf: einerseits durch sein fulminantes Gedächtnis und die verblüffende Leichtigkeit, mit der er lernte, zumal in seinen Lieblingsfächern Griechisch und Latein; andererseits, weil er – groß, dicklich, träge – allen Sport verspottete und nach Möglichkeit verweigerte. Nur das Tennisspiel erlernte er, mühsam genug, und das auch nur, weil er wusste, dass er es brauchte, da er den klaren Willen hatte, in die höchsten Schichten der Gesellschaft aufzusteigen; dorthin, wo man weltläufig, arrogant und manchmal geistreich war, jedenfalls sich der Unsitte des Geld-verdienen-Müssens enthoben fühlte.

Mit einem Stipendium als Examensbester bezog Oscar Wilde 1874, neunzehnjährig, das Magdalen College in Oxford, um die alten Sprachen zu studieren. Das war, wie er im Gefängnis resümierte, einer der beiden großen Wendepunkte seines Lebens; der andere das Gefängnis eben.

Es geschah in den vier Oxforder Jahren, dass er sich zu jenem Dandy und Exzentriker entwickelte, als der er die erste Stufe des Ruhms erklomm, noch ohne als Dichter irgendeinen Erfolg gehabt zu haben. Er ließ die Haare wallen, trug die neumodischen Knickerbocker in der altmodischen Form der Kniebundhosen aus Seide oder Samt und dekorierte sein Zimmer mit Sonnenblumen, Lilien, Pfauenfedern und altem Porzellan.

Bei seinen Kommilitonen galt er damit als weibisch, und da er sie überdies mit gelangweilten Manieren und süffisanten Redensarten provozierte, tauchten sie ihn in Oxfords Fluss, den Cherwell, unter und verwüsteten sein Zimmer. Doch das machte ihn auf dem Campus erst recht zur bekanntesten Figur. Er verglich sich mit dem griechischen Gott Apoll, auch mit Nero und mit Don Quijote, aber er tat es mit solcher zynischen Brillanz, mit solcher Lust an hingetupften Paradoxien, dass man ihn zitierte, nachahmte und bewunderte.

«Ich kann Argumente nicht leiden, welcher Art auch immer – sie sind stets vulgär und oft überzeugend.» Von dieser Art waren die Sottisen, die später seinen Gesellschaftskomödien zum Sensationserfolg verhalfen. Oder: «Man gebe mir Luxus – auf alles Notwendige kann ich verzichten.» Und: «Es gibt nichts auf Erden wie die Hingabe einer verheirateten Frau – ein Umstand, von dem kein verheirateter Mann irgendeine Ahnung hat.» Mit der Variante: «Zu einer glücklichen Ehe gehören meist mehr als zwei Personen.»

1878, nun 23 Jahre alt, verließ Wilde Oxford mit Preisen und Auszeichnungen; den Ort, an dem er «die Früchte aller Bäume im

Garten der Erde essen wollte», wie er in seinem Lebensrückblick aus dem Zuchthaus schrieb. Er ging nach London, «um mit irgendwelcher schrecklichen Arbeit Geld zu verdienen» – als Kunstkritiker; Dichter werden wollte er sowieso. 1881 erschien sein erster Lyrikband, aber Aufsehen erregte er nicht.

Stattdessen gelang es dem großen Spötter und bunten Vogel, in der Gesellschaft Fuß zu fassen: Keiner war unterhaltsamer als dieser sprühende Selbstdarsteller. Zusammen mit seinen Aphorismen wurde er in den Salons herumgereicht. «Das einzige Bindeglied zwischen Kunst und Natur ist ein wirklich gut gemachtes Knopfloch», ließ er fallen oder «Die Liebe zu sich selbst ist oft der Anfang einer lebenslangen Romanze», und: «Ich rede so gescheit, dass ich manchmal selbst kein Wort von dem verstehe, was ich gesagt habe.»

Schon war es so weit, dass der «Punch» Oscar Wilde karikierte, und 1881 nahm das berühmte Komponisten-Duo Gilbert und Sullivan ihn als Vorbild für die Hauptfigur in dem Musical «Patience». Das war ein Riesenlacherfolg, und der Theaterleiter lud Wilde zu einer Vortragsreise nach Amerika ein, wo er für das Gastspiel der Theatertruppe Reklame machen sollte.

Bei seiner Ankunft in New York soll Wilde auf die Frage «Haben Sie etwas zu verzollen?» geantwortet haben: «Nichts als meinen Genius.» Als Alleinunterhalter füllte er die Säle – angekündigt als witzigster Conférencier englischer Zunge und als Rebell gegen den Geschmack der Mehrheit, gegen alle Konventionen und gegen alle Langeweile.

Er trug Phantasiekostüme: meist Kniehosen mit schwarzen Seidenstrümpfen und Schnallenschuhen, mal kombiniert mit Frackjacke und weißer Weste, mal mit einem samtenen Wams unter einer Halskrause nach walisischer Art; stets mit einer Lilie oder einer Sonnenblume im Knopfloch. Sein großflächiges Gesicht war von langen Haarwellen eingerahmt – all dies gemäß seinem

Sein Leben war eine griechische Tragödie, «und er selbst war ihr glühendster Bewunderer», sagte ein Freund über ihn: Oscar Wilde, gefeierter Liebling der englischen Gesellschaft, Autor der grandiosen «Salomé» – und ein Zuchthäusler, der als Bettler starb.

Spruch: «Man sollte entweder ein Kunstwerk sein oder ein Kunstwerk tragen», und natürlich traf seiner Überzeugung nach auf ihn beides zu.

Sein hochgestochenes, hochnäsiges Oxford-Englisch rief beim amerikanischen Publikum teils Bewunderung, teils Belustigung hervor; jedenfalls war es das perfekte Vehikel für die eleganten Bosheiten, die er unter die Leute streute; und seine Pointen setzte er, weitab von aller Bildungsprotzerei, durchweg auf schlichte Wörter in schlanken Sätzen, von der Art: «It's always with the best intentions that the worst work is done.»

«Die Gesellschaft reißt mich in Stücke», schrieb Wilde nach Hause, «Menschenmengen warten auf meine Kutsche. Ich winke mit behandschuhter Hand und Elfenbeinstock. Ich sitze Künstlern Modell und benehme mich im übrigen, wie ich mich immer benommen habe: schrecklich.» Die jungen Amerikanerinnen seien entzückend, bewunderten die englische Aristokratie und sprächen «wie explodierende Knallfrösche»; ihr einziger Fehler seien ihre Mütter.

Nach seinem Triumph in Amerika leistete sich Wilde einen dreimonatigen Aufenthalt in Paris. Es gelang ihm, viele der größten zeitgenössischen Dichter kennen zu lernen, aber Ansehen erwarb er nicht: «Ein Individuum zweifelhaften Geschlechts mit der Sprache eines Possenreißers», schrieb Edmond de Goncourt über ihn.

Es folgten vier Jahre in England, in denen Wilde sich damit begnügte, weiter Vorträge zu halten, außerdem Artikel für Zeitschriften zu schreiben und im Übrigen als jener intellektuelle Snob zu glänzen, der die feine Gesellschaft amüsierte, indem er sich über sie mokierte. Einer Schönen machte er einen Heiratsantrag, und als sie ihn abwies, schrieb er ihr: «Charlotte, ich bedaure Ihre Entscheidung. Mit Ihrem Geld und meinem Verstand hätten wir es weit gebracht.»

1884 heiratete Oscar Wilde die drei Jahre jüngere Constanze Mary Lloyd aus bürgerlichem Hause – gegen den Widerstand ihrer Eltern, die sich einen seriöseren Schwiegersohn gewünscht hätten. Er beschrieb seine Frau als «ernst, schlank, mit veilchenblauen Augen und großen Kränzen braunen Haares». Klavier spiele sie so, «dass die Vögel zu singen aufhören, um ihr zu lauschen». Sie zogen in ein Haus im Künstlerviertel Chelsea, die Räume ein Farbenrausch: gold und zinnoberrot sein Arbeitszimmer, das Schlafzimmer rosa, lindgrün und dunkelblau. In den beiden folgenden Jahren bekamen die Wildes zwei Söhne, denen er ein fröhlicher Vater war.

1887 endlich, mit 32 Jahren, fand Oscar Wilde den Weg in die dichterische Prosa: Da erschienen seine Erzählungen «Das Gespenst von Canterville» und «Lord Arthur Saviles Verbrechen», dieses frivol in der Handlung, beide beschwingt im Stil; und ein Jahr später «Der glückliche Prinz und andere Märchen»: anrührend, gar nicht amoralisch und sofort ein Erfolg.

1890 schrieb Wilde den phantastischen Roman «Das Bildnis des Dorian Gray» und 1891 das blutrünstige Drama «Salomé» – seine beiden Beiträge zur Weltliteratur. Dorian Gray ist ein 20-jähriger Schönling, der nicht älter werden will und den Wunsch ausspricht, statt seiner möge das Porträt von ihm altern, das ein befreundeter Künstler gemalt hat. Der Wunsch geht in Erfüllung: Allen Ausschweifungen hingegeben und einen Selbstmord provozierend, bleibt dem Dorian Gray die Jugend unbegreiflich erhalten – nur das Porträt wird zur Fratze. Da zerschneidet er es wütend, ermordet den Maler und sticht sich selbst ein Messer in die Brust. Die Diener finden einen abstoßenden Greis unter dem Gemälde eines strahlenden Jünglings. Im Vorwort des Romans steht der berühmte Satz: «Es gibt nichts wie ein moralisches oder ein unmoralisches Buch – Bücher sind gut geschrieben oder schlecht geschrieben, das ist alles.»

«Salomé», furiose Tragödie in einem Akt, folgt zunächst der biblischen Erzählung, und die ist schaurig genug (Markus 6, Matthäus 14): Herodes Antipas, Herr über Galiläa, heiratet Herodias, obwohl sie seine Nichte ist und zugleich seine Schwägerin war. Johannes der Täufer spricht zu ihm: «Es ist nicht gerecht, dass du deines Bruders Weib habest.» Herodes setzt ihn daraufhin gefangen; Herodias, wütend, fordert seinen Kopf. Herodes aber fürchtet den Johannes, «denn er wusste, dass der ein frommer und heiliger Mann war». Bei einem Festmahl tanzt Salomé, Tochter der Herodias aus ihrer ersten Ehe, vor Herodes, und sie gefällt ihrem Stiefvater so gut, dass er schwört: «Was du wirst von mir bitten, will ich dir geben.»

Um was soll ich ihn bitten?, fragt Salomé die Mutter. Um das Haupt des Johannes! Salomé tut es. Herodes ist «betrübt», doch er handelt seinem Schwur gemäß, und Salomé bringt ihrer Mutter den abgeschlagenen Kopf. So weit die Evangelien.

Aus dieser passiven Rolle hat Wilde die Salomé befreit: Sie lässt sich den gefangenen Johannes vorführen und bewundert seine schöne Gestalt («wie eine Statue aus Elfenbein»). Er weigert sich, sie anzusehen: «Zurück, Tochter Sodoms! Deine Mutter hat die Erde mit ihrer Niedertracht gefüllt.» Salomé will Johannes berühren, er wendet sich angewidert ab. Küssen will sie ihn, dreimal sagt sie es, sechsmal schleudert sie ihm «Ich *werde* dich küssen!» entgegen, und sechsmal verflucht er sie. Als dann, wie in der Bibel, sein Haupt ihr serviert wird auf silbernem Tablett, da küsst sie es und beißt ihm in die Lippen.

Dies alles in einem Akt, in der totalen Einheit von Zeit und Ort, die Handlung schwül von Gier und Grausamkeit, die Sprache voll Feuer und höchstem Raffinement. Richard Strauß stieg mit seiner Oper nach Oscar Wilde (1905) zum Weltruhm auf.

Auch 1905 erst wurde das Drama zum ersten Mal in England aufgeführt – 1892 hatte der königliche Zensor die Premiere verboten. Noch merkwürdiger: Wilde hatte die Tragödie in seinem keineswegs perfekten Französisch geschrieben, und die bewunderte englische Version kam erst durch die Übersetzung des 21-jährigen Lord Alfred Douglas zustande, Sohn des Marquess of Queensberry, Student in Oxford und von dichterischem Ehrgeiz erfüllt.

Douglas und der 16 Jahre ältere Oscar Wilde hatten sich erst zu Anfang des Entstehungsjahrs, 1891, kennen gelernt, und zwischen dem Dichter, der schon Fett ansetzte, und dem hübschen, verwöhnten, arroganten Studenten aus uraltem schottischem Adel entstand jene Liebe, die Wilde vier Jahre später in den Abgrund riss.

Seine Ehe habe ihn «zu Tode gelangweilt», schrieb er aus dem Zuchthaus; seine Frau sei lieb, aber verstanden habe sie ihn nie. Vermutlich kurz nach der Geburt des zweiten Sohnes, 1886, nahm er die erste homosexuelle Beziehung auf. Aber erst Douglas wurde zu seiner großen Leidenschaft. «Er ist ganz wie ein Narziss, so weiß und gold», schrieb er einem früheren Freund. «Wie Hyakinthos» (im griechischen Mythos der schöne Jüngling, in den sich Apoll verliebt) «liegt er auf dem Sofa, und ich bete ihn an.»

Dieses ganze Jahr 1891 war voll von Produktivität, offensichtlich im Zusammenhang mit der jäh entflammten Liebe. Wilde schrieb den Essay «Die Seele des Menschen unter dem Sozialismus», eine schöngeistige Utopie: Das Privateigentum abschaffen; die Armen nicht durch Almosen demütigen, sondern Verhältnisse herstellen, in denen jeder seine Arbeit freiwillig und gern verrichtet – keine körperliche Arbeit natürlich, die ist entwürdigend, für die sind die Maschinen da. Das Ziel des Menschen ist «cultivated leisure», kultivierter Müßiggang.

Er schrieb den Essay «Der Verfall des Lügens» – diesen mit Sätzen, wie man sie von ihm gewöhnt war: Der wahre Lügner operiert «mit unerschrockenen Behauptungen, superber Verantwortungslosigkeit und einem gesunden Abscheu vor Beweisen» – während die Politiker es kläglicherweise nie weiter brächten als bis zur Verdrehung von Tatsachen, noch dazu auf Argumente gestützt.

Und Wilde schrieb an der ersten seiner vier Komödien, die ihn vollends zum Darling der englischen Gesellschaft machten: «Lady Windermeres Fächer», uraufgeführt 1892 mit riesigem Erfolg. Es folgten «Eine Frau ohne Bedeutung» (1893), und 1895, dem Jahr des Verhängnisses, kamen gleich zwei neue Stücke auf die Bühne:

Am 3. Januar «Ein idealer Gatte», worin ein Lord Goring all die Sarkasmen verschleudert, auf die das Publikum bei Oscar Wilde gewartet hatte. «Ich liebe es, über nichts zu reden – das ist das Einzige, wovon ich etwas verstehe», sagt er, oder: «Sich selbst zu opfern sollte gesetzlich verboten werden. Es wirkt demoralisierend auf die Menschen, denen man sich geopfert hat», und: «Ich möchte gar nicht wissen, was die Leute hinter meinem Rücken über mich reden. Es würde mich nur eitel machen.» Seinen Butler tadelt der Lord: «Mir gefällt dieses Knopfloch nicht. Es lässt mich ein bisschen alt aussehen.»

Sechs Wochen später, am 14. Februar 1895, wurde Wildes spritzigste und erfolgreichste Komödie aufgeführt: «The Importance of Being Ernest». London jubelte, er fuhr die Ernte seines Lebens ein. Ihn zu Gast zu haben, rechnete sich jeder Gastgeber zur Ehre an, ja die prominentesten Mitglieder der Gesellschaft ließen sich locken mit dem Hinweis: «Oscar Wilde wird da sein.» Berühmt wurde er zusätzlich durch ein oft aufgeführtes Bravourstück: Bei Tische warf man ihm ein Stichwort zu, «Manschettenknopf» zum Beispiel, und aus dem Stegreif erfand er um den Begriff herum ein phantastisches Märchen. «Wer eine Londoner Tischgesellschaft beherrschen kann», sagte er dazu, «der kann die Welt regieren».

Doch seinen Geliebten beherrschte er nicht. Dessen Verschwendungssucht hatte ihn in Schulden gestürzt, und überdies hatten sie auf Drängen von Alfred Douglas ihre Liebe öffentlich gemacht: In Bars, Spielkasinos, Spelunken posierten sie als Paar – ganz, als stünden sie zu hoch über dem Gesetz, als dass es sie erreichen könnte.

Nur zwei Wochen nach der triumphalen letzten Premiere, am 1. März 1895, nahm das Leben Oscar Wildes die schreckliche Wende. In seinem Club fand er eine offene Karte, auf der das Wort «Sodomit» stand – die damals übliche Bezeichnung für jeden, dessen Sexualverhalten als unnormal galt. John Sholto Douglas, Marquess of Queensberry, hatte die Karte dort hingelegt, der Vater seines Geliebten.

Und nun beging Wilde die Tollheit, den Marquess wegen Verleumdung zu verklagen. Eine solche lag doch nicht vor – wie sollte er diesen Prozess gewinnen? Wahrscheinlich lebte er in einem überzogenen Gefühl der Sicherheit: Ihm, ihrem angehimmelten Liebling, werde die Gesellschaft alles durchgehen lassen. Und vermutlich lockte ihn die Chance, seine unendlich überlegene Intelligenz auch vor diesem Forum zur Schau zu stellen und dabei ein Mitglied des Hochadels zu demütigen.

Den Gerichtssaal betrat er mit strahlender Arroganz, eine Blume im Knopfloch, und seine Pointen setzte er so, dass das Publikum klatschte. Doch im Verteidiger des Marquess, dem Kronanwalt und Unterhausabgeordneten Edward Carson, fand er einen wütenden Gegner, der es binnen zwei Tagen verstand, zum Angreifer zu werden. Als Carson der Frage nachging, ob der Kläger nicht doch ein «Sodomit» sei, gefiel sich Wilde noch in literarischer Rede: Sei die platonische Liebe eines Älteren zu einem Jüngeren im alten Griechenland nicht eine Säule der Kultur gewesen? Hätten nicht auch Shakespeare und Michelangelo sie in ihren Sonetten gefeiert?

Aber dann zauberte Carson seine Beweismittel hervor – darunter die Namen von Strichjungen, bei denen Wilde ein und aus gegangen war, und einen Brief an Alfred Douglas, in dem es hieß: «Mein einziger Junge, es ist ein Wunder, dass deine roten Rosenlippen nicht weniger für das Lied geschaffen sind als für die Raserei der Küsse.»

Im Kreuzverhör brach Wilde zusammen, und nun wurde Anklage gegen ihn erhoben – wegen «Sodomie». Er hätte Gelegenheit gehabt, ins Ausland zu fliehen – seine Freunde rieten ihm dazu, Alfred Douglas hatte es bereits getan. Doch Wilde schrieb ihm: «Ich habe entschieden, dass es edler ist, zu bleiben … Ein falscher Name, eine Verkleidung, ein gejagtes Leben – all dies ist nichts für mich … Selber mit Schmutz beworfen, werde ich noch dein Lob singen, aus tiefstem Abgrund werde ich rufen nach dir.»

«Edel» also sei das Bleibenwollen gewesen. Doch vermutlich spielten da andere Gründe mit, und mehrfach nannte er sie beim Namen. «Ich würde auch einen Scheiterhaufen besteigen um des Erlebnisses willen», hatte er 1891 einem Freund geschrieben. Und in dem 80seitigen Brief, den er aus dem Zuchthaus an Alfred Douglas richtete (nach seinem Tod unter dem Namen «De Profundis» publiziert), hieß es: «Es gab kein Vergnügen, das ich nicht gehabt hätte. Ich habe die Perle meiner Seele in ein Glas Wein geworfen. Ich habe auf einer Honigwabe gelebt. Aber dieses Leben fortzusetzen wäre falsch gewesen. Es hätte mir Grenzen gesetzt. Ich musste weitergehen. Auch die andere Hälfte des Gartens hatte Geheimnisse für mich... Müde, ganz oben zu sein, ging ich mit klarem Vorsatz in die Tiefe, auf der Suche nach neuen Sensationen.» Hugo von Hofmannsthal resümierte 1905: «Er reckte die Hände in die Luft, um den Blitz auf sich herabzuziehen.»

Am 25. Mai 1895 wurde Oscar Wilde zu zwei Jahren Gefängnis mit «hard labour» verurteilt, Zwangsarbeit, und im Gerichtssaal verhaftet. Der Richter überschlug sich in Empörung, sprach vom schlimmsten Prozess, den er je geführt habe, und bedauerte, dass das Gesetz keine höhere Strafe zulasse. Wilde schrieb dazu nach seiner Entlassung, er sei noch keinem hochmoralischen Menschen begegnet, «der nicht herzlos, grausam, rachsüchtig und borniert war... Ich hätte viel lieber fünfzig unnatürliche Laster als eine unnatürliche Tugend.» Es sei diese Art von Tugend, die das Leben zur Hölle mache.

Sein Besitz wurde versteigert, seine Stücke wurden abgesetzt, seine Bücher eingezogen, die Vaterrechte ihm abgesprochen. Als er auf dem Weg ins Zuchthaus mit seinem Wärter eine halbe Stunde im Regen auf einem Londoner Bahnhof warten musste, mit Handschellen in Sträflingskleidung, lachten die Leute ihn aus, und als sich herumgesprochen hatte, wer er war, schwoll das Gelächter an zu schreiender Verhöhnung.

Im Zuchthaus von Reading bezog Wilde eine Einzelzelle mit einer Pritsche darin und einem Blecheimer, der am Tag dreimal, bei Nacht aber gar nicht geleert wurde. Die Häftlinge, ernährt mit Hafergrütze, schlechtem Brot und Rindertalg, litten unter chronischem Durchfall, und in der Zelle stank es so, dass mancher Wärter sich übergeben musste, wenn er morgens aufschloss. «Die Zelle ist eine faulige, finstere Latrine», schrieb Wilde im Rückblick, «und der stinkende Atem des Todes verstopft die Gitter.» Die seien im Übrigen dazu da, dass Christus nicht sehen könne, wie Menschen ihre Brüder quälen.

Kein Tag seiner Strafe wurde Oscar Wilde erlassen, mehreren Gnadengesuchen zum Trotz. Der Gefängnisdirektor gewährte ihm im zweiten Jahr nur eine Vergünstigung: Schreibzeug, so viel er wollte. In seiner Epistel «De Profundis» schrieb Wilde: «Die Götter haben mir fast alles gegeben: den Genius, einen großen Namen, Brillanz, intellektuellen Wagemut... Ich habe den Geist der Menschen und die Farbe der Dinge verändert; alles, was ich sagte oder tat, machte die Leute staunen.»

Dann aber habe er sich selber ruiniert, «und niemand kann durch jemand anders als sich selbst ruiniert werden... So schrecklich es war, was die Welt mir angetan hat. Was ich mir angetan habe, war noch weit schrecklicher.» Seine Zukunft sah er düster: «Niemand in meiner Stellung kann so tief in den Morast fallen, ohne dass Menschen ihn bemitleiden, die ihm unterlegen sind, und ich weiß: Wenn ein Schauspiel zu lange dauert, werden die Zuschauer müde. Meine Tragödie hat viel zu lange gedauert, der Höhepunkt ist überschritten, der Schluss ist schäbig; und es ist mir völlig klar, dass ich ein unwillkommener Besucher bin, wenn ich in die Welt zurückkehre – ein Gespenst.» Immerhin: George Bernard Shaw und H. G. Wells schlugen ihn, während er in Reading vegetierte, für eine Liste britischer «Unsterblicher» vor.

Das letzte Entgegenkommen des Direktors bestand darin, dass Oscar Wilde kurz vor der erwarteten Stunde der Entlassung heimlich nach London gebracht wurde, um ihn vor der Meute der wartenden Journalisten zu schützen. Freunde kleideten ihn ein, und noch am selben Abend reiste er nach Frankreich ab, wo er die letzten dreieinhalb Jahre seines Lebens verbrachte. Er nannte sich «Sebastian Melmoth», nach dem Titelhelden des damals berühmten Schauerromans von C. R. Maturin: Melmoth verkauft dem

Teufel seine Seele dafür, dass er übermenschliches Wissen besitzt und 150 Jahre lang nicht altert, bevor er zur Hölle fährt.

In ein schäbiges Hotelzimmer musste Wilde sich einquartieren, mit dessen moosgrüner Schnörkeltapete er «ein tödliches Duell» austrug, wie er erzählte. Er war aufgedunsen, hatte Flecken im Gesicht und konnte sich keinen Zahnarzt leisten. Er schnorrte, er bettelte. Einer Opernsängerin, die er aus London kannte, trat er in den Weg und sprach: «Ich bin Oscar Wilde, und ich werde jetzt etwas Furchtbares tun: Ich werde Sie um Geld bitten.»

Nur einmal noch erwachte er zu alter Größe: mit dem Versepos «Die Ballade vom Zuchthaus zu Reading». Darin ist überraschenderweise nicht von ihm und nicht von einem Typus wie ihm die Rede (wie Lord Goring oder Dorian Gray), auch nicht von seinem Leiden, sondern von dem ehemaligen Gardesoldaten C.T. Woodridge, der seine Geliebte ermordet hat und in ein paar Tagen hängen soll. Das bewegt seine Mitgefangenen in Reading und erfüllt sie mit Angst, und Oscar Wilde erzählt das in kraftvollen und dabei federleichten Versen. Offenen Mundes «trinkt» der Todeskandidat noch einmal die Sonne, als wäre sie Wein, und sehnsüchtigen Auges blickt er in den strahlenden Tag:

He looked upon the garish day
With such a wistful eye;
The man had killed the thing he loved
And so he had to die.

Seine bitteren Tränen, seine wilde Reue, sein blutiger Schweiß – niemand könne sie besser verstehen als er, der Dichter: Denn wer mehr als ein Leben hat, der muss auch zwei Tode sterben.

He gave that bitter cry
And the wild regrets and the bloody sweats
None knew so well as I:

For he who lives more lives than one
More deaths than one must die.

Oscar Wilde starb seinen zweiten Tod am 30. November 1900. Als ihm ein Freund auf dem Sterbelager ein letztes Glas Champagner kredenzte, sprach er: «Ich sterbe, wie ich gelebt habe: über meine Verhältnisse.» Sein Leben war eine griechische Tragödie, sagte sein Freund Frank Harris über ihn, «und er selbst war ihr glühendster Bewunderer».

Seine Stücke, Geschichten und Essays wurden zuerst in Deutschland wieder ausgegraben. 1905 erlebte die «Salomé» in London ihre englische Premiere. Drei Jahre später erschienen dort seine gesammelten Werke. Sein Freund Lord Alfred Douglas hat ihn um fast 45 Jahre überlebt.

ABGESTÜRZT:

19 **Knut Hamsun**

Der Dichter, der sich um den Weltruhm redete

Jahrzehntelang galt er als der größte Schriftsteller des 20. Jahrhunderts. Ernest Hemingway und André Gide bewunderten ihn, auch Maxim Gorki, Franz Kafka, Bert Brecht und über allen Thomas Mann; Kurt Tucholsky nannte ihn «das Wunder» der zeitgenössischen Literatur. Und dann, taub und nach zwei Schlaganfällen, lobte Hamsun Hitler über dessen Tod hinaus und endete in Armut und Schande.

Knud Pedersen, der sich später Hamsun nannte, kam 1859 als viertes von sieben Kindern auf einem Bauernhof im Gudbrandsdal nördlich des Sognefjords zur Welt. Als Neunjähriger wurde er einem Onkel übergeben, der an der Parkinson'schen Krankheit litt, sodass das Kind ihn füttern musste – vom Onkel geschlagen und mit der Ausmalung von Höllenstrafen bedroht, falls Knud es bei seinem Dienst an Sorgfalt oder Liebe fehlen ließ. Über einen Prediger, den er dort erlebte, schrieb Hamsun als Dreißigjähriger: «Mein ganzes Gemüt lehnte sich auf gegen diesen plumpen Trankocher, der mit seiner lärmenden Rede von Gott in meinem kleinen Gehirn herumrührte.» Früh also zeichnete sich ab, dass er sich gern quer zu allen Sitten legte.

Nach fünf solcher schrecklichen Jahre als Fütterer und Knecht, später auch als Vorleser und Ladengehilfe, betätigte sich Pedersen als Hausierer, Schuhmacherlehrling, Aushilfslehrer, Schauspielschüler und Straßenbauarbeiter. Mit 18 begann er Liebesromane zu schreiben. Mit 24 zog es ihn nach Amerika, wo er sich als Gelegenheitsarbeiter durchschlug; schließlich wurde er Sekretär eines norwegischen Sektenpfarrers in Philadelphia. Gründlicher verkracht hätte eine Existenz nicht sein können.

1885, nun 26 Jahre alt, ratlos, rastlos und erfolglos, kehrte Pedersen nach Norwegen zurück, nach Oslo diesmal. Er konnte ein paar Zeitungsartikel unterbringen und legte sich das Pseudonym «Hamsun» zu, gleichzeitig das d am Ende seines Vornamens in ein t verwandelnd.

Schon ein Jahr später war er wieder in Amerika, diesmal als Gleisarbeiter und (ein von seinen Bewunderern oft zitiertes Kuriosum) als Straßenbahnschaffner in Chicago. 1888 quartierte er sich in Kopenhagen ein – und etablierte sich 1890, jetzt 30 Jahre alt, über Nacht in der Weltliteratur. «Hunger» hieß der Roman: die Geschichte eines darbenden, zerrissenen, überspannten jungen Mannes, der zuweilen einen Zeitungsartikel loswird und im Übrigen vom Pfandhaus lebt – in der Ich-Form erzählt.

«Der Hunger begann schlimm zu werden, ich war matt und ging dahin und erbrach mich verstohlen. Ich schwenkte ab, zur Dampfküche hinunter, las die Tafel und zuckte auffallend mit den Schultern, als ob Pökelfleisch und Speck kein Essen für mich wären …» Er erwägt, eine Bettdecke zu versetzen, die ihm nicht gehört, aber er widersteht der Versuchung und feiert sich «als ein weißer Leuchtturm in einem trüben Menschenmeer. Eines anderen Eigentum um einer Mahlzeit willen verpfänden, sich selbst zur Schande? Niemals!» Zuweilen «ging mein verwirrter Zustand mit mir durch und gab mir die wahnsinnigsten Einflüsterungen ein, denen ich der Reihe nach gehorchte».

So sah Knut Hamsun 1920 aus, als er der meistbewunderte Schriftsteller auf Erden war und den Nobelpreis bekam – für «Segen der Erde», einen Außenseiter unter seinen Romanen. In seinen letzten Lebensjahren tat Hamsun selber alles, um seinen Weltruhm zu zerstören.

Da hatte ein wüstes Genie die Bühne der Literatur betreten, in den Salons wurde Hamsun herumgereicht. «Es gelingt mir, den Leuten ins Hirn zu blasen, dass ich literarische Kraft habe», schrieb er einem Freund. «Ich bin besoffen von Stoff und stark wie ein Löwe.» Garderobe konnte er sich nun kaufen und genug zu essen, und ein helles, warmes Zimmer hatte er auch.

Zwei Jahre danach, 1892, folgte auf den monomanischen Aufschrei «Hunger» ein großer Roman, prall von Figuren und Aktion und die erste Entfaltung von Hamsuns viel bewunderten stilistischen Mitteln: «Mysterien». Johann Nilsen Nagel, natürlich wieder ein Außenseiter und jung wie der Autor selbst, schneit in ein norwegisches Hafenstädtchen herein, verliebt sich in die hübsche Pfarrerstochter, macht aber gleichzeitig einer weißhaarigen Frau den Hof, die in Armut lebt. Er irritiert die Leute mit seinen sarkastischen Sprüchen, seinem grellgelben Anzug und seinem Geigenkasten, in dem er gebrauchte Wäsche aufbewahrt. In einem Festsaal jedoch greift er sich plötzlich eine Geige, spielt mit wilder Fingerfertigkeit und fanfarenartiger Kraft – und endet jäh «mit ein paar scheußlichen Strichen, einem empörenden Jammerlaut». Warum? «Das weiß ich nicht. Aber das war nun einmal so. Ich wollte dem Teufel auf den Schwanz treten.»

Das klingt wieder nach dem Autor selbst; auch seine Beschreibung von Nagels Charakter: «ein Mann, der mit allen wegen allem uneinig ist». Da ist es, das Einzelgängertum, da ist die Lust an der Provokation, die gewiss dazu beigetragen hat, dass Hamsun als Greis die Ungeheuerlichkeit beging, seinen Landsleuten noch den toten Hitler wärmstens zu empfehlen.

Auch die lakonische Ironie seines Spätwerks klingt schon in den «Mysterien» an: «Da haben Sie wieder Recht!», sagt Nagel. «Sie sagten nichts, aber ich konnte sehen, dass Ihr Mund im Begriff war, es zu sagen, und das ist eine ganz richtige Bemerkung von Ihnen.» Dazwischen ein Aufflackern von Lebenslust, als Nagel nach einer Nacht auf dem Waldboden erwacht:

«Eine bebende Freude durchzog ihn, er fühlte sich hingerissen, verzaubert und versteckte sich förmlich in dem grellen Sonnenschein, der ihn umgab. Die Stille machte ihn ganz benommen vor Zufriedenheit, nichts störte ihn, nur in der Luft oben rauschte der weiche Ton, der Ton des ungeheuren Stampfwerks. Gott, der sein Rad trat. Im Wald ringsum rührte sich nicht ein Blatt. Nagel kroch zusammen, schüttelte sich und zog vor Behagen die Knie unter sich an, weil alles so gut war. Etwas rief nach ihm, und er antwortete: Ja!»

Kurz: «Ein Schneesturm von unbändiger Kraft» war dieses Buch, sagte Björnstjerne Björnson, Norwegens damals berühmtester Schriftsteller, und Thomas Mann, der die «Mysterien» 1894 las, als sie gerade auf Deutsch erschienen waren, schrieb im Rückblick:

«Die unvergleichlichen Reize seiner Kunstmittel bezauberten schon den Neunzehnjährigen», der er damals war. «Seine herrliche Kunst... half ganz vorzugsweise meinen Begriff von dichterischem Sagen und Singen zu bestimmen.»

1893 ging Hamsun nach Paris, seinen Ruhm genießend und von ausländischen Verlegern belagert. Dort entstand einer seiner bis heute berühmtesten Romane, «Pan»: wieder die Geschichte eines überdrehten Menschen, diesmal eines Jägers und Naturschwärmers, der sich hoffnungslos in eine kalte Frau verliebt. Verzweifelt schießt er sich in den Fuß, um ihre Aufmerksamkeit zu erringen, und als sie ihn, bevor er abreist, bittet, ihr zur Erinnerung seinen Hund dazulassen, erschießt er den und schickt ihr den Kadaver.

Nun hatte Hamsun eine Trilogie von Exzentrikern geschrieben, das Publikum liebte ihn dafür, und Thomas Mann sagte noch 1940, er habe nach der Lektüre von «Hunger», »Mysterien» und «Pan» keine Zeile zu Papier gebracht, «die nicht den Tonfall seiner (Hamsuns) frühen Meisterwerke gehabt hätte». 1901 erschienen die «Buddenbrooks» – Hamsun lobte sie, und Thomas Mann nannte das später «die schönste Auszeichnung, die mir in meinem Schriftstellerleben zuteil geworden».

1898 – Hamsun war 38 Jahre alt – heiratete er die gerade geschiedene norwegische Frau des österreichischen Konsuls in Oslo. Im selben Jahr erschien die Liebesgeschichte, die ihm den Weltruhm eintrug: «Victoria» – ein Solitär in seinem Werk, frei von der Extravaganz der frühen Romane ebenso wie von dem Zynismus seiner späteren; eine einfühlsam und doch spielerisch dahingeplauderte Tragödie; mancher hält sie für die schönste Liebesgeschichte der Welt.

Victoria hieß auch die Tochter, die die Hamsuns 1902 bekamen. Die Ehe war seltsam: Wenn er schrieb, wollte er einsam sein und zog von Hotel zu Hotel; wenn er den Besuch seiner Frau wünschte, warf er ihr einen Zettel in den Briefkasten; wenn er frische Wäsche brauchte, schickte er einen Boten zu ihr. Seine Produktion stockte in jenen Jahren; er litt unter Depressionen und klagte einem Freund: «Mehr und mehr bin ich zu der Überzeugung gelangt, dass der Sinn des Lebens im Saufen besteht.» Die Schreiberei sei ihm zuwider; «jeder Schriftsteller onaniert Jahr für Jahr ein Buch hervor».

1906 wurde Hamsun geschieden. 1909 heiratete er, 49 Jahre alt, die 22 Jahre jüngere Schauspielerin Marie. Eine Woche nach der Hochzeit zog er sich in eine Berghütte zurück, um die Arbeit an seinem Buch «Gedämpftes Saitenspiel» fortzusetzen, dem zweiten Roman der «Wanderer-Trilogie». 1911 kaufte sich das Paar einen Bauernhof im nördlichsten Norwegen, doch an Hamsuns unstetem Leben änderte das nichts: Zwei Tage, bevor sein erster Sohn geboren wurde, ging er auf Reisen. Das Landleben missfiel ihm total, die Abhängigkeit von Helfern und von Tieren ging ihm auf die Nerven, und 1917 war der Hof verkauft.

Das geschah im selben Jahr, in dem Hamsuns Hymnus auf die Segnungen ebendes Landlebens erschien: «Segen der Erde» – sein berühmtester Roman und zugleich einer, der der Literaturkritik Rätsel aufgibt bis heute: Einsam steht er in Hamsuns Werk, denn er ist optimistisch und von Bosheit gänzlich frei. Ein Dichter, der nie sesshaft war, singt das Lob der Scholle; ein intellektuelles Lästermaul schreibt 350 Seiten lang gefühlvoll über zwei Arme im Geiste; er predigt Rousseaus «Zurück zur Natur» und eine Lebenshaltung nicht weit entfernt von der «Blut-und-Boden»-Ideologie der NSDAP; und geschrieben hat er das alles natürlich in städtischen Hotelzimmern wie eh und je.

1918: «Segen der Erde» erscheint auf Deutsch – für viele ein Trostbuch im Chaos der Niederlage. «Die Kulmination seines wunderreichen Lebenswerks in ‹Segen der Erde›», schrieb Thomas Mann, «war auch für mich das erschütternde Ereignis, das dieses herrliche Buch für viele kriegsgequälte deutsche Herzen bedeutet hat.»

1920: Das Nobelkomitee ist ebenfalls hingerissen und verleiht Hamsun für «Segen der Erde» den Preis, mit ausdrücklichem Bezug auf die heroische Plage des Siedlers, der hier ein würdiges Denkmal gesetzt worden sei. 1929, zu Hamsuns 70. Geburtstag, rühmt Thomas Mann eine Kunst, «die äußerste Verfeinerung mit urepischer Einfalt mischt». Den Zwiespalt zwischen dem bäuerlichen Konservatismus seiner Gesinnungen und «der Spätheit, Köstlichkeit, Ausgepichtheit seiner Mittel» habe Hamsun organisch versöhnt.

Im «Segen der Erde» liest die urepische Einfalt sich so: «Nachts lag er da und war gierig nach ihr und bekam sie. Am Morgen ging sie nicht wieder weg und den Tag über auch nicht; sie machte sich nützlich, molk die Ziegen und scheuerte die Holzgefäße. Sie ging nie wieder fort. Inger hieß sie, Isak hieß er.» Und am Schluss des Romans: «Klingeling! sagen die Kuhglocken auf den Halden... Inger schreitet hoch und stattlich durch ihr Haus, eine Vestalin... Und nun wird es Abend.»

Besonders schmerzlich liest sich heute, wie Isak – «ein Klotz, ein Mühlengeist» – seine Frau zur Unterwerfung zwingt, indem er sie, nach einer Aufwallung von Selbständigkeit, hochhebt und «schwer auf den Boden stößt» – und siehe: «Sie wandte sich mit einer Bitte an den Herrn des Hofes, an das Oberhaupt von allem, und sie war dankbar, dass er ihr nicht eine höhnische, abschlägige Antwort gab.»

Oder sollte diese Szene, wie das Klingeling der Kuhglocken auch, mit einem Augenzwinkern zu lesen sein? Hätte der Autor, ein Spötter von Geblüt, ein Kauz – hätte er am Ende sich und der Welt demonstrieren wollen: Wenn ich eine zärtliche Tragödie schreiben will wie die «Victoria» oder ein Epos von Kuhmist und Ziegenmilch wie den «Segen der Erde», zweimal also das Gegenteil von allem, was ich empfinde und wofür ihr mich zu kennen glaubt: Dann schreibe ich euch auch noch alle an die Wand.

Schon drei Jahre nach dem «Segen der Erde», 1920, hatte sich der späte, der maliziöse Hamsun voll entfaltet: mit den «Weibern am Brunnen» – seinem abstoßendsten Buch, schrieb sein Biograph Walter Baumgartner, «zynisch, nihilistisch und enttäuschend»; wogegen Kindlers Literaturlexikon es als einen Schelmenroman würdigt, lebensbejahend und weit entfernt von allem Blut-und-Boden-Pathos. In der Tat: Die Erwartung des Nobelkomitees, es habe einen aus Eichenholz geschnitzten Heimatdichter ausgezeichnet, hatte Hamsun nun drastisch, vielleicht lustvoll durchkreuzt.

Der Held ist ein Matrose, der durch einen Sturz vom Mast ein Bein verloren hat und seine Männlichkeit dazu. Aber er findet es völlig in Ordnung, dass seine Frau ein Kind nach dem andern bekommt, mal dem Konsul ähnlich, mal dem Rechtsanwalt des Hafenstädtchens. Den Anwalt erpresst der Held ein bisschen. «Nicht alle Menschen haben es so gut wie er», resümiert der Autor im Namen des Krüppels: «Ein Dach über dem Kopf, das tägliche Brot, Frau und Kinder, und was für Kinder! Da hinkt er heimwärts. Er ist etwas marode, etwas unvollkommen. Aber was ist vollkommen?» Und dann jener letzte Satz des Buches, der Gottfried Benn begeisterte: «Kleines und Großes geschieht, ein Zahn fällt aus einem Munde, ein Mann aus den Reihen heraus, ein Spatz auf die Erde herunter.»

1918 hatten sich die Hamsuns den Gutshof Nörholm gekauft, nun am Südzipfel Norwegens, mit 300 Hektar Wald. Von seinem Nobelpreisgeld renovierte er das Herrenhaus, die Arbeit überließ er dem Verwalter, die eigens errichtete «Dichterhütte» benutzte er nie – sondern er verreiste, wann immer er schrieb: 1923 «Das letzte Kapitel» und von 1927 bis 1933 sein letztes populäres Werk, die Landstreicher-Trilogie mit dem Helden August Weltumsegler. Gäste wollte er auf seinem Gut nicht sehen, seinen deutschen Übersetzer verscheuchte er. Schwerhörig wurde er und immer verschrobener dazu. 1929 unterzog er sich einer Psychoanalyse, die ihn zu der Erkenntnis brachte: Es ist Unsinn, auf Nörholm eine Art Landleben zu inszenieren. Aber er blieb.

Zu seinem 75. Geburtstag, 1934, rühmte ihn die gleichgeschaltete deutsche Presse für sein Werk und vor allem für seine Gesinnung. Schon 1914 hatte Hamsun in Norwegen Missfallen erregt, weil er sich öffentlich für den Sieg des «gesunden, aufblühenden Deutschland» aussprach – schließlich sei er «Germane». Nun empfahl er den norwegischen Kindern, sie sollten «bei dem redlichen und überlegen tüchtigen Volk» in die Schule gehen. 1935 riet er dem deutschen Pazifisten Carl von Ossietzky, der im KZ saß, lieber beim Aufbau Deutschlands mitzuhelfen, als gegen die deutsche Aufrüstung zu protestieren – ein Aufschrei in Norwegen. 1936 besuchte Hamsuns Frau den Reichspropagandaminister Joseph Goebbels. 1937 begann sein Sohn Tore in München zu studieren; kraft besonderer Protektion durfte er in die SS eintreten, die Ausländern sonst verschlossen war.

Als Hitler am 9. April 1940 in Norwegen einfiel, verkündete Hamsun auf einem Flugblatt, Deutschland habe «den Schutz unseres Landes übernommen» gegen die drohende englische Invasion. Am 28. September 1940 rief er die Norweger auf: «Werft das Gewehr weg und geht wieder nach Hause! Die Deutschen kämpfen für uns alle und zerschlagen jetzt Englands Tyrannei.»

Die meisten seiner Landsleute waren vor Empörung außer sich, die literarische Welt schüttelte den Kopf. Thomas Mann sagte in Amerika, Hamsun habe sich «im bösen Eigensinn seines Alters verirrt». Es war freilich die Zeit, in der Heinrich Mann «die bis heute höchste Stufe der europäischen Moral» in der Sowjetunion verwirklicht sah.

Im Mai 1943, ein Jahr nach dem ersten Schlaganfall, reiste Hamsun, 83 Jahre alt, nach Berlin, um Goebbels zu besuchen. Er sprach dem Minister seine tiefe Verehrung aus und machte ihm die Nobelpreismedaille zum Geschenk. Im Juni gewährte Hitler ihm eine Audienz auf dem Obersalzberg. Verärgert reagierte Hitler jedoch auf Hamsuns Wunsch, den deutschen Reichskommissar für Norwegen, Josef Terboven, abzulösen, da er der deutschen Sache durch übertriebene Härte schade; Hitler brach das Gespräch wütend ab.

Das hinderte Knut Hamsun nicht, auf all seine Provokationen die äußerste zu türmen. Nach Hitlers Selbstmord sagte er im Rundfunk des noch deutsch besetzten Norwegen: «Er war eine reformatorische Gestalt von höchstem Rang. Wir, seine treuen Anhänger, neigen nun unser Haupt angesichts seines Todes.»

Vier Monate zuvor, im Januar 1945, hatte Hamsun, 84 Jahre alt, den zweiten Schlaganfall erlitten, nun war er vollends taub. Und natürlich stellt sich die Frage, wie sich in dieser ungeheuerlichen Dreistigkeit und Verblendung die Altersschwäche mit dem Altersstarrsinn mischte – bei einem Mann, der sein Leben lang ein Querulant gewesen war, einer, der es über alles liebte, seine Mitmenschen zu verspotten und die Welt zu verhöhnen. Für einen solchen war es vielleicht konsequent, sich am Ende seines langen Weges noch einen perversen Schabernack zu gönnen und seinem Weltruhm selbst das Grab zu schaufeln.

Am 26. Mai 1945 wird Hamsun unter Hausarrest gestellt; empörte Landsleute werfen ihm seine gesammelten Werke übers Gitter in den Park. Am 14. Juni wird er in ein Krankenhaus eingewiesen, dann in ein Altersheim, von Oktober 1945 bis Mai 1946 in eine Anstalt für Geisteskranke. Zeitungen darf er nirgends lesen, sein Groll wächst. «Ich hätte zehnmal lieber in einem gewöhnlichen Gefängnis in Ketten gelegen, als mich damit peinigen zu lassen, dass ich mit mehr oder weniger gemütskranken Menschen in einer psychiatrischen Klinik liegen musste», schreibt er in einer Beschwerde an den Reichsanwalt. Die Ärzte prüfen, ob er das kleine Einmaleins beherrscht und ob er den Unterschied zwischen einem Kind und einem Zwerg erklären kann. Da er so gut wie taub ist und renitent dazu, bleibt die Verständigung schwierig. Dann wieder ins Altersheim bis Weihnachten 1947.

Vor dem Untersuchungsrichter hat er zum ersten Mal am 23. Juni 1945 erscheinen müssen. «Die Vernehmung war hübsch» (hübsch!) «und brachte nichts Entscheidendes», schreibt er darüber. «Der Amtsrichter glaubt fest an das edle Recht der Alliierten, die deutsche Nation zu zerstören und sie von der Erde zu vertilgen.» Aber wie stehe er denn zu den Gräueltaten der Deutschen in Norwegen, die jetzt ans Licht gekommen seien?, fragt der Richter. Da der Polizeichef ihm verboten habe, Zeitungen zu lesen, wisse er davon nichts, antwortet Hamsun.

Am 18. Februar 1946 wird das Strafverfahren gegen ihn eingestellt, obwohl er nach dem Buchstaben des Gesetzes Landesverrat begangen hat, mindestens mit seinem Aufruf vom September 1940: «Norweger, werft das Gewehr weg!» Im Mai wird er aus der psychiatrischen Klinik entlassen, mit einem Gutachten, das in dem Satz gipfelt: «Wir halten ihn für eine Person von dauerhaft geschwächten seelischen Kräften, aber wir nehmen nicht an, dass eine Wiederholung strafbarer Handlungen droht.»

Doch im Dezember 1947, kurz bevor Hamsun aus dem Altersheim auf sein Gut zurückkehren darf, findet dann doch noch jener Prozess statt, der ihn ruiniert: Haften nicht Mitglieder der NSDAP für den Schaden, den die Partei in Norwegen angerichtet hat? Hamsun bestreitet, der Partei je beigetreten zu sein, und der 88-Jährige verteidigt sich in einer großen Rede: Nur seine Zeitungsartikel könne man ihm vorwerfen, sagt er. Er habe niemanden denunziert und nichts gespendet. «Doch es ist wohl möglich, dass ich hin und wieder im Geist des Nationalsozialismus geschrieben habe. Aber das weiß ich nicht, denn ich weiß nicht, was der Geist des Nationalsozialismus ist.»

«Es war uns vorgespiegelt worden», fährt Hamsun fort, «dass Norwegen einen hervorragenden Platz in der großgermanischen

Weltgemeinschaft erhalten solle… Ich glaubte daran.» Und niemand habe ihm je gesagt, dass es falsch sei, was er schrieb. Taub und ans Haus gefesselt, sei er auf seine beiden Zeitungen angewiesen gewesen, «und darin stand ja nicht, dass es falsch war, was ich schrieb. Und es *war* auch nicht falsch, als ich es schrieb. Ich schrieb, um zu verhindern, dass norwegische Männer töricht und herausfordernd gegen die Besatzungsmacht auftraten, ohne den geringsten Nutzen, nur um zu sterben.» Den Deutschen wiederum habe er sich verdächtig gemacht durch die zahllosen Telegramme an Hitler und Terboven, in denen er die Aufhebung von Todesurteilen gegen norwegische Widerstandskämpfer gefordert habe. «Ich war ein Landesverräter, heißt es. Lassen wir das. Aber ich empfand es nicht so, ich sehe es auch heute nicht so. Ich habe Frieden mit mir selbst.»

Das Gericht war nicht beeindruckt und konfiszierte den größten Teil seines Vermögens. Das Gut verfiel. 1949 fand der 90-Jährige, nun auch fast blind, mit Mühe einen Verleger für sein letztes Werk, «Auf überwachsenen Pfaden» – ein ironisches, zuweilen grimmiges Plauderstück über seine letzten Jahre; «ein wundersames Ergebnis nachhaltig geschwächter geistiger Fähigkeiten», spottete sein Sohn Tore, und Gottfried Benn kommentierte: «Dieses Buch ist süß und albern wie viele seiner Bücher… Er kommt mir vor wie ein großer alter Löwe, der verächtlich durch das Gitter auf das Zoopublikum blinzelt, und wenn er darunter einen Rechtsanwalt oder Arzt vermutet, spuckt er in die Richtung durch die Stangen.»

Am 19. Februar 1952 war es so weit, dass der 92-Jährige aus einem Schlaf nicht mehr erwachte. Ja, dem Teufel hatte er auf den Schwanz getreten, und es war viel schmutzige Wäsche in seinem Geigenkasten. Aber wenn er auf der Geige spielte, war er das Staunen der Welt.

UM DEN WELTRUHM GEPRELLT:

20 Lise Meitner

Einer stahl ihr den Nobelpreis

Der Sieg, der Ruhm gehört fast immer denen, die härter, rücksichtsloser um ihn kämpfen als ihre Konkurrenten. Hier ist die Geschichte von zwei bedeutenden Männern und zwei großen Frauen, die gegen solche dubiosen Charaktere verloren haben – drei von ihnen abgeschlagen bis zu dem Grade, dass nur die Fachwelt ihre Namen kennt.

Die eine war die Chemikerin Rosalind Franklin. Der amerikanische Molekularbiologe James Watson, mit ihrer Hilfe weltberühmt geworden, hat sie ausgebeutet und ihr dann einen Tritt nach dem anderen gegeben bis ins Grab hinein. Zusammen mit seinem älteren Kollegen Francis Crick hatte Watson, gerade 25 Jahre alt, im April 1953 in der Fachzeitschrift *Nature* ihrer beider Einsicht vorgestellt, dass die menschliche Erbsubstanz die Struktur einer Doppelspirale hat. Das war ein entscheidender Schritt auf dem Weg zur modernen Molekularbiologie, also auch zur Gentechnik und zum Klonen. In einer Fußnote erfuhren die Leser: «Angeregt wurden wir auch durch unsere Kenntnis der allgemeinen Richtung der unpublizierten Forschungsergebnisse und Ideen von Dr. Wilkins, Dr. Franklin und ihrer Kollegen am King's College in London.»

Das klang nach einer fairen Danksagung und war doch eine Irreführung ersten Grades. Watson und Crick hatten eine Idee, und die war richtig und wegweisend. Rosalind Franklin aber hatte sie zu dieser Idee nicht nur «angeregt», sondern ihnen mit Hilfe der Röntgenkristallographie in jahrelangen Experimenten erst die wissenschaftliche Basis dafür verschafft – ja den beiden bei einem Zusammentreffen nachgewiesen, dass deren erste daraus abgeleitete Theorie falsch war. Da sahen sich Watson und Crick in einen Wettlauf gestoßen, den sie unbedingt gewinnen mussten.

Der Sieg fiel ihnen umso leichter zu, als Rosalind Franklin gar nicht mitrannte. Redliche Wissenschaftlerin, die sie war, wollte sie mit dem Publizieren warten, bis ihre Ergebnisse ihren strengen Ansprüchen genügten. Im Juli 1952 lag ihr zum ersten Mal eine röntgenkristallographische Aufnahme vor, auf der die Spiralstruktur deutlich zu erkennen war. Doch noch ehe sie damit an die Öffentlichkeit ging, bekam James Watson diese Aufnahme zu sehen: Ein Kollege der Franklin zeigte sie ihm, heimlich, unautorisiert. Im April 1953 erschien dann die Ausgabe von *Nature* mit dem Aufsatz von Watson und Crick.

Rosalind Franklin ließ es geschehen. Fünf Jahre später, 1958, starb sie an Krebs, 37 Jahre alt. Watson und Crick erhielten 1962 den Nobelpreis; den Namen Franklin zu erwähnen unterließen sie dabei.

Bis dahin mochte das noch als ein Konkurrenzkampf durchgehen, wie er unter Forschern häufig ist. 1969 aber benahm sich Watson nicht nur so, wie Sieger eben sind, sondern noch ein bisschen widerlicher. In seinem Buch «Die Doppelhelix» – rasch ein Weltbestseller – feierte er nicht nur die historische Tat, die er sich und Crick zuschrieb; er verspritzte auch Gift gegen Rosalind Franklin, die elf Jahre zuvor gestorben war: Eine schlecht frisierte, schlecht angezogene, übellaunige Person sei sie gewesen, vor allem aber eine völlig uninspirierte Messtechnikerin.

In einem Interview von 2003 schob der greise Watson fröhlich nach, er sei nun mal ein ehrgeiziger, aggressiver Mensch, dem Ruhm nicht weniger zugetan als der Wahrheit. Und auftrumpfend fügte er hinzu: Es seien immerhin zwei Biographien über Rosalind Franklin erschienen, «und ohne mich hätte sich solcher Franklin-Kult gar nicht entwickelt».

Auch unter den drei Erfindern des Telefons war es der skrupelloseste, der den Sieg davontrug: der Schotte Alexander Graham Bell, 1872 nach Amerika ausgewandert und zunächst spezialisiert auf die Physiologie der Sprechwerkzeuge und die Ausbildung von Lehrern für Taubstumme. Am 14. Februar 1876 beantragte er ein Patent für einen elektrischen Fernsprechapparat und bekam es drei Wochen später. Zu Recht insoweit, als das Telefon, das der deutsche Physiklehrer Philipp Reis schon 1861 vorgeführt hatte, nicht patentreif war: Es übertrug nur eine näselnde Stimme und kaum ein verständliches Wort.

Nicht zu Recht aber bekam Bell sein Patent insofern, als er in dem Laboratorium des Italoamerikaners Antonio Meucci mitgearbeitet und dort ein funktionierendes Telefon vorgefunden hatte – schon 1871 patentiert! Doch 1874 ließ Meucci das Patent verfallen, weil er, wie meistens, in finanzieller Bedrängnis war und niemand sich für seine Erfindung interessierte. Als dann 1876 Bell gefeiert wurde, strengte Meucci ein Betrugsverfahren gegen ihn an; das zog sich hin, ein kleiner Mann gegen die Anwälte der jähen Berühmtheit, und der Prozess war noch nicht entschieden, als Meucci 1896 starb.

Der andere, den Bell betrog, hieß Elisha Gray, ein Professor für Elektrotechnik aus dem Staat Ohio. Zunächst hatte Gray nur das fast unglaubliche Pech, mit seiner Patentanmeldung zwei Stunden später – zwei Stunden später! – als Bell auf dem Patentamt einzutreffen. Daraus natürlich konnte man Bell keinen Vorwurf machen. Aber als Bell drei Wochen nach der Anmeldung, drei Tage nach der

Erteilung des Patents sein Telefon öffentlich vorführte, enthielt es das Mikrophon und die Membrane in der Form, in der sie in Grays Patentschrift standen, in Bells eigener aber nicht – das ist unbestritten unter Wissenschaftshistorikern. Bells ersten Fernsprechapparat hatte zur Hälfte Gray erfunden.

Da war es nun Gray, der Bell mit Betrugsprozessen überzog, mehr als hundert Klagen reichte er im Lauf der Jahre ein. Der Oberste Gerichtshof der USA schmetterte sie alle ab – jedoch in der für Bell denkbar peinlichsten Weise: nämlich nur mit jener Stimmengleichheit, die den Kläger, also Gray, in Nachteil setzte. Bell, der mutmaßliche Doppelbetrüger, wurde reich und weltberühmt. Als er 1922 starb, legten die amerikanischen Telefongesellschaften alle 14 Millionen Fernsprechanschlüsse der USA für eine Minute still. Gray steht immerhin im Lexikon; Meucci nicht.

Halbwegs berühmt geworden, aber um den Weltruhm doch betrogen und von ihrem Duzfreund noch dazu: Das war das Schicksal der Physikerin Lise Meitner – eines «kleinen Hascherls» aus Wien, wie sie sich selber nannte, zierlich, schüchtern, aber durchaus ehrgeizig und selbstbewusst, hübsch noch dazu. Geboren 1878, Doktorin der Physik als zweite Studentin der Wiener Universität (1906). Im Jahr darauf zog es sie nach Berlin, das damals das Weltzentrum der Naturwissenschaften war. 1911 wurde dort die Kaiser-Wilhelm-Gesellschaft zur Förderung der Wissenschaften gegründet, an der von 1913 bis 1933 Albert Einstein forschte.

In Berlin lernte das Fräulein Dr. Meitner den gleichaltrigen Chemiker Dr. Otto Hahn aus Frankfurt kennen, der zum Partner und zum Verhängnis ihres Lebens wurde. 1908 entdeckten sie zusammen zwei radioaktive Zerfallsprodukte, 1917 das bis dahin fehlende Element 91. An der Universität Berlin rückte Lise Meitner 1926 zu Preußens erster Professorin auf. Otto Hahn wurde 1928 Direktor des Kaiser-Wilhelm-Instituts für Chemie, worin er ihr eine eigene Abteilung einrichtete zur Erforschung der Radioaktivität.

Lise Meitner, «das kleine Hascherl» aus Wien, das 1926 Preußens erste Professorin wurde und ihrem Duzfreund Otto Hahn jene Entdeckung erst erklären musste, für die er und nur er dann den Nobelpreis bekam.

Zehn Jahre lang arbeiteten sie nun so intensiv zusammen, dass sie sich, ohne sich einander privat zu nähern, «Lieschen» und «Hähnchen» nannten, ja sie dem Chemiker das bald geflügelte Wort zurufen konnte: «Von Physik verstehst du nichts, Hähnchen.»

Während der deutsche Jude Albert Einstein 1933 nach Amerika auswanderte, blieb Lise Meitner als österreichische Jüdin vor dem Zugriff der Nazis geschützt – bis sie mit dem «Anschluss» Österreichs zur Deutschen wurde. Als sie erfuhr, dass ihr Pass nun ungültig sei, ergriff sie, fast 60 Jahre alt, am 17. Juli 1938 die Flucht – mit Notgepäck über Holland nach Schweden. Hahn schickte ihr ihre Garderobe nach und kümmerte sich um ihre Pensionsansprüche.

An der Schwedischen Akademie der Wissenschaften war ihr ein Auskommen zugesichert worden. Doch sie fühlte sich gewaltsam abgeschnitten von ihren Kollegen und von der Stadt, die 31 Jahre lang ihre Heimat gewesen war; auch spielte sie an einer kleineren Institution eine geringere Rolle; und richtig heimisch wurde sie in Schweden nie.

Die Zusammenarbeit mit Otto Hahn aber war dadurch nicht beendet – ja ein halbes Jahr nach der Flucht erreichte sie ihren historischen Höhepunkt. Hahn und sein neuer Mitarbeiter Fritz Straßmann machten im Dezember 1938 eine Entdeckung, über die sie Rat suchend sofort nach Stockholm berichteten: «Höchst merkwürdig», ja «schrecklich» sei sie, und: «Vielleicht kannst Du irgendeine phantastische Erklärung vorschlagen». Noch ohne eine solche publizierten Hahn und Straßmann ihre Beobachtungen am 6. Januar 1939 in der Zeitschrift *Die Naturwissenschaften*, mit dem Hinweis, dass sie «allen bisherigen Erfahrungen der Kernphysik» widersprächen.

Es folgte eine aufgeregte tägliche Korrespondenz zwischen Berlin und Stockholm, bis Lise Meitner ihrem Hähnchen schließlich mitteilte, was eigentlich er entdeckt habe: Die Spaltung des Atomkerns sei ihm gelungen! Hahns Fund und ihre Deutung bot sie am 18. Januar 1939 der Londoner Zeitschrift *Nature* an, wobei sie das Wort «Kernspaltung» prägte, mit dem Hinweis, dabei würden gewaltige Energiemengen freigesetzt.

Die Fachwelt horchte auf. Für Atombomben und Atomkraftwerke war die physikalische Grundlage gelegt! Im Juli 1939 machte eine englische Sonntagszeitung die wissenschaftliche Sensation publik. Winston Churchill jedoch, damals noch ohne Regierungsamt und im Unterhaus als lästiger Warner vor Hitlers Macht berüchtigt, sah darin nur Hitlers neuesten Bluff und schrieb an den britischen Luftfahrtminister: Dass die Nationalsozialisten über «einen Explosivstoff von fürchterlichem Wirkungsgrad» verfügten, sei offenbar eine unbegründete Besorgnis.

Albert Einstein schätzte die Gefahr anders ein. Am 2. August 1939 richtete er an Präsident Roosevelt den berühmten Brief: «Wachsamkeit und nötigenfalls rasches Handeln der Regierung» seien erforderlich, um «dem neuen Phänomen» gerecht zu werden, dass eine nukleare Kettenreaktion zum Bau von Bomben mit verheerender Wirkung führen könne – dies hätten die Arbeiten dreier amerikanischer und französischer Physiker «in den letzten vier Monaten» ergeben. Kein Wort davon, dass zwei deutsche Wissenschaftler, Hahn und Straßmann, die Kernspaltung vor acht Monaten entdeckt und Lise Meitner vor sieben Monaten ihnen und der Welt erklärt hatte, was da entdeckt worden war; kurioserweise auch kein Wort von einer *deutschen* Bedrohung.

Lise Meitner blieb den Krieg über in Stockholm, obwohl sie mehrere Angebote aus Amerika erhalten hatte; als sie hörte, da drüben werde eine Atombombe entwickelt, sagte sie mit Nachdruck ab. Im Juni 1942 rief Albert Speer, seit Februar Hitlers Minister für Bewaffnung und Munition, Otto Hahn zu sich und dazu Werner Heisenberg, Nobelpreisträger und seit 1941 Direktor des Kaiser-Wilhelm-Instituts für Physik, das einst Albert Einstein geleitet hatte. Kann Deutschland eine Atombombe bauen?, fragte Speer. Wir haben die theoretischen Grundlagen, sagte Heisenberg, aber die Verwirklichung würde mindestens zwei Jahre dauern, selbst bei unbeschränkten Mitteln, an denen es bisher gefehlt habe. (Ob dies das seufzende Eingeständnis einer Schwäche war oder eine verkappte Widerstandshandlung, ist bis heute umstritten.)

Als die beiden Wissenschaftler im Herbst 1942 sogar drei bis vier Jahre für den Bau der Bombe veranschlagten, begrub Speer das Projekt. Mit Hitler, schreibt er in seinen «Erinnerungen», habe er nur gelegentlich über die Bombe gesprochen, «doch überforderte der Gedanke ganz offenkundig sein Begriffsvermögen».

Im Dezember 1942 setzte Enrico Fermi in Chicago das erste Atomkraftwerk in Betrieb, damals «Uranmeiler» genannt. Am 7. August 1945 erfuhr Lise Meitner bestürzt, dass tags zuvor die Atombombe auf Hiroshima gefallen war. Sie hörte es von Journalisten, die sie zudringlich nach ihrer Mitwirkung daran befragten. Sie blieb sprachlos – und musste in der *New York Herald Tribune* die Schlagzeile lesen: «Österreicherin will nicht über ihre Rolle bei der Entwicklung der Bombe reden».

Auch wenn die, was die Bombe angeht, wirklich sehr klein war: Dass Lise Meitner in der Entwicklung der Atomtechnik eine Schlüsselfigur gewesen ist, hatte die Weltöffentlichkeit immerhin dieses eine Mal anerkannt. Otto Hahns Mitarbeiter Fritz Straßmann stellte sogar fest: «Sie war der führende Kopf in unserer Arbeitsgruppe.»

Alle Umstände sprachen dafür, dass Otto Hahn das genauso sah. Aber als die Schwedische Akademie der Wissenschaften ihm und nur ihm als Entdecker der Kernspaltung den Nobelpreis für Chemie verlieh, war er offenbar nicht unzufrieden. Es gibt kein Indiz dafür, dass er versucht hätte, das Nobelkomitee für eine Aufspaltung des Preises zu gewinnen: auf zwei Preisträger, also auch Lise Meitner, oder drei, nämlich auch noch Fritz Straßmann. Sollte das aber protokollarisch nicht möglich gewesen sein, so hätte nichts ihn gehindert, Lise Meitner in seiner Dankrede ehrenvoll zu erwähnen – damals, im Dezember 1946, als er den Nobelpreis für 1944 endlich entgegennehmen konnte (im Krieg wurde die Verleihung geheim gehalten, danach hatte die britische Militärregierung ihm zunächst die Ausreise verweigert).

Wenigstens hätte Otto Hahn doch in einer Presseerklärung oder in jedem der vielen Interviews, um die er angegangen wurde, auf die entscheidende Mitwirkung von Lise Meitner verweisen können – ja, und genau einmal tat er das auch, am 6. Dezember 1946 in der schwedischen Zeitung *Morgon Tidningen*. Anderthalb Jahre später führte Hahn das in einem Brief an Lise Meitner als Beleg dafür an, dass er ihr durchaus Gerechtigkeit habe widerfahren lassen. Denn bitter hatte sie sich bei ihm beklagt, dass er weder die langjährige Zusammenarbeit noch auch nur ihren Namen je erwähnt habe, und Freunden schrieb sie, offenbar habe sie das Pech, ein Teil jener Vergangenheit zu sein, die Hahn zu verdrängen versuche.

Denn das wurmte sie am meisten: dass Otto Hahn die Nazizeit ohne erkennbare Widerstandshandlung hinter sich gebracht hatte und danach sogleich aalglatt auferstanden war; 1948 wurde er Direktor der «Max-Planck-Gesellschaft zur Förderung der Wissenschaften», deren Gründung als Nachfolgerin der Kaiser-Wilhelm-Institute er betrieben hatte.

1966 bekam Lise Meitner, wie zum Trost, die Enrico-Fermi-Medaille. Sie starb, fast 90 Jahre alt, am 27. Oktober 1968 im englischen Cambridge, ein Vierteljahr nach Otto Hahn.

Vielleicht ist das Nobel-Komitee, wenn man an Lise Meitner und Rosalind Franklin denkt, bisher zu wenig gewürdigt worden als die angesehenste Institution zur Erzeugung von Enttäuschungen und Benachteiligungen auf Erden. Sollte Günter Grass sich etwa nicht als Verlierer gesehen haben, als 1972 Heinrich Böll den Nobelpreis bekam? «Eine bestürzende Entscheidung», schrieb der amerikanische Kritiker George Steiner; erst 1999 wurde sie mit dem Preis für Grass wieder gutgemacht. Die vielen Stockholmer Fehlurteile in Sachen Literatur sind notorisch: 1902 zum Beispiel kein Nobelpreis für drei der berühmtesten lebenden Schriftsteller, Tolstoi, Gerhart Hauptmann und Henrik Ibsen – sondern für den Historiker Theodor Mommsen.

Die Nobelpreise für die Naturwissenschaften erregen im Allgemeinen weniger Aufsehen, weil das Publikum auch von den Gewinnern meist noch nie gehört hat – aber gerade hier spielen sich Grabenkämpfe und Intrigen ab. Das Komitee hat es ja nicht leicht: Seit 1901, dem Stiftungsjahr, hat sich die Zahl der Naturwissenschaftler auf Erden mehr als verdreißigfacht – wie gerät man da an die Richtigen? Forscher aus aller Welt werden um Vorschläge gebeten, rund 500 Namen liegen jedes Jahr in Stockholm auf dem Tisch.

In der Überfülle suchen die schwedischen Juroren meist Rat bei früheren Preisträgern, die sind ja die mutmaßlich kompetentesten. Aber was folgt daraus? Für ehrgeizige, preisgierige junge Wissenschaftler ist nichts wichtiger, als beizeiten Schüler, Bewunderer oder Freund eines Nobelpreisträgers zu werden, und so sind annähernd die Hälfte der Preisträger Schüler von Preisträgern.

Nichts aber fördert schlechte Charaktereigenschaften mehr als eine Bestimmung der Statuten, die harmlos klingt, jedoch Sprengstoff enthält: Der jeweilige Preis in einem Sachgebiet darf nur an maximal drei Forscher verliehen werden. Beim Preis für die Kernspaltung hätte das so wenig ein Problem erzeugt wie bei der Doppelhelix: hier Lise Meitner, Otto Hahn, Fritz Straßmann – dort Rosalind Franklin, James Watson und Francis Crick.

Heute aber ist es in den Naturwissenschaften der Regelfall, dass zehn Professoren, zwanzig Assistenten sich gemeinsam an die Lösung eines Rätsels machen. Wer von denen schafft es, sich unter die drei vorzuboxen, die allein eine Chance haben? Kein Eingeweihter bestreitet, dass der Nobelpreis oft eine Prämie für die härteren Bandagen, die übleren Intrigen ist.

Sind es am Ende die zu Recht Enttäuschten, denen unser Beifall gelten sollte, wann immer wir überhaupt von ihnen wissen? Mit hoher Wahrscheinlichkeit haben sie das Gleiche geleistet wie der eine, die zwei, die drei Preisträger, und die angenehmeren Menschen sind sie sowieso. Die Gewinner muss man nicht auch noch beklatschen; sie haben an ihrem Preis genug.

UM DEN WELTRUHM GEPRELLT:

21 Alan Turing

Der Unbekannte, der England zum Sieg verhalf

Zum Sieg über die Deutschen im Zweiten Weltkrieg hat der englische Mathematiker Alan Turing vermutlich mehr beigetragen als alle Pattons und Montgomerys der alliierten Armeen. Aber das blieb geheim bis 1974, zwanzig Jahre, nachdem Turing Selbstmord verübt hatte – gedemütigt von einem britischen Gericht und der britischen Regierung, an deren Spitze wieder, wie im Krieg, Winston Churchill stand. In dessen Kriegserinnerungen kommt Turing nicht vor, obwohl niemand besser als der Premierminister wusste, was England diesem Mathematik-Genie verdankte. Auch die Encyclopaedia Britannica von 1963 nannte Turing nicht, und die von 1983, die ihn verzeichnete, verschwieg, dass er für den britischen Geheimdienst gearbeitet hatte, unterschlug das barbarische Gerichtsurteil gegen ihn und behauptete, sein Tod (durch Zyankali!) sei ein Unfall gewesen. Erst in der Ausgabe von 1986 rang sie sich zur Wahrheit durch.

Alan Turing, am 23. Juni 1912 in London geboren, war sein kurzes Leben lang ein Eigenbrötler, als Schulkind zudem schlampig, stotternd und heftig desinteressiert an Englisch und Latein. Mit der

Rechtschreibung blieb er auf Kriegsfuß sein Leben lang. Auf den linken Daumen malte er sich einen roten Punkt, damit er immer nachsehen konnte, wo links war. In Mathematik schien er zwar begabt, interessierte sich aber weit mehr als für den Lehrstoff für Einsteins Relativitätstheorie, und immer wieder trieb er seine Lehrer durch eigenwillige Denkansätze zur Verzweiflung.

Als 14-Jähriger fuhr Turing eine Zeit lang 100 Kilometer weit mit dem Fahrrad zur Schule, weil die öffentlichen Verkehrsmittel durch einen Generalstreik ausgefallen waren. Niemand wäre darauf gekommen, dass dieser exzentrische Einzelgänger fünfzehn Jahre später England retten würde, indem er den Geheimcode der deutschen Kriegsmarine knackte und so deren U-Boot-Waffe lahm legte, die England zu erwürgen drohte.

Als 15-Jähriger freundete sich Turing leidenschaftlich mit dem ein Jahr älteren Christopher Morcom an, einem Grübler im Reich der Zahlen wie er selber, aber in der Schule im Unterschied zu ihm als brillanter Mathematiker anerkannt. Gemeinsam wagten sie sich an die kompliziertesten mathematischen Probleme. Als Morcom zwei Jahre später an Tuberkulose starb, begann Turing, tief deprimiert, über die Frage seines Lebens zu brüten: Lässt sich die menschliche Intelligenz in einer Maschine nachbilden, so, dass vielleicht auch Morcoms Hirnstruktur an die Nachwelt weitergegeben werden könnte?

Mit 18 bekam Turing ein Stipendium für das King's College in Cambridge und studierte Mathematik. Schon mit 22 wurde er zum Fellow gewählt; zwei Jahre später, 1937, beeindruckte er die Fachwelt mit seiner Abhandlung «On Computable Numbers», die als Grundlage der Entwicklung des Computers gilt. Dies trug ihm ein Stipendium an der Universität von Princeton/New Jersey ein, an der seit 1933 Albert Einstein lehrte. Obwohl auch ihm dort ein Lehrauftrag angeboten wurde, kehrte Turing 1938 nach England zurück.

Auch noch unscharf ist das einzige Foto, das von Alan Turing existiert; erst 1974 durfte die Welt erfahren, dass es dieser geniale Mathematiker war, der 1943 entscheidend dazu beigetragen hatte, England vom Würgegriff der deutschen U-Boote zu befreien.

Am 4. September 1939, einen Tag, nachdem Großbritannien in den Krieg eingetreten war, wurde Turing zur «Government Code and Cypher School» in Bletchley Park nördlich von London abkommandiert und zum Chefmathematiker der Dechiffrier-Abteilung ernannt. Der britische Geheimdienst, der diese «Schule» unterhielt, war auf Turing aufmerksam geworden, weil der 1938 seine Idee vom Vorjahr über «Computable Numbers» zum kompletten mathematischen Modell des noch nie konstruierten Computers ausgeweitet hatte, der «Turing-Maschine», wie die Zeitgenossen sagten. Von nun an ging es allein darum, das in der Theorie schon erfundene «Elektronengehirn» wirklich zu bauen. (Wer das zuerst tat, ist umstritten; nach einer verbreiteten Theorie war es John Atanasoff vom Iowa State College 1939, zwei Jahre vor dem Berliner Konrad Zuse.)

Einen Tüftler wie diesen Turing konnte der Geheimdienst brauchen in den Baracken von Bletchley Park, wo es vor allem darauf ankam, die Methodik der deutschen Chiffriermaschine *Enigma* zu enträtseln: Sie sicherte den Funkverkehr aller Einheiten der großdeutschen Wehrmacht und galt als die raffinierteste auf Erden. «Rätsel», was das griechische Wort auf Deutsch bedeutet, gab sie wirklich auf.

Bedient wurde die *Enigma* wie eine Schreibmaschine. Statt des eingetippten Buchstabens leuchtete ein anderer auf, und ein System von anfänglich drei, später bis zu acht Rotoren zerhackte das Resultat zu mehr als einer Million verschiedener Einstellungen – kompliziert genug; aber nun wurde die Position der Rotoren auch noch täglich gewechselt. Eine Entschlüsselung konnte also nur dann Nutzen bringen, wenn sie binnen 24 Stunden gelang – und davon war man in Bletchley Park anfänglich um Monate entfernt.

Wie überhaupt sollte das Problem angegangen werden? Turing musste nicht bei null beginnen: Polnische Mathematiker, nach England geflohen, hatten schon 1932 mit Entzifferungsversuchen begonnen, vier Jahre, nachdem die Reichswehr die erste, noch vergleichsweise simple *Enigma* in Dienst gestellt hatte. Und am Ende wurde Turings Arbeit durch ein Husarenstück komplettiert: Britische Taucher konnten aus einem versenkten deutschen U-Boot ein *Enigma*-Handbuch bergen.

Dazwischen aber lagen eine Materialschlacht der Rechenmaschinen und ein unerhörtes Quantum an mathematischer Phantasie, praktischer Intelligenz und Witterung für das Wahrscheinliche. Mathematiker, die sich für Bletchley Park bewarben, mussten als Eingangstest ein vorgegebenes Kreuzworträtsel in zwölf Minuten lösen.

Turing agierte inmitten des Trubels wie ein Fremder. Er war ein Arbeitstier, aber er dachte gar nicht daran, sich irgendeiner militärischen Disziplin zu fügen. Er machte kein Hehl daraus, dass er alle verachtete, die ihm intellektuell unterlegen waren, die Militärs zumal. Er liebte die geistreiche Argumentation zwischen Komik, Selbstironie und unverhüllter Arroganz. Die meisten seiner Zuarbeiter bestaunten, bewunderten und fürchteten ihn, und ihnen gegenüber plauderte er unbefangen über seine Homosexualität, die damals ja noch unter Strafe stand.

1940 wurden in Bletchley Park die ersten der von Turing entworfenen «Bomben» aufgestellt, wie die Militärs und die Mathematiker sie nannten: jeweils zwölf elektronisch gekoppelte Gruppen von Rechenwalzen, im 24-Stunden-Betrieb damit befasst, aus den aufgefangenen deutschen Funksprüchen Buchstabenfolgen herauszufiltern, die vielleicht auf einen Sinn schließen ließen. Da die englische Kriegswirtschaft mit der Anlieferung weiterer «Bomben» Probleme hatte, schrieb Turing einen wütenden Brief an Churchill, den Premierminister – mit Erfolg: Denn die deutschen U-Boote versenkten 1942 derart viele Schiffe mit amerikanischen Lieferungen für England, dass eine Katastrophe drohte.

Was ließ sich tun über die Fütterung der Tag und Nacht ratternden «Bomben» hinaus, schließlich 15 an der Zahl? Man konnte die entmutigende Fülle der *Enigma*-Kombinationen reduzieren – erstens, indem man die drei Buchstaben ausschloss, deren Annahme die *Enigma* verweigerte: den echten Buchstaben nämlich und, um Tippfehler zu entschärfen, auch seine beiden Nachbarn auf der Tastatur, beispielsweise neben dem E auch das W und das R. Zweitens, und viel durchschlagender: Da man wusste, dass die deutsche Walzeneinstellung täglich wechselte, durfte und musste man heute alles vergessen, was man gestern herausgefunden hatte, und das war nicht nur ärgerlich – es verminderte auch die Anzahl der möglichen Konfigurationen.

Dann konnte man die klassischen Wege zur Entzifferung einer Geheimschrift einschlagen, also versuchen, die häufigsten Buchstabenfolgen mit den mutmaßlich häufigsten Wörtern des militärischen Sprachgebrauchs zur Deckung zu bringen. Als die Vermutung auftauchte, morgens um 6 verbreite die Kriegsmarine immer einen Wetterbericht, war es leicht, nach Wörtern wie Wetter, Sturm, Regen, Seegang zu fahnden, zumal da ja die Anzahl der Buchstaben im echten und im verschlüsselten Wort stets identisch war.

Der Druck auf die Mathematiker von Bletchley Park, endlich mit Ergebnissen aufzuwarten, stieg am höchsten, als sie der Lösung schon nahe waren: zwischen dem 1. und dem 20. März 1943. Stalingrad war gefallen – aber die deutschen U-Boote errangen in ihrem Kampf gegen England erst jetzt ihre verheerendsten Erfolge. Sie versenkten in diesen knapp drei Wochen 108 Schiffe mit 627 000 Bruttoregistertonnen. Allein ein großer Geleitzug wurde von 38 U-Booten angefallen, die 21 Schiffe zerstörten, während nur ein U-Boot unterging. Die britische Admiralität stellte dazu im Rückblick fest: «Ihrem Ziel, den Seeweg zwischen der Neuen und der Alten Welt abzuschnüren, kamen die Deutschen niemals so nahe wie in den ersten zwanzig Tagen des März 1943.»

Am 21. März aber vollzog sich abrupt die Wende: Die U-Boote versenkten von nun an dramatisch viel weniger alliierte Schiffe, die Alliierten dramatisch viel mehr deutsche U-Boote – die Schlacht im Atlantik war für Hitler verloren. Churchill und die meisten Kriegshistoriker führten das zurück auf verfeinerte Radarsysteme, verbesserte Wasserbomben, den vermehrten Einsatz amerikanischer Langstreckenbomber und eine neue Geleitzug-Taktik – alles richtig, aber kaum imstande, die Plötzlichkeit dieses Umbruchs von einem Tag auf den anderen zu erklären.

Sondern: Da hatte Turing mit seiner Truppe die *Enigma* entzaubert, die Zeit für die Entschlüsselung des Tagescodes auf eine Stunde, schließlich auf Minuten reduziert – sodass die britische Admiralität über den Standort und die Angriffspläne aller deutschen U-Boote ständig im Bilde war. Nun ging es nur noch darum, nicht durch zu rasches und zu zielstrebiges Reagieren die deutsche Führung auf den richtigen Gedanken zu bringen – dann hätte sie ja unverzüglich einen neuen Code eingeführt.

Warum wird die Rolle der Mathematiker von Bletchley Park bei Englands Sieg in der Atlantik-Schlacht bis heute in den meisten Fachbüchern verschwiegen? Weil die britische Regierung alles daransetzte, die Geheimhaltung des geheimsten ihrer Geheimprojekte weit über den Krieg hinaus zu wahren. Und wohl auch, weil Turing, der geniale Kopf der Truppe, dieses peinliche Ende nahm.

Er und seine Mitarbeiter wurden bei ihrer Entlassung nach Kriegsende auf strengste Geheimhaltung eingeschworen. Für manche war das erniedrigend: Da sie nichts über ihre Arbeit im Kriege sagen durften, wurden sie häufig als Drückeberger beschimpft. Als Turing 1946 immerhin mit dem «Order of the British Empire» ausgezeichnet wurde, blieb der Grund dafür im Dunkeln.

Bis 1948 war er als Projektleiter für die Computer-Entwicklung am «National Physical Laboratory» tätig. Als 1946 der amerikanische ENIAC von sich reden machte, der Welt erster Großcomputer mit seinen 18 000 Elektronenröhren und der damals als erstaunlich geltenden Rechenleistung von 350 zehnstelligen Multiplikationen pro Sekunde – da machte Turing sich anheischig, mit weniger Aufwand einen leistungsfähigeren Computer zu bauen. Sein Entwurf für eine «Automatic Computing Machine» erschien zwar den anderen Technikern als zu kompliziert; zusammen bauten sie jedoch ein «Pilot Model», das dem ENIAC an Geschwindigkeit weit überlegen war.

Dabei, wie überall, eckte Turing mit seinem Arbeitsstil der «kreativen Anarchie» bei Vorgesetzten und Kollegen an. Auch sonst blieb er der angestaunte Einzelgänger: Marathonläufer, 1947 fünfter Platz bei den englischen Amateurmeisterschaften; freiwilliger 15-Kilometer-Lauf zu einer Konferenz im Norden Londons, weil die öffentlichen Verkehrsmittel ihm zu langsam waren. Sein

Aussehen, als er 35 war, wurde als das eines Zwanzigers beschrieben. Seiner Gewohnheit, die Hose, wenn sie rutschte, an den Schlips zu binden, blieb er treu.

1948 folgte Turing einem Ruf an die Universität von Manchester, wo er stellvertretender Direktor des Computer-Laboratoriums wurde. Sein Interesse galt mehr und mehr der Frage der künstlichen Intelligenz: Würde es möglich sein, eine Maschine zu bauen, die genauso viel leisten könnte wie das menschliche Gehirn? Sollte sie vielleicht einen Zufallsgenerator enthalten, eine Art Roulette, um sich dadurch der Sprunghaftigkeit des menschlichen Denkens anzunähern? 1950 schlug Turing dafür ein Experiment vor, das in Fachkreisen bis heute unter dem Namen «Turing-Test» bekannt ist:

In drei Räumen, füreinander unsichtbar, befinden sich zwei Menschen und ein Computer. Der eine Mensch ist der Testleiter; per Fernschreiber schickt er Fragen in die beiden anderen Räume, auf demselben Weg kommen die Antworten zurück. Wenn der Testleiter entweder nicht zu entscheiden vermag, welche Antwort vom Menschen, welche vom Computer kommt – oder wenn er gar den Computer für den Menschen hält: Dann kann man von einer denkenden Maschine sprechen.

Dass dies 1950 noch nicht möglich war, wusste Turing. Aber bis zum Jahr 2000, prophezeite er, würden das Arbeitstempo und die Speicherkapazität der Computer sich derart verbessert haben, dass sie imstande sein würden, zu lernen, also sich selbst umzuprogrammieren. Das war es, was ihn faszinierte, immer mehr in den letzten Jahren seines Lebens; und offenbar ging diese Vision mit der Wunschvorstellung einher, dass es dann der Mensch sein würde, der sich beim Turing-Test blamierte.

1951 wurde Turing zum Fellow der englischen Akademie der Wissenschaften ernannt, der *Royal Society,* einem der feinsten Clubs auf Erden. Das war seine letzte Genugtuung. Im Jahr darauf ereilte ihn die Katastrophe.

Er hatte einen 19-Jährigen bei sich aufgenommen, von dem er zu spät erfuhr, dass er in kriminellen Kreisen verkehrte. Als er den Liebhaber an einem Wochenende allein gelassen hatte, fand er sein Haus ausgeraubt. Er rief die Polizei – und muss nun wohl, an den Umgang mit liberalen Intellektuellen gewöhnt und weltfremd wie immer, arglos den schwulen Hintergrund der Affäre ausgeplaudert haben.

Dass Homosexualität strafbar war, hätte Turing wissen können (in Deutschland war sie's bis 1969). Er wurde vor Gericht gestellt und wegen widernatürlicher Unzucht zu einer Bewährungsstrafe verurteilt – mit der Auflage, ein Jahr lang weibliche Geschlechtshormone einzunehmen, um «von seiner Krankheit geheilt zu werden». Für die britische Regierung war das Grund genug, Turing den Status des Geheimnisträgers zu entziehen, also ihm auch die Arbeit an seinem Lebenstraum zu verbieten: der Fortentwicklung des Computers. Denn er galt nun als erpressbar, und es war Kalter Krieg.

«Mir wachsen Brüste!», teilte Turing einem Kollegen mit, halb und halb ironisch, wie es dem schien. Sein Haus verließ er nur selten. Als die einjährige Zwangsbehandlung beendet war, lebte er noch ein halbes Jahr. Am 7. Juni 1954, nicht ganz 42 Jahre alt, spritzte er Gift in einen Apfel und aß ihn auf – wie Schneewittchen; Walt Disneys Märchenfilm von 1937 hatte ihn tief beeindruckt. Nur dass Turing Zyankali nahm.

Nichts von Depressionen oder gar Selbstmordabsichten hatte er gegenüber irgendjemand angedeutet, keine erklärende Zeile fand sich in seinen Papieren, ein Nachruf wurde ohnehin nirgends gedruckt. Bis 1974 wusste nur ein kleiner Zirkel, dass Turing je gelebt und was er geleistet hatte.

Dann erschien das Buch «The Ultra Secret» von F. W. Winterbotham, der als Captain zum Militärpersonal in Bletchley Park gehört hatte; der britischen Regierung hatte er das Zugeständnis abgerungen, dass man nun endlich über die Geschichte der *Enigma*-Entschlüsselung sollte schreiben dürfen. Die Überlebenden von Bletchley Park fanden 29 Jahre danach öffentliche Anerkennung; Turing war seit 20 Jahren tot. 1992 brachte die BBC das Fernsehspiel «The Strange Life and Death of Dr. Turing», und seltsam genug war es ja wirklich gewesen, dieses Leben.

1997 setzte der Computer «Deep Blue» den Schachweltmeister matt, Garry Kasparow. Und 2002 sprach der berühmte Physiker Stephen Hawking die Warnung aus: «Es besteht die reale Gefahr, dass die Computer die Herrschaft übernehmen.» Dann – ja dann würden *alle* Menschen zu Verlierern geworden sein.

UM DIE LEBENSCHANCE BETROGEN:

22 Georg Büchner

Mit 23 war er Goethe weit voraus

Dies ist die Geschichte von drei großen Männern, die nur eines gemeinsam hatten: Sie starben einen schrecklich frühen Tod. Einer war General, zwei hatten gerade begonnen, als Dichter Aufsehen zu erregen. Zwei starben an Typhus oder Cholera, und der Dritte erlitt einen Tod, wie kein Drehbuchautor ihn sich ausdenken dürfte: Er ertrank beim Schlittschuhlaufen auf dem Wannsee bei Berlin.

Alle drei waren so beschaffen, dass man noch Größeres von ihnen hätte erwarten dürfen als das, was sie schon geleistet hatten. Da wird nun gern auf Gottes unerforschlichen Ratschluss verwiesen, der Glaube an eine geheime Erfüllung des Lebens kultiviert; mit demselben Recht aber lässt sich von einem stupiden Schicksal sprechen – von jenem erbärmlichen Zufall, der Verlierer oder Sieger machen kann.

Bei keinem der drei hat ja ein Todeswunsch mitgespielt, wie man ihn Georg Trakl nachsagen könnte, dem österreichischen Lyriker, der alle Rauschgifte durchprobierte und sie mit zwei Litern Wein pro Tag vermengte, bis sein Leben nach 27 Jahren erlosch; zu schweigen von dem klaren Vorsatz, Schluss zu machen – wie bei dem erstaunlichen englischen Lyriker Thomas Chatterton, der mit 17 Jahren, oder dem genialen Wiener Philosophen Otto Weininger, der mit 23 Selbstmord beging.

Für keinen der drei lässt sich auch nur ins Feld führen, sie hätten in der Vorahnung des nahenden Todes alle Schöpferkraft in ihre letzten Jahre gedrängt; das mag auf Dichter zutreffen, die langsam von der Schwindsucht ausgezehrt wurden, wie Novalis, der mit 28 Jahren, oder der englische Lyriker John Keats, der mit 25 starb. Georg Büchner aber schrieb noch drei Wochen vor seinem Tod, was auch die beiden anderen hätten schreiben können: «Ich habe keine Lust zum Sterben und bin gesund wie je.» Hier also vollzog sich die Tragödie des sinnlosen, durch nichts und niemand provozierten Todes in einem Alter, in dem die drei glauben durften, den größeren, den ergiebigeren Teil ihren Lebens noch vor sich zu haben.

Lazare Hoche

Dass Napoleon Kaiser der Franzosen werden konnte, hing möglicherweise mit dem frühen Tod eines Rivalen zusammen, des Lazare Hoche. Die beiden hatten als jugendliche Generale zwischen 1793 und 1797 Frankreich gerettet oder wenigstens die Französische Revolution: der General Bonaparte, indem er in Toulon über Engländer und Spanier siegte, 1795 in Paris die Feinde der Revolution zusammenkartätschte (wofür der Konvent ihn als «Retter des Vaterlandes» feierte), dann Norditalien eroberte und die geschlagenen Österreicher bis nach Klagenfurt verfolgte.

Lazare Hoche vertrieb 1793 die Engländer aus Dünkirchen und die Österreicher aus dem Elsass. 1794 übernahm er den Oberbefehl über die Regierungstruppen in der westfranzösischen Vendée, wo Adel, Klerus und Bauern, aus England unterstützt, gegen die Revolution aufgestanden waren; Hoche beendete das Gemetzel seiner Vorgänger und hatte 1796 mit Härte, Milde und Umsicht die ganze Landschaft befriedet, dazu die Bretagne und die Normandie (wofür das Direktorium ihm den Dank des Vaterlandes aussprach).

1797 wurde Hoche Kommandeur der Rheinarmee, drängte Österreicher und Preußen über den Rhein zurück und trieb sie vor sich her bis nach Gießen. Beim Machtkampf im Direktorium von den Republikanern zu Hilfe gerufen, galoppierte er nach Paris, die Armeekasse im Gepäck, und wurde in Dankbarkeit zum Kriegsminister ernannt. Zwei Wochen später starb er in seinem Feldlager in Wetzlar, vermutlich an Typhus oder Cholera; doch kamen sogleich Gerüchte auf, er sei vergiftet worden. 29 Jahre war er alt.

Bonaparte, ein Jahr jünger, rief sich 1799 zum Diktator über Frankreich aus und begann 1803, Europa zu erobern. Wäre ihm dies beides auch dann gelungen, wenn Hoche nicht aus dem Rennen geworfen worden wäre, oder hätte Hoche seinem Rivalen den Weg zur Allmacht versperrt? Würde es gar zu einem Endkampf um die Macht gekommen sein – und welcher der beiden brillanten und populären Feldherrn würde ihn gewonnen haben?

Hoche ein stattlicher, geradliniger Mann, der Sympathien bei Freund und Feind gewann; das Denkmal, das die Franzosen ihm bei Mainz errichteten, ließ König Friedrich Wilhelm III. von Preußen 1839 restaurieren. Napoleon war 1,62 Meter groß, mit dicklichem Oberkörper auf kurzen Beinen, der rechte Mundwinkel meist nach unten gezogen, neben Hoche also unscheinbar, fast hässlich – aber vielleicht eben dadurch zur äußersten Machtgier und Rücksichtslosigkeit getrieben. So hätte bei gleichen Chancen wohl Napoleon die Nase vorn gehabt. Bei gleichen.

Georg Heym

Wenn ein Dichter mit 24 Jahren stirbt, weiß man noch weniger, welcher möglichen Taten und Erfolge er dadurch beraubt worden sein könnte. Tatsache ist nur, dass es diesem Georg Heym, als er im Wannsee ertrank, gelungen war, viele seiner literarisch interessierten Zeitgenossen zu faszinieren mit seiner ekstatischen Sprache, seinen überbordenden Metaphern, seinem Hang zu Blut, Wahnsinn und Verfall. Goethe hatte er verspottet und den Gott der Christen ein «blutiges Gespenst» genannt, das sich das Hirn nach immer neuen Qualen für die Menschen zermartere.

«Erdrückt von blutgierigen Steuerpächtern», so beschrieb er die Proletarier von Paris, «entnervt von dem ewigen Rauch der Gassen und wie ein altes Pergament verwelkt von der beizenden Luft ihrer Höhlen, verdammt, einst zu erstarren im Schmutz ihrer Betten und in einem letzten Seufzer den Priester zu verfluchen, der gekommen war im Namen seines Gottes, ihnen zum Dank für die Geduld ihres elenden Lebens die letzten Groschen abzupressen».

Heym studierte Jura, begann 1910 seine Gedichte öffentlich zu rezitieren, wurde 1911 gedruckt und bewarb sich für die Offizierslaufbahn. Am 16. Januar 1912 fuhr er mit einem Freund zum Schlittschuhlaufen; der eine brach ein, der andere wollte ihm helfen, und beide kamen um.

Ja, es war eine merkwürdige Sehnsucht nach Krieg und Tod in ihm: «Ich will mich inniger mit dem Selbstmordgedanken vertraut machen», hatte er schon mit 19 ins Tagebuch geschrieben, und vier Jahre später, 1910: «Geschähe doch einmal etwas! Würden einmal wieder Barrikaden gebaut – ich wäre der Erste, der sich darauf stellte, ich wollte noch mit der Kugel im Herzen den Rausch der Begeisterung spüren. Oder sei es auch nur, daß man einen Krieg begänne, er kann ungerecht sein. Dieser Frieden ist so faul, ölig und schmierig wie eine Leimpolitur auf alten Möbeln.»

Da war in exaltierter Form eine Stimmung artikuliert, die den Ausbruch des Ersten Weltkriegs begleitete und wohl auch erleichterte. Hätte Heym sich bewusst in Lebensgefahr begeben, so könnte man folglich, auch ohne Gott, in seinem Tod einen Sinn entdecken; doch kein Zeugnis spricht dafür, dass er Schlittschuh lief, um zu sterben.

Georg Büchner

Georg Büchner war 23, als eine Seuche ihn umbrachte; vier gewaltige Prosastücke hat er hinterlassen, geschrieben in einem Alter, in dem Shakespeare oder Goethe noch nichts geleistet hatten, was ihren Namen der Nachwelt überliefert hätte.

Aufgewachsen in einem Dorf bei Darmstadt im Großherzogtum Hessen als Sohn eines Militärarztes, studierte Büchner in Straßburg und Gießen Zoologie, vergleichende Anatomie, Medizin und schließlich Philosophie. In die warf er sich als 19-Jähriger «mit aller Gewalt», schrieb er einem Freund. «Die Kunstsprache ist abscheulich, ich meine, für menschliche Dinge müsste man auch menschliche Ausdrücke finden; doch das stört mich nicht, ich lache über meine Narrheit und meine, es gäbe im Grunde genommen doch nichts als taube Nüsse zu knacken. Man muss aber unter der Sonne doch auf irgendeinem Esel reiten, und so sattle ich in Gottes Namen den meinigen.»

Schon im selben Jahr, 1833, erschreckte der Jüngling seine Eltern in einem Brief mit dem politischen Bekenntnis: «Wenn in unserer Zeit etwas helfen soll, so ist es Gewalt. Wir wissen, was wir von unseren Fürsten zu erwarten haben: Alles, was sie bewilligten, wurde ihnen durch die Notwendigkeit abgezwungen. Und selbst das Bewilligte wurde uns hingeworfen wie eine erbettelte Gnade und ein elendes Kinderspielzeug, um dem ewigen Maulaffen *Volk* seine zu eng geschnürte Wickelschnur vergessen zu machen.» Und zehn Monate später: «Der Aristokratismus ist die schändlichste Verachtung des Heiligen Geistes im Menschen; gegen ihn kehre ich seine eigenen Waffen: Hochmut gegen Hochmut, Spott gegen Spott.»

Saftigeres, blutvolleres Deutsch hat keiner geschrieben als Georg Büchner, Dozent für vergleichende Anatomie, in Zürich an Typhus gestorben mit 23 Jahren – in einem Alter, in dem Goethe noch wenig produziert hatte und Shakespeare nichts.

Im Jahr darauf verfasste Büchner, wieder zu Hause, zusammen mit dem evangelischen Theologen F. L. Weidig die Flugschrift «Der hessische Landbote», illegal gedruckt in 300 Exemplaren, die Bauern zum Aufruhr antreibend gegen «die Presser, die nur stark sind durch das Blut, das sie euch aussaugen». Weidig wurde entdeckt und in Gewahrsam genommen, Büchner konnte sich zunächst in Darmstadt verbergen und schleuderte in fünf Wochen die Revolutions-Tragödie «Dantons Tod» aufs Papier – immer in Angst vor der drohenden Verhaftung und stets mit anatomischen Schriften und Tafeln auf dem Tisch, um sie im Fall eines unerbetenen Besuchs über das Manuskript zu schieben.

Drei Jahre, nachdem Goethe den zweiten Teil des «Faust» in erhabenen Versen vollendet hatte, nun Büchners Drama von Blut und Zynismus, in dem ein Bürger schreit: «Wir wollen den Aristokraten die Haut von den Schenkeln ziehen und uns Hosen daraus machen, wir wollen ihnen das Fett auslassen und unsere Suppen mit schmelzen. Fort! Totgeschlagen, wer kein Loch im Rock hat!» Den Deputierten Lacroix lässt Büchner sagen: «Wir sind lasterhaft, das heißt wir genießen; das Volk ist tugendhaft, das heißt es genießt nicht, weil ihm die Arbeit die Genussorgane stumpf macht, es besäuft sich nicht, weil es kein Geld hat, und es geht nicht ins Bordell, weil es nach Käs' und Hering aus dem Hals stinkt und die Mädel davor einen Ekel haben.»

Welche Töne in einer Zeit, die noch von Schillers Jamben widerhallte und in der die Gebildeten gern Goethes frommen Imperativ zitierten: «Edel sei der Mensch, hilfreich und gut»! Danton nennt das Leben «nur eine organisiertere Fäulnis» als den Tod; es sei «nicht die Arbeit wert, die man sich macht, es zu erhalten». Seinen Eltern schrieb Büchner dazu beschwichtigend: «Die Geschichte ist vom lieben Herrgott nicht zu einer Lektüre für junge Frauenzimmer geschaffen worden... Wenn man mir übrigens noch sagen wollte, der Dichter müsse die Welt nicht zeigen, wie sie ist, sondern wie sie sein sollte, so antworte ich, dass ich es nicht besser machen will als der liebe Gott, der die Welt gewiss gemacht hat, wie sie sein soll.»

«Dantons Tod» wurde sogar gedruckt, als Büchner noch lebte, wenn auch vom Verlag vorsorglich kastriert aus Angst vor der Zensur. Die erste Aufführung erlebte das Drama 1902 in Berlin, und bis heute gehört es zu den wenigen Theaterstücken, die die Schüler im Leistungskurs Deutsch noch begeistern können.

Im März 1835 kam Büchner zum zweiten Mal im französischen Straßburg an, diesmal als Flüchtling. Dort schrieb er die Novelle «Lenz» (über den Dichter, von dem Kapitel 15 handelt), und seine Familie ließ er im Oktober wissen: «Es gibt hier Leute, die mir eine glänzende Zukunft prophezeien. Ich habe nichts dawider.» 1836 beteiligte er sich an einem Preisausschreiben des Cotta-Verlags für ein deutsches Lustspiel, aber er überschritt den Termin und bekam sein Päckchen ungeöffnet zurück.

«Leonce und Lena» hieß die ironische, melancholische Komödie, auch sie mit dem vollen Saft von Büchners Sprache; so, wenn der armselige Schulmeister ankündigt: «Wir geben aber auch heut' Abend einen transparenten Ball mittelst der Löcher in unseren Jacken und Hosen und schlagen uns mit unseren Fäusten Kokarden an die Köpfe.» Uraufführung 1885 in einem Münchner Liebhaber-Theater, 48 Jahre nach Büchners Tod.

Im September 1836 erhielt er auf Grund seiner Doktorarbeit «Über das Nervensystem der Barben» einen Ruf nach Zürich als Privatdozent für vergleichende Anatomie. Es war am 27. Januar 1837, dass er von dort an seine Braut schrieb: «Ich habe keine Lust zum Sterben und bin gesund wie je.» Drei Wochen danach, am 19. Februar, fiel er der Typhus-Epidemie zum Opfer, die in Zürich wütete.

Was die Literatur mit ihm verloren hatte, wurde vollends erst mit dem «Woyzeck» klar. Auch dieses Drama war in Büchners letzten zwei Lebensjahren entstanden, 1879 wurde es aus dem Nachlass herausgegeben, 1913 im Münchner Residenztheater uraufgeführt; seitdem ist es eines der am meisten diskutierten, am häufigsten gespielten Stücke des Abendlands, bewundert von Gerhart Hauptmann und Frank Wedekind, von Bert Brecht und Max Frisch – das erste Drama der Weltliteratur, das einen kleinen Mann zum Helden hat. «Ich will ihm die Nas' ins Arschloch prügeln!», schreit der Tambourmajor den Woyzeck an, und Woyzeck spricht: «Ich glaub, wenn wir in Himmel kämen, so müßten wir donnern helfen.»

Mit 23 Jahren, als Büchner starb, hatte Goethe erst das Schäferspiel «Die Laune des Verliebten» geschrieben und vom «Götz von Berlichingen» die Urfassung, die er später verwarf; Schiller «Die Räuber» und den «Fiesco»; Kleist nichts; Shakespeare nichts.

Kleist hatte in diesem Alter noch 11 Jahre vor sich, Schiller 22, Shakespeare 29, Goethe gar 59 Jahre.

Gewiss, ein längeres Leben hätte nicht unbedingt weitere oder noch größere Werke nach sich gezogen: Arthur Rimbaud beendete mit 19 seine lyrische Produktion und vergeudete seine letzten 17 Jahre als Kolonialsoldat, Sprachlehrer, Hilfsarbeiter und schließlich Waffenhändler in Abessinien. Auch gibt es Kritiker, die der Meinung sind, Thomas Mann habe den Rang der «Buddenbrooks», die er mit 25 Jahren vollendete, und Günter Grass den der «Blechtrommel», die er mit 31 publizierte, nie mehr erreicht.

Doch die meisten der Großen, die Zeit hatten, konnten sie zu Größerem nutzen. Büchner wurde «zernichtet unter dem gräßlichen Fatalismus», den er der Weltgeschichte schon als 20-Jähriger nachsagte in einem Brief an seine Braut: «Der einzelne nur Schaum auf der Welle, die Größe ein bloßer Zufall, die Herrschaft des Genies ein Puppenspiel, ein lächerliches Ringen gegen ein ehernes Gesetz.»

Georg Büchner, immerhin, lebte lange genug, um in die Ruhmeshallen der Weltliteratur einzuziehen; auf 18 kapitale Bände ist die reich kommentierte historisch-kritische Gesamtausgabe seiner wenigen Werke angelegt, im Jahr 2012 soll sie vollendet sein. Insoweit erging es ihm besser als den «kleinen, unbekannten Genies», die Knut Hamsun betrauerte: «Jünglinge, die in den Schuljahren sterben, weil ihre Seele sie zersprengt – feine, leuchtende Johanniskäfer, denen man begegnet sein muss, solange sie noch am Leben waren». Und nur erschrecken kann man bei dem Gedanken an die nie erblühten großen Dichter, die sich unter den Millionen Toten von der Marne, von der Somme, von der Wolga befunden haben müssen.

23 Isaak Babel

Mit 45 verschwand er in der Lubljanka

Es war eine Gans, die im Russisch-Polnischen Krieg von 1920/21 einem bebrillten Intellektuellen dazu verhalf, von pöbelnden Kosaken schließlich akzeptiert zu werden. Isaak Babel, Kriegsteilnehmer, Brillenträger, hat die Geschichte aufgeschrieben und in ihr jene Verheerungen verdichtet, die der Krieg unter den Menschen und in ihnen angerichtet hatte. Der Ich-Erzähler, ein Kandidat der Rechte aus Petersburg, meldet sich bei seinem neuen Kommandeur, und der lacht ihn sogleich aus: «Sie Jammergestalt!», ruft er. «Man mag hier die Bebrillten nicht.» (Also mochte man auch Babel nicht, den asthmaleidenden, extrem kurzsichtigen Juden aus Odessa, der schon als Schriftsteller erfolgreich war.)

Der Kosak, der dem Erzähler den Koffer trägt, warnt ihn ebenso: «Unsere Leute lassen die Bebrillten nicht in Frieden... Würden Sie aber eine Dame schänden, eine ganz reine Dame, dann hätten Sie die Soldaten gewonnen.» Im Hof stehen fünf Kosaken um einen Kessel mit Schweinefleisch. Angewidert mustern sie den Neuen; dann schleudert einer dessen Koffer zum Tor hinaus, wendet dem Bebrillten den Hintern zu und gibt «mit besonderer Fertigkeit schamlose Töne von sich».

Da sieht der Erzähler eine Gans über den Hof watscheln. «Ich ergriff sie und presste sie zur Erde nieder, und ihr Kopf krachte unter meinem Stiefel. ‹Brat sie mir, Bäuerin!› sagte ich. ‹Genosse›, sagte sie nach einigem Schweigen, ‹ich möchte mich aufhängen.›» Die Kosaken verharren regungslos, der Erzähler geht spazieren. Als er zurückkehrt, ruft der älteste: «Brüderchen! Setz dich zu uns und iss, bis deine Gans kommt.» Zu sechst schlafen sie später auf dem Heuboden ein, die Beine gegen die Kälte ineinander verschränkt.

Das ist eine von vierzig Momentaufnahmen aus einem der grausamsten Kriege des Jahrhunderts, von Isaak Babel zu dem Zyklus «Budjonnys Reiterarmee» zusammengefasst. Da wird geplündert, gemetzelt, vergewaltigt, jede erdenkliche Grausamkeit begangen – und der Autor berichtet es lakonisch, manchmal ironisch, ohne Aufgeregtheit, ohne Anklage; und von ruhmreichen Taten erzählt er nichts. Offensichtlich hatte Babel keine erlebt in seinem Vierteljahr an der Front, seinen kargen Tagebuchnotizen zufolge. Gefangene wurden von den Kosaken erschossen, erstochen, ausgeraubt, zerstückelt. Was sich an Wertsachen mitnehmen oder was sich essen ließ, griffen sich die Rotarmisten – was nicht, zerstörten sie fröhlich; Bienenstöcke auszuräuchern war ihnen ein spezielles Vergnügen.

«Was für ein Mensch ist ein Kosak?», fragt der Tagebuchschreiber. «Mehrere Schichten: Prahlerei, Verwegenheit, revolutionäre Gesinnung, viehische Brutalität. Wir sind die Avantgarde – aber wovon? Das Volk erwartet den Erlöser, die Juden die Freiheit, und geritten kommen die Kuban-Kosaken … Unsere Armee marschiert nur, um zu plündern.» Und: «Alle Soldaten haben Syphilis. Alle gehen sie zu den Weibern, und zu Hause haben sie Bräute … Ich bin bedrückt von der traurigen Unsinnigkeit meines Lebens.»

«Budjonnys Reiterarmee», die literarische Version, ist einerseits nicht minder grausam. Der Kosak Prischtschepa kehrt in das Dorf zurück, in dem während einer kurzen Herrschaft der Zarentreuen seine Eltern ermordet, ihre Habseligkeiten geplündert worden sind: «Er ging von einem Nachbarn zum anderen, und seine Sohlen hinterließen eine blutige Spur. Überall, wo er Sachen seiner Mutter oder Pfeifen seines Vaters gefunden hatte, ließ er erstochene Greisinnen, über dem Brunnen aufgehängte Hunde und mit Kot beschmutzte Heiligenbilder zurück.»

Aber dazwischen sind ironische Passagen eingestreut wie diese: «Wir gingen ins Krankenzimmer, wo wir Kulturarbeit und Hingabe an die proletarische Sache vorzufinden erwarteten; doch es ist interessant zu erfahren, was wir fanden: Rotarmisten, die auf den Betten saßen und Dame spielten, und an den Fenstern lehnten schmucke Krankenschwestern und machten Äugelchen nach links und rechts. Wir waren wie vom Blitz getroffen: ‹Habt ihr Schluss gemacht mit dem Krieg, Kinder?›, rief ich den Verwundeten zu. ‹Ja, Schluss!›, antworteten sie. ‹Zu früh!›, rief ich. ‹Wo der Feind auf weichen Pfoten heranschleicht und wo man in der Zeitung *Der Rote Kavallerist* über unsere internationale Lage lesen kann, dass sie schrecklich ist!› Aber meine Worte prallten von der heldenhaften Infanterie ab wie Schafsmist von der Regimentstrommel.»

Babels zwiespältiges Verhältnis zur Oktoberrevolution drückt sich in solchen Passagen aus: Rasch hatte sie sich vor seinem scharfen Blick entzaubert, und noch rascher hatte sie die Hoffnung vieler Juden enttäuscht, die Kommunisten, mit dem populären jüdischen Intellektuellen Trotzki an der Spitze, würden die Juden nun endlich befreien von den Verfolgungen und Bedrückungen der Zarenzeit.

In der Geschichte «Verrat» gesteht der Bauer dem Untersuchungsrichter, er sei unter die Imperialisten geraten, ja die Henker der deutschen Revolution habe er verteidigt – «bis Genosse Lenin mein blindwütiges Bajonett zur Umkehr brachte und es auf neue, leichter zu treffende Gedärme richtete, die seine eigentliche Bestimmung sind».

In der Lubljanka erschossen oder in Sibirien verschollen: Isaak Babel, Chronist des schrecklichen Russisch-Polnischen Kriegs, Großmeister der kleinen Form, geschrieben «wie ein Bankscheck oder ein Befehl».

Dass dergleichen dem späteren Marschall Budjonny nicht gefallen konnte, ist nicht verwunderlich. In einem offenen Brief an Maxim Gorki beschwerte er sich: «Weiberklatsch eines degenerierten Literaten» habe Babel produziert, eine grobe, ungeheuerliche Verleumdung; an der Front gestanden habe er nie, und die heldenhaften Leistungen der Reiterarmee verschweige er total. Es war Gorki, der den 22-jährigen Isaak Babel 1916 entdeckt und zuerst gedruckt hatte und stets seine schützende Hand über ihn hielt, auch Stalin gegenüber; und als Gorki 1936 gestorben war, dauerte es nur noch drei Jahre, bis Babel in der Lubljanka verschwand, auch aus den Buchhandlungen und aus der Sowjet-Enzyklopädie.

Geboren wurde Isaak Babel 1894 im Judenviertel von Odessa, am Güterbahnhof. 1905 wurde das Ghetto von einer fanatischen Menge gestürmt, und der Taube, die der 11-Jährige liebte, wurde der Kopf abgerissen. Sein Vater, ein strenggläubiger Händler, ließ ihn in der Bibel, im Talmud, in der hebräischen Sprache unterrichten und brachte ihn, als er 11 war, auf der Höheren Handelsschule in Odessa unter. «In den Pausen spielten wir in griechischen Kaffeehäusern Billard oder tranken in Spelunken billigen bessarabischen Wein», erzählt Babel in seiner «Autobiographie» (die ist zwei Seiten lang).

Er bekam einen vorzüglichen Französischunterricht, vertiefte sich in die französischen Klassiker, suchte Kontakte in der französischen Kolonie von Odessa und schrieb mit 15 Jahren Erzählungen in französischer Sprache («nur die Dialoge glückten mir»). «Ich war ein verlogenes Kind, das kam vom vielen Lesen», beginnt seine Erzählung «Im Keller» – mehr oder weniger autobiographisch wie fast alles, was er schrieb. Den Nachbarn fiel er auf, weil er lesend durch die Straßen schlenderte und niemanden sah – ein gedrungener Mensch mit rundem Schädel und kleinen Augen. Aber sobald er sprach, mit angenehmer Stimme und meist mit spöttischen Obertönen, vergaß man seine Erscheinung ebenso wie sein absonderliches Gebaren.

1911 schickte der Vater ihn nach Kiew zum Studium an der Finanz- und Handelsakademie. 1915, mit 21 Jahren, siedelte Babel nach Petersburg über – «ein schwächlicher junger Mann mit falschen Papieren in der Tasche», wie er schrieb (denn für Juden herrschte Zuzugsverbot). Dort lernte er Maxim Gorki kennen, der seit seinem Schauspiel «Nachtasyl» von 1902 ein weltberühmter Dichter war, und von 1916 bis 1918 druckte Gorki Babels frühe Geschichten und dazu siebzehn Reportagen aus dem ersten Jahr nach dem Umsturz: kurz, präzise, brutal.

So zum Beispiel: Von einer Fähre rutscht ein Waggon mit vier zwangsevakuierten Familien darin in die Newa, vermutlich, weil er schlampig oder gar nicht arretiert war. «Die Leichen hat man schön aufgebahrt, achttausend hat man für das Begräbnis gegeben», heißt es am Schluss. «Wie schön sie die Totenmessen lesen. Die Särge sind mit Brokat bedeckt. Man achtet das arbeitende Volk.»

Maxim Gorki hatte ihm gesagt, was ihn erwartete: «Der Weg eines Autors ist mit Nägeln bestreut, hauptsächlich mit ziemlich großen. Diesen Weg muss er barfuß beschreiten. Da wird Blut fließen, von Jahr zu Jahr mehr... Sie sind ein schwächlicher Mensch. Man wird Sie quälen, einschläfern, und Sie werden verwelken. Aber für einen ehrlichen Schriftsteller und Revolutionär ist es eine große Ehre, diesen Weg zu gehen, und ich gebe Ihnen dazu meinen Segen.» Diese Worte hätten sein Schicksal entschieden, berichtet Babel. «Meine Seele zitterte vor fiebriger Freude und drängte tyrannisch nach Entladung.»

Die Nägel, die er sich selber streute, waren seine martialischen Forderungen an seinen Stil. «Eiserne Prosa» wollte er schreiben, exakt wie ein Bankscheck oder ein Befehl. Solche Sätze wie in seinen ersten Versuchen wollte er sich nicht mehr durchgehen lassen: «O, ihr vermoderten Talmudbücher meiner Kindheit! O, tiefe

Trauer der Erinnerung!» Sondern Sätze «rund wie Kieselsteine, Sätze, die so zusammenhalten, dass nicht einmal der Blitz sie sprengen kann». Tolstoi bewunderte er – mit der Einschränkung, dass der große Romancier alle 24 Stunden des Tages geschildert habe, «während mein Temperament nur ausreicht, die interessantesten fünf Minuten zu beschreiben». So waren seine Vorbilder zwei Großmeister der kleinen Form: Kipling und Maupassant.

Und wie diese musste er sich plagen. «Noch mit der kleinsten Erzählung mühe ich mich ab wie einer, der den Mount Everest abträgt. Es kommt vor, dass ich weine vor Müdigkeit. Mein Herz krampft sich zusammen, wenn mir ein Satz nicht gelingen will – und wie oft gelingen sie mir nicht, die verdammten Sätze!» Das Mittel, mit dem er sein Ziel erreichte, war: alles wieder abschreiben, jeden Tag aufs Neue, jedes Mal kürzer, gedrängter als zuvor – bis zu 22-mal in einem verbürgten Fall. Erst wenn er von einem Satz absolut kein Wort mehr streichen konnte, hielt er ihn für perfekt. Damit hatte er dem Kriterium des amerikanischen Lyrikers Ezra Pound für den Rang von Sprachleistungen genügt: Das Maximum an Sinn pro Silbe soll es sein, jedes Wort bis zur Grenze des Möglichen mit Bedeutung aufgeladen.

«Nachdem wir eine Zeit lang dummes Zeug miteinander gesprochen hatten, heirateten wir», heißt es da zum Beispiel. Der jüdische Großvater, der sich über seinen Enkel ärgert, sagt: «Ich werde nehmen einen Löffel Rhizinus, dass ich was habe es dir zu legen auf dein Grab.» Einer reichen, schönen, fetten Jüdin «mit jenem verschlafenen, zärtlichen Lächeln, das die Garnisonsoffiziere um den Verstand brachte», erzählt die Ich-Figur «vom Stil, von der Armee der Wörter, einer Armee, in der alle Waffengattungen zusammenwirken. Kein Eisen vermag mit so glühender Kälte ins menschliche Herz zu dringen wie ein zur rechten Zeit gesetzter Punkt.»

Besonders prüfte Babel beim Abschreiben die Vergleiche, die Metaphern: «Sie müssen exakt sein wie ein Rechenschieber und natürlich wie der Geruch des Dills.» Die hier hat er stehen lassen: «Meine Geschichten liegen mir auf dem Herzen wie eine Kröte auf dem Stein.» Oder: «Wir blickten auf die Welt wie auf eine Wiese im Mai, eine Wiese mit Frauen und Pferden.» Da gebärdet sich ein liebestolles Paar hinter der dünnen Wand «wie zwei große Fische, die man in eine Büchse gesperrt hat». Er rühmt die Köchin der Jesuiten, weil ihre Biskuits «wie Kruzifixe dufteten, betörender Saft war darin und der wohlriechende Zorn des Vatikans». Und über eine Waschfrau: «Sie gähnte schläfrig, schlug ein Kreuz über ihrem wulstigen Mund und blickte den Kosaken an wie ein Mädchen, das nach den Unbequemlichkeiten der Empfängnis dürstet.»

Natürlich: Kein deutscher Leser weiß, was die Übersetzung ihm vorenthält. In die russische Schriftsprache mischen sich bei Babel der Jargon der Partei, der Militärs und der Bürokraten, auch Dialekte, Einsprengsel des Jiddischen und kalkulierte Verstöße gegen die Grammatik, dies alles immer wieder durch talmudischen Wortwitz überhöht. Andrerseits macht Babel es seinen Übersetzern leicht: Keine Wallungen schmachtender Gefühle, kein metaphysischer Hintersinn trübt das Kristall der prallen Sätze. «Ich könnte eine Erzählung über das Wäschewaschen schreiben», wagte Babel sich schließlich zu rühmen, «und sie würde – vielleicht! – wie die Prosa Cäsars klingen.»

Babels Leben war im Vergleich zu solcher Prosa unauffällig – so lange, bis er in die Fänge der Geheimpolizei geriet. Von 1916 bis 1919 schrieb er für die Zeitschriften Maxim Gorkis. «Und für sieben Jahre – von 1917 bis 1924 – ging ich unter die Leute», heißt es in seiner Autobiographie. «Ich war Soldat an der rumänischen Front, arbeitete in der Tscheka» (Lenins politischer Polizei), «im Volkskommissariat für Bildungswesen, in der Nordarmee gegen Judenitsch» (einen der antibolschewistischen Heerführer im Bürgerkrieg von 1918 bis 1920) «und in der 1. Reiterarmee.»

Der gehörte er, seinem Tagebuch zufolge, vom 3. Juni bis zum

20. September 1920 an. Der Parteisekretär von Odessa hatte ihn dorthin beordert, um für die ukrainische Nachrichtenagentur und die Zeitung *Der rote Kavallerist* zu berichten; außerdem führte er das Kriegstagebuch der 6. Kavalleriedivision.

Dann lebte Babel, in ständiger Geldnot und ohne feste Wohnung, in Odessa, in Petersburg, in Tiflis, in Moskau, in Charkow, im Kaukasus und wieder in Moskau, als Angestellter der Staatsdruckerei, als Reporter, Schriftsteller, Drehbuchautor, Archivar, Übersetzer von französischer und jiddischer Literatur und Sekretär eines Dorfsowjets. Zweimal zog es ihn für jeweils fast ein Jahr nach Frankreich, schließlich nach Italien. 1926 erschien «Budjonnys Reiterarmee» als Buch in Moskau und kurz darauf auf Deutsch in Berlin. Im Westen wurde es als Geniestreich gefeiert; die Nazis setzten es 1933 auf den Index.

1935 hielt Babel in Paris auf dem Kongress zur Verteidigung der Kultur in französischer Sprache eine freie Rede, die das Publikum entzückte. Die Sowjetunion rühmte er auf seine Weise: «Der Kolchosbauer hat nun Brot», sagte er. «Er hat ein Haus. Er hat sogar einen Orden. Aber auch das ist ihm zu wenig: Er will jetzt, dass man Gedichte auf ihn macht.»

Als im selben Jahr der blutige Irrsinn von Stalins Schauprozessen begann, konnte Babel sich nur noch unter der Obhut Maxim Gorkis sicher fühlen. Den Lyriker Ossip Mandelstam hatte Stalins langer Arm sich schon im Jahr davor gegriffen – offenbar weil Mandelstam sich nicht, wie Babel, auf dem Hochseil der Ironie durch die Stalin-Ära mogelte, sondern den direkten Angriff auf den Diktator wagte.

«Seine Finger sind fett wie Würmer», hieß es in einem Gedicht auf Stalin, das im Untergrund kursierte, «seine Worte sind reell wie Zehnpfundgewichte... Um ihn, den Großen, seine hohlwangigen Berater... Rührend und komisch sind ihre Tierlaute. Er allein spricht Russisch. Seine Sätze treffen wie Hufeisen, einen nach dem andern stampft er nieder... Nach jedem Tod schiebt er sich eine Himbeere in den Mund.» 1939 ist Mandelstam, 48 Jahre alt, im GULAG verschollen. Eine Auswahl seiner Gedichte hat Paul Celan 1959 übersetzt.

Gorki war am 18. Juni 1936 gestorben. Babel trauerte um ihn wie um den eigenen Vater und war tief deprimiert. «Alle hier haben das schreckliche Gefühl, als sei mit Gorkis Tod ein Unheil über uns hereingebrochen», berichtete der ungarische Schriftsteller Erwin Schinko, der mit Babel die Wohnung teilte. Noch stand Babel beim Publikum als Schriftsteller in Ansehen, Verlage bedrängten ihn nach neuen Manuskripten; aber er machte leere Versprechungen oder ließ sich verleugnen. Unter der ungeheuren Last seiner Selbstzensur hatte er ja immer langsam und wenig produziert; ob nun außerdem die Angst ihn lähmte, wissen wir nicht.

Am 16. Mai 1939 wurde Babel unter der üblichen Allerweltsbeschuldigung der Spionage und der «trotzkistischen Umtriebe» verhaftet, seine Wohnung durchsucht, alles beschriebene Papier beschlagnahmt: fünfzehn Mappen mit Manuskripten, elf Notizbücher, sieben Schreibblöcke. Im September richtete Babel aus dem Gefängnis ein Gesuch an Lawrentij Berija, Volkskommissar des Inneren und Chef der Geheimpolizei: ob er die Manuskripte nicht wenigstens sichten und ordnen dürfe? Sie enthielten mehrere Dutzend Erzählungen, ein Drehbuch, ein halbfertiges Theaterstück, Material zu einem Buch über Maxim Gorki und Skizzen über die Kollektivierung in der Ukraine. «Diese Manuskripte sind das Resultat von acht Jahren Arbeit. Einen Teil davon wollte ich in diesem Jahr für den Druck vorbereiten.»

Eine Antwort kam nie, alle Texte sind verschollen. Isaak Babel wurde entweder am 27. Januar 1940 in der Lubljanka erschossen (die eine Version), oder er starb, 45 Jahre alt, am 17. März 1941 auf unbekannte Weise an ungenanntem Ort – so die amtliche Bescheinigung.

1954, zwanzig Monate nach Stalins Tod, beschloss das Militärkollegium des Obersten Gerichts der UdSSR: «Der Fall Babel wurde revidiert. Das über Babel verhängte Urteil wurde aufgehoben auf Grund der kürzlich bekannt gewordenen Tatsache, dass ein krimineller Tatbestand fehlte.»

Vielleicht war er ja ausgebrannt. Vielleicht hatte er sein Lebenswerk vollbracht. Aber könnte nicht ebenso gut unter seinen verschollenen Manuskripten noch ein großer Wurf gewesen sein – so, wie sich Kafkas größte Werke erst in seinem Nachlass fanden? Lebensfaden abgeschnitten, Manuskripte vernichtet – zweimal umgebracht. Mit Oscar Wilde:

> For he who lives more lives than one
> More deaths than one must die.

VERKANNT SEIN LEBEN LANG:

24 Vincent van Gogh

Ein Wüstling erobert postum die Welt

Aus solchen Tiefen des Elends ist nie ein anderer Mensch nach seinem Tod zu solchen Höhen des Weltruhms aufgestiegen wie der Hungerleider, Selbstausbeuter, Selbstverstümmler Vincent van Gogh, ein atemloser Flüchtling auf Erden. Wer das Wort «Sonnenblumen» hört, denkt eher an die, die van Gogh gemalt hat, als an die, die unterm Himmel wachsen; und seine «Zugbrücke von Langlois», 1888 in der Provence in fünf Varianten entstanden, hängt reproduziert in mehr Wohnzimmern als die Mona Lisa. «Eingängig wie Drehorgelmusik» sollten seine Bilder sein, hatte er geschrieben, und für die Nachwelt sind sie es geworden.

Gleichzeitig aber hat kein Künstler je so hohe Preise erzielt wie er: 82 Millionen Dollar brachte sein Porträt des Dr. Gachet, 1990 von einem japanischen Versicherungskonzern ersteigert, hundert Jahre nach des Malers Tod – Weltrekord, vor Renoirs «Au moulin de la Galette», Rubens' «Kindermord von Bethlehem» und dem nächsten van Gogh: «Portrait de l'artiste sans barbe».

Natürlich, es ist nicht neu, dass ein genialer Mensch zu Lebzeiten von der Mitwelt verkannt wird. Keiner aber war so vollständig von jeder Beachtung, von jeder Ermunterung abgeschnitten, solange er lebte. Johann Sebastian Bach rühmten die Zeitgenossen doch als Orgelvirtuosen, nur als Komponist blieb er so gut wie unbekannt. Franz Schubert erlebte wenigstens die Aufführung von dreien seiner Singspiele, durfte einmal ein öffentliches Konzert dirigieren und wurde mit der Vertonung von Goethes «Erlkönig» sogar ein bisschen populär. Kleist sah seine Erzählungen gedruckt und zwei seiner Dramen aufgeführt; Nietzsche fand mit seinen frühen Schriften ein wenn auch überwiegend negatives Echo – wiewohl der Ruhm sich erst einstellte, als seine Schwester den Wahnsinnigen in ihrer Villa zur Besichtigung freigab.

Dass van Gogh erst den Geschmack der Nachwelt traf, hing auch mit der Kürze seines Lebens zusammen: Er war 37, als er an der Kugel starb, die er sich in die Brust geschossen hatte (ob wirklich in selbstmörderischer Absicht, weiß keiner genau). Wäre er 91 Jahre alt geworden wie Picasso, so wäre er, man denke, erst 1944 gestorben; wahrscheinlich hätte er also, ebenso wie dieser, dem träge nachhinkenden Zeitgeist Gelegenheit gegeben, ihn einzuholen, und das hieße: den eigenen Triumph noch erlebt.

Vincent van Gogh war ein eigenbrötlerischer, aber sonst unauffälliger Junge, das älteste von sechs Kindern eines evangelischen Pfarrers in einem Dorf bei Breda in Holland. Mit 11 Jahren steckten seine Eltern ihn in ein Internat (was er ihnen nie verzieh). Mit 16 wurde er Lehrling bei einem befreundeten Kunsthändler in Den Haag – seine erste Begegnung mit der Malerei, aber noch keine, die einen erkennbaren Einfluss auf ihn hatte. Der Händler schickte ihn nach London.

Unstet wie immer, versuchte van Gogh sich kurz darauf als Sprachlehrer und Hilfsprediger – der Anfang einer sechsjährigen Irrfahrt, ohne jede Ahnung, dass er einmal von Farbe und Leinwand fasziniert sein würde. Er war Buchhändler in Dordrecht, begann in Amsterdam ein Studium der Theologie, besuchte dann lie-

Amsterdam, Van Gogh Museum (Vincent van Gogh Foundation)

Dieser 18-jährige Lehrling hieß Vincent van Gogh. Erst neun Jahre später entdeckte er, dass er zeichnen konnte, neunzehn Jahre später war er tot. Für das einzige seiner Bilder, das sich verkaufen ließ, bekam er 400 Francs; heute sind sie das Zehntausendfache wert.

ber in Brüssel einen Lehrgang für Evangelisten, gab auch den nach drei Monaten ohne Abschluss auf und ging 1879 ins Borinage, Belgiens armseliges Kohlenrevier.

Als freien Missionar ließ die Kirche ihn dort zunächst gewähren, für 50 Francs im Monat. Doch er begnügte sich nicht damit, den Bergleuten das Evangelium zu predigen – erschüttert von ihrem Elend, fuhr er mit hinab in die Gruben, wo auch Frauen und Kinder sich plagten, sechsmal zwölf Stunden in der Woche. Von seinem lächerlichen Lohn verschenkte er den größeren Teil an sie, in Lumpen warb er über und unter der Erde für eine neue Gemeinschaft des totalen Christentums. Die Kirchenbehörden waren schockiert über solche Irrlehre und so viel Fanatismus und entließen ihn.

Im Borinage blieb van Gogh noch ein Jahr, hungernd und am

Rand des physischen Zusammenbruchs. «Ich wäre froh, wenn Du etwas anderes in mir sehen könntest als einen bloßen Nichtstuer», schrieb er an Theo, seinen jüngeren Bruder, der ihn finanziell über Wasser hielt. Ja, er sei ein Nichtstuer – aber nicht aus Faulheit, sondern weil er wie im Gefängnis sitze. «Ein solcher Mensch fühlt instinktiv: Ich weiß, dass ich ein ganz anderer sein könnte! Wozu nur könnte ich taugen! Es ist etwas in mir, was ist es nur?»

Und eben im Borinage entdeckte er es, 27 Jahre war er alt, noch zehn Jahre hatte er zu leben: Das Zeichnen war's! Er kopierte Gemälde mit Bleistift und Kohle, er kaufte sich Lehrbücher, er skizzierte die grauen Gestalten, die unter grauem Himmel schwarze Kohlensäcke schleppten – der Beginn «einer irrsinnigen, gehetzten Flucht aus dem Schrecken in die Kunst», schreibt Egon Erwin Kisch. Er selbst schrieb an Theo: «In diesem tiefen Elend fühle ich meine Energie zurückkehren. Hier hat sich für mich alles verändert.»

Er ging nach Brüssel und studierte das Zeichnen an der Akademie, nur kurz natürlich; dann kehrte er für acht Monate ins Elternhaus zurück. Noch im selben Jahr quartierte er sich bei einem Vetter in Den Haag ein, schlenderte stundenlang durch die Museen, fand Kontakt zu Malern und versuchte sich, 29 Jahre alt, zum ersten Mal mit einem Ölgemälde. Als er die Prostituierte, mit der er zusammenlebte, heiraten wollte, drohte der Bruder, ihm die Unterstützung und jedes Wohlwollen zu entziehen, und die Eltern erwogen, ihn entmündigen zu lassen. Verzweifelt gab er auf und zog sich verbittert immer tiefer in die Einsamkeit zurück.

1883: Flucht aus Den Haag in ein abgelegenes Dorf im nördlichen Holland, um beim Malen mit der Natur und den Bauern allein zu sein. Dann für zwei Jahre wieder bei den Eltern, obwohl der mürrische, verwahrloste Tunichtgut ihnen nicht sehr willkommen war: «Man hat eine Scheu, mich ins Haus zu nehmen, wie einen großen zottigen Hund, der mit nassen Pfoten in die Stube kommt», schrieb Vincent an Theo. Doch er durfte sich ein kleines Atelier einrichten und malte fast jeden Tag ein Bild – die meisten sind verschollen und bis heute Objekt von Nachforschungen, umstrittenen Zuschreibungen und vielen Fälschungen.

Die meisten Bilder zeigten arme Leute, wie sein erstes erhalten gebliebenes Meisterwerk, «Die Kartoffelesser» von 1885, «gemalt in der Farbe einer staubigen Kartoffel, ungeschält natürlich», schrieb er seinem Bruder. Van Gogh war 32 Jahre alt und hatte noch fünf Jahre zu leben. Mit fiebrigem Eifer malte er nicht nur, er verschlang auch große Literatur, Dickens, Maupassant, Emile Zola vor allem: Dessen «Germinal», das Epos von den ausgebeuteten, vergeblich streikenden Bergarbeitern, war seine Bibel.

Im Herbst 1885 zog es van Gogh nach Antwerpen an die Akademie. Auch dort eckte er an durch groteske Malwut und rüde Manieren; nach einem Vierteljahr gab er auf. Für Rubens hatte er sich begeistert, japanische Holzschnitte sich zum Vorbild genommen; im Bordell hatte er sich vermutlich die Syphilis geholt.

Hungernd floh er im März 1886 zu seinem Bruder, der in Paris eine Kunsthandlung eröffnet hatte, und blieb zwei Jahre. Die boten ihm die Chance, zum Niveau der französischen Avantgarde aufzuschließen. Mit Claude Monet und Paul Cézanne traf er zusammen, mit Toulouse-Lautrec und Paul Gauguin. Sie fanden auch ihn interessant, und zum ersten Mal wagte er auf Erfolg zu hoffen.

Nur Theo, der Bruder, litt unter ihm: Schmutzig sei Vincent, schrieb er seiner Schwester, streitsüchtig, herablassend auch noch und dazu «sein eigener Feind». So ließ sich Theo nicht ungern herbei, Vincent jenen Umzug in die Provence zu finanzieren, von der er träumte – erschöpft, des Stadtlebens überdrüssig und voller Sehnsucht nach einem leuchtenden Himmel. Die Wahl fiel auf die alte Stadt Arles mit ihrer romanischen Kathedrale und ihren römischen Ruinen, kurz vor der Mündung der Rhône ins Mittelmeer.

In den gut 400 Tagen von Arles entstanden 350 Gemälde, Aquarelle und Zeichnungen, und obendrein fand van Gogh Zeit, 200 Briefe an seinen Bruder zu schreiben – viele von nahezu literarischem Rang, andere, in denen er längst Geschriebenes wiederholte, weil er betrunken war. 46-mal klagte er in diesen Briefen über ein körperliches oder seelisches Leiden: Zahnschmerzen, Bauchschmerzen, Schwindelanfälle, Depressionen. Er suche den Maler der Zukunft, schrieb er, und das könne kaum er selber sein – einer, «der in den Kneipen liegt, mit ein paar fehlenden Backenzähnen arbeitet und dann ins Bordell geht wie ich». Andrerseits: «Je kränker und brüchiger ich werde, desto mehr werde ich Künstler, Schöpfer.» Hingerissen von allem, was er sehe, müsse er schaffen «bis zur seelischen Vernichtung». Manchmal wisse er nicht, ob er mit fünf Bildern auf einmal beginnen solle oder lieber gleich mit zehn.

Da van Gogh die ständigen Zuwendungen des Bruders großenteils in der Kneipe und im Bordell verjubelte, hatte er manchmal kein Geld, Farben zu kaufen, und zeichnete wieder; einmal habe er sich vier Tage lang fast nur von Kaffee ernährt, schrieb er an Theo. Dann plötzlich wartete er mit der Idee auf, in die Fremdenlegion einzutreten; mühsam brachte der Bruder ihn davon ab.

Im Oktober 1888 besuchte ihn Paul Gauguin in Arles – auch noch auf Theos Kosten, denn Gauguin war pleite, und der Bruder hoffte, die Gemälde der beiden aus dem Licht der Provence in Paris vermarkten zu können. Gauguin und van Gogh experimentierten gemeinsam, allabendlich besoffen sie sich an Absinth (dem grünlichen Likör, der lange Zeit wegen seines Giftgehalts in den meisten zivilisierten Ländern verboten war), und zwei-, dreimal pro Woche torkelten sie gemeinsam in den Puff.

Es konnte nicht ausbleiben, dass die beiden Egomanen einander in die Haare gerieten. Eines Abends in der Kneipe schleuderte van Gogh sein Glas auf Gauguin, bevor er unter Zuckungen bewusstlos vom Stuhl fiel. Am 23. Dezember 1888, als Gauguin entnervt abreisen wollte, rannte van Gogh mit geöffnetem Rasiermesser hinter ihm her, schonte ihn jedoch, lief nach Hause und schnitt sich die rechte Ohrmuschel ab – oder einen Teil von ihr – oder das Ohrläppchen – oder bloß ein Stück von ihm, da sind die Biographen sich nicht einig. Vielleicht war es auch ein Selbstmordversuch: Van Gogh könnte auf die Halsschlagader gezielt, sie aber im Suff verfehlt haben. Jedenfalls wickelte er das blutige Etwas in Zeitungspapier und brachte es einer Prostituierten. Die Polizei fand ihn am nächsten Morgen in seinem besudelten Bett. Mit der Diagnose «Akutes Irresein mit Tobsucht» wurde er ins Krankenhaus eingeliefert.

Nach zwei Wochen entlassen, malte van Gogh mit vermehrter Wut, vom Morgengrauen an, abends mit entzündeten Augen. Es gab Augenblicke, schrieb er an Theo, «wo die Begeisterung bis zum Wahnsinn gestiegen ist». In einem raren Anfall von Ironie fügte er hinzu: «Wir müssen dahin kommen, dass meine Bilder so viel einbringen, wie ich dafür ausgebe.» Theo stellte einige seiner Gemälde aus; verkaufen konnte er keines.

Als van Gogh im Februar 1889, zwei Monate nach der Flucht Gauguins, in der Kneipe krakeelt, Geschirr zerschlagen und Frauen belästigt hatte, unterschrieben achtzig Bürger von Arles eine Petition, dass er hinter Schloss und Riegel müsse, er sei gemeingefährlich. Sein Arzt riet ihm, sich in die Nervenheilanstalt Saint-Rémy zu begeben, und da er ohnehin Angst vor dem Alleinsein und vor sich selber hatte, folgte er dem Rat. In der Anstalt verbrachte er dreizehn der letzten fünfzehn Monate seines Lebens.

Malend natürlich, «in stummer Arbeitswut», wie er dem Bruder schrieb. «Ich habe immer schreckliche Gewissensbisse, wenn ich bedenke, wie weit meine Arbeit hinter dem zurückbleibt, was ich machen *möchte*.» Dann lag er drei Wochen lang mit Krämpfen und Depressionen darnieder, erholte sich und malte weiter: seine glühenden Sonnen, seine kreisenden Sterne, seine traurigen Gesichter, seine lodernden Zypressen. Oft nahm er Drogen zu Hilfe: «Um auf den hohen gelben Ton zu kommen, den ich in diesem Sommer erreicht habe», schrieb er, «habe ich mich ziemlich aufpulvern müssen.» Geträumt habe er von einem riesigen Marmorbau, «wo meine unglücklichen Bilder versammelt waren. Es wimmelte von Menschen, die sich schubsten und rempelten.»

Dann wieder wurde van Gogh gewalttätig gegen seine Wärter, er aß von seinen Farben, er hatte Angstträume und Halluzinationen, er trank Terpentin – was wieder ein Selbstmordversuch oder ein Hilfeschrei oder beides gewesen sein könnte.

Im Mai 1890 gleichwohl entlassen, fuhr er zu Theo nach Paris und vier Tage später weiter in das Dorf Auvers, eine Eisenbahnstunde entfernt, wo der Nervenarzt Dr. Paul-Ferdinand Gachet ein offenes Haus für Künstler führte. In der Auberge Ravoux bezog van Gogh für die letzten zehn Wochen seines Lebens eine Dachkammer von acht Quadratmetern, 3,50 Francs pro Nacht.

In diesen 70 Tagen von Auvers schleuderte er 80 Gemälde in die Welt, darunter die berühmten «Krähen über dem Kornfeld» und das Porträt des Dr. Gachet, das seit 1990 noch berühmter ist. (Auch Gachet lächelt nicht; nie hat van Gogh ein heiteres Gesicht gemalt.) Die Bilder durfte er zum Trocknen in ein Hinterzimmer des Gasthofs stellen, dann wurden sie in einem leeren Ziegenstall gestapelt.

Über Dr. Gachet schrieb er an Theo, er finde ihn ziemlich exzentrisch, offenbar mit einer Nervenkrankheit, «an der er mir mindestens so ernstlich zu leiden scheint wie ich». Und am 1. Juli, vier Wochen vor dem Ende: «Dass ich jemals eine Frau haben werde, glaube ich eigentlich nicht. Ich fürchte vielmehr, dass, sagen wir mal, wenn ich 40 bin… Aber sagen wir lieber nichts. Ich weiß ganz und gar nicht, ganz und gar nicht, welche Wendung es mit mir noch einmal nehmen kann.» Vielleicht, schrieb er, wäre es besser, Kinder großzuziehen, als Bilder zu malen.

Da hatte er gerade der Tochter des Dr. Gachet seine Liebe gestanden, «aber sie hatte eine erklärliche Scheu vor dem Maler, der nur noch ein Ohr besaß», hielt Gachets Sohn fest. Der Vater verbot ihr, van Gogh zu sehen, und ihm verbot er sein Haus.

Am 27. Juli 1890 lief van Gogh in greller Hitze aufs Feld hinaus, mit einem Revolver in der Hand, den er sich geliehen hatte, «um die Krähen abzuwehren», wie er sagte, und schoss sich in die Brust. Keineswegs ins Herz: Er schleppte sich noch einen Kilometer weit zu seiner Auberge, durchmaß die Gaststube wortlos mit großen Schritten, wie die Wirtsleute erzählten, stieg ohne Hilfe die Treppe hinauf, warf sich aufs Bett und steckte sich eine Pfeife an. Dem Dorfpolizisten versicherte er, dass es sich um einen klaren Fall von Selbstmord handle. Als Dr. Gachet kam, fragte er den jedoch: «Ist denn keiner da, der mir den Bauch aufschneidet?»

Der Sohn des Dr. Gachet berichtete später, es habe sich um einen hysterischen Selbstmordversuch gehandelt – «im Grunde wollte er sich wohl gar nicht töten». Aber Dr. Gachet, der Vater, meinte, da könne man nichts mehr machen, und der hinzugezogene Dorfarzt meinte dasselbe. In der Nacht zum 29. Juli starb Vincent van Gogh, 37 Jahre alt. Sein Bruder war bei ihm. Der starb nur ein halbes Jahr später und liegt neben ihm in Auvers begraben.

Kurz vor Vincents Tod und doch zu spät für ihn hatte zum ersten Mal ein Kritiker in einer Kunstzeitschrift über ihn geschrieben – und ihn gefeiert als heroischen Einzelgänger «von visionärer Wucht und furioser Trunkenheit». Ein einziges seiner mehr als 800 Bilder wurde zu seinen Lebzeiten im Kunsthandel verkauft, für den damals als stattlich empfundenen Preis von 400 Francs (das waren 320 Goldmark, was rund 3000 heutigen Euro entspricht, immerhin – jedoch nur ein Zwanzigtausendstel dessen, was der Dr. Gachet 1990 brachte). Ja, van Gogh konnte noch mehr verkaufen (weshalb einer seiner Biographen «das *eine* Bild» als Legende abtut): hier ein Porträt für 20 Francs, dort eine Landschaft für ein Mittagessen.

Die erste Ausstellung nur *seiner* Bilder fand zwei Jahre nach seinem Tod statt. 1910 machte der einflussreiche deutsche Kunsthistoriker Julius Meier-Gräfe van Gogh zum ersten Mal einem breiteren Kreis von Kunstliebhabern bekannt. In den dreißiger Jahren begann er populär zu werden; heute sind seine Ausstellungen so voll wie die keines anderen Malers auf Erden, in Arles werden T-Shirts, Krawatten, Kugelschreiber mit seinem Selbstporträt verkauft, sein Grab in Auvers ist eine Pilgerstätte.

Nun sollte man bei alldem eines bedenken: Sein künstlerischer Rang allein hätte van Gogh kaum einen so überwältigenden Ruhm verschafft. Die Nachwelt, «noch unsicher in ihrer Wertung, wird zum dankbaren Abnehmer aller Leidenszeichen», schreibt Wolfgang Hildesheimer in seiner Mozart-Biographie. Mozarts Armengrab, Beethovens Taubheit, Napoleons trauriges Ende auf St. Helena, Kleists dramatisch inszenierter Selbstmord, Nietzsches manifester Wahnsinn: Sie alle haben den Aufstieg ins Pantheon begünstigt, und das abgesäbelte Stück vom Ohr, das Sichbesaufen an Absinth und Terpentin, der halbe Selbstmord unter den Krähen haben es offensichtlich ebenso getan. «Irrsinn fällt mehr auf», stellt Wilhelm Lange-Eichbaum in seinem Standardwerk «Genie, Irrsinn und Ruhm» lakonisch fest.

Wo die Zeichen eines exaltierten Charakters und eines chaotischen Lebens so offenkundig sind wie bei van Gogh, werden sie von seinen Bewunderern zumeist als typisch, ja als nötig akzeptiert. Es tritt da nicht der schmerzliche Zwiespalt auf wie etwa bei vielen Verehrern Goethes, die dessen unstreitig abstoßende Charakterzüge ungern oder gar ungläubig zur Kenntnis nehmen: die Abstrahlung eisiger Arroganz, das kalte Abservieren junger Dichter, die er als Konkurrenz empfand – Lenz, Kleist, Hölderlin.

In Wahrheit ist *jedes* Genie «ein schlechter Nachbar», wie Lessing sagte, oder Martin Gregor-Dellin: «Die Liebenswürdigkeit eines Wiener Konditors ist vom Genie nicht zu haben.» Den genialischen Wüstling Vincent van Gogh zumal möchte wirklich keiner zum Untermieter gehabt haben. Am Himmel war er ein Stern erster Größe – auf Erden ein zerquältes Scheusal, das sich ohne Rückstand in gloriose Bilder umsetzte.

«Bei Gott», hatte er in Arles geschrieben, «ich habe ein Recht, zu malen. Es hat mich weiter nichts gekostet als einen ruinierten Kadaver.»

STEHAUFMÄNNCHEN:

25 Winston Churchill, Deng Xiaoping

Zwei, über die keiner siegen konnte

Die meisten großen Verlierer haben nur einmal, aber damit ein für alle Mal verloren: die verjagten Könige, die gestrauchelten Dichter, die vom Schicksal geprügelten Genies. Andere hatten eine Chance, wieder aufzustehen, nachdem sie gefallen waren, und nahmen sie wahr: Politiker vor allem, Feldherren, Sportler. Hat sich einer gar dreimal aufgerappelt nach tiefem Sturz wie Deng Xiaoping oder viermal wie Winston Churchill, so könnte man ihn «Stehaufmännchen» nennen.

Wer kennt es noch, das einst beliebte Kinderspielzeug? Eine kleine Puppe mit Blei im abgerundeten Boden, die sich allein wieder aufrichtete, wie man sie auch herumstieß. Auch unter Menschen, schrieb Ludwig Tieck, gebe es «Kerls, die fallen immer wie die Stehaufe und die Katzen auf die Beine, man mag sie herumwerfen, wie man will».

Es geht also nicht um solche Männer, die es verstanden, stets oben zu bleiben, die großen Opportunisten und Überlebenskünstler: *Talleyrand* zum Beispiel, Außenminister erst der Revolutionsregierung, dann des Kaisers Napoleon (der ihn als «Scheiße im Seidenstrumpf» bezeichnet haben soll), dann des Königs Ludwig

XVIII. – oder *Andrej Gromyko*, der sich 28 Jahre lang unter fünf Parteichefs als Außenminister im Amt hielt. «Stehaufe» dagegen sind solche, die nach einer dramatischen Niederlage alle Welt verloren gab; aber sie kamen wieder.

Deng Xiaoping, Sohn eines Großgrundbesitzers wie Lenin auch, Jesuitenschüler, Student in Frankreich, 1921 mit 17 Jahren Kommunist, seit 1931 Maos Kampfgenosse, seit 1945 Mitglied des Zentralkomitees der chinesischen Kommunisten, seit 1955 auch des Politbüros – dieser Deng wurde bei der «Kulturrevolution», die Mao 1966 entfesselte, von den «Roten Garden» gejagt, beschimpft («Siedet den Hundekopf in heißem Öl!») und in ein Umerziehungslager gesteckt. Sein ältester Sohn sprang aus dem Fenster, um vor den roten Horden zu fliehen, und ist seither querschnittgelähmt.

Wer nun verharrt hätte in Rachsucht und Verzweiflung, der hätte verloren für immer. Aber Deng schluckte die Kröte – er war sich nicht zu schade, öffentliche Selbstkritik zu üben: Ja, des Revisionismus habe er sich schuldig gemacht und des Widerstands gegen die von Mao propagierte beschleunigte Kollektivierung. Und so konnte die westliche Welt sieben Jahre nach seinem Fall verblüfft zur Kenntnis nehmen, dass Deng stellvertretender Ministerpräsident geworden war; 1974 zog er zum zweiten Mal ins Politbüro ein, 1975 war er gar Maos Stellvertreter.

Nur für ein Jahr jedoch. Dann wurde plötzlich auf Wandzeitungen in Peking gegen ihn gehetzt, und im April 1976 enthob Mao, ein halbes Jahr vor seinem Tod, Deng aller Ämter, zum zweiten Mal. Maos Frau hatte das vermutlich betrieben, nach dem Tod ihres Mannes griff sie mit der so genannten «Viererbande» selbst nach der Macht. Noch 1976 wurde die Bande verhaftet – und 1977 saß Deng, inzwischen 73 Jahre alt, zum dritten Mal an den Schalthebeln von Partei und Staat.

1979 wurde er in die USA eingeladen: Die hatten gerade Taiwan fallen lassen und die «Volksrepublik» als einzigen legitimen Vertreter Chinas anerkannt. Der kleine alte Mann, 1,53 Meter groß, im blauen Kittel und mit einer selbstverständlichen Ausstrahlung von Macht, war bald populär wie ein Popstar und grüßte mit seinem vieldeutig eingefrorenen Lächeln als «Mann des Jahres» von der Titelseite des Nachrichtenmagazins *Time*.

Als es 1980 still um Deng wurde, schien er sich von der Macht verabschiedet zu haben. Aber 1983 wurde er, mit 79, zum Chef der chinesischen Streitkräfte ernannt, 1985 betrieb der Greis eine Verjüngung der Parteikader, und da er sich zugleich immer energischer für die Modernisierung der chinesischen Wirtschaft einsetzte, brachte er's zum zweiten Mal zum «Mann des Jahres». Und im Juni 1989 war es Deng, 84 Jahre alt und immer noch Vorsitzender der Militärkommission, der den Panzern auf dem «Platz des Himmlischen Friedens» befahl, die renitenten Studenten niederzuwalzen, mit mehr als tausend Toten.

Zehn Wochen später, zu seinem 85. Geburtstag, jubelten alle Medien Chinas ihm zu. Und noch 1992, seiner Ämter ledig, sorgte Deng dafür, dass im Politbüro die Anhänger der Wirtschaftsreformen die Oberhand gewannen. Im folgenden Jahr wurde der dritte Band seiner ausgewählten «Reden und Aufsätze» an alle 55 Millionen Mitglieder der chinesischen KP verteilt. Weiter kann man es nicht bringen.

Angenehme Menschen sind sie wohl nie, die Stehaufmännchen; zerfressen von Machtgier sind sie alle – wie sonst sollten sie es schaffen, sich immer wieder aufzurichten? Für das Urteil der Mitwelt kommt es vor allem darauf an, ob die Ziele des Standhaften ihr dienen; vielleicht auch, über wie viele Leichen von Feind und Freund er gegangen ist und welcher Gemeinheiten er fähig war. Da fällt dann das Votum über Winston Churchill anders aus als das über Deng Xiaoping.

Churchill hat viermal verloren – viermal erhob er sich wieder, schüttelte den Staub von den Knien und erfocht den nächsten Sieg. Mit 31 Jahren war er Unterstaatssekretär für die britischen Kolonien, schon mit 35 Innenminister, und 1911, mit 36, hatte er sich eine der spektakulärsten Positionen auf Erden erkämpft: Erster Lord der Admiralität, Herr über die gewaltigste Kriegsflotte der Welt.

1915 versuchte er mit seinen Schlachtschiffen Istanbul zu erobern, die Hauptstadt des mit Deutschland verbündeten Osmanischen Reichs – in der Hoffnung, das könnte unter diesem Schock aus der Kriegsfront ausbrechen. Von Landtruppen unzulänglich unterstützt und eigensinnig auf der Idee beharrend, die Flotte könnte es in den Dardanellen im Alleingang schaffen, musste Churchill nach zwei Monaten zugeben, dass die Operation gescheitert war. Am 17. Mai 1915 wurde er als Erster Lord der Admiralität entlassen – der einzige seiner vier Abstürze, den er selbst verschuldet hatte. «Ich bin erledigt», sagte er zu Freunden. «Mit mir ist es vorbei.»

Da er bis 1900 Soldat gewesen – und da er außerstande war, den Weltkrieg untätig an sich vorüberziehen zu sehen, ließ er sich als Major reaktivieren und nach Frankreich schicken, freilich für kaum ein Jahr; denn zu Heldentaten fand sich keine Gelegenheit, und sich im Schützengraben als ehemaliger Flottenchef bestaunen zu lassen war ihm zuwider. So berief er sich im Mai 1916 auf sein Unterhausmandat und kehrte als Zivilist nach London zurück. Es fehlte nicht viel, und um den Verlierer von den Dardanellen wäre es still geblieben für immer.

Im Juli 1917 jedoch erinnerte sich Lloyd George, seit einem halben Jahr Regierungschef, des bulligen, energiegeladenen und nun offensichtlich unterforderten Politikers und ernannte ihn zum Rüstungsminister. Mit seinem ganzen aufgestauten Eifer warf Churchill sich sofort auf ein Projekt, das er 1914 hatte liegen lassen

In zwei Weltkriegen war Winston Churchill Chef der Flotte, dazwischen Rüstungsminister und Schatzkanzler, dann zweimal Premierminister – und nun, 82 Jahre alt, in einem Ruhestand, den er absolut nicht mochte.

müssen: Den Bau gepanzerter «Landschiffe» hatte er dem Heer damals vorgeschlagen, nach Art der Raupenschlepper, wie sie in Amerika schon Ackergeräte zogen; die brauchte man nur mit einem Stahlpanzer zu versehen und mit Maschinengewehren zu bestücken. Aber die Generale hatten den Kollegen von der Marine ausgelacht.

Doch ein Komitee für «Landschiffe», damals von Churchill ins Leben gerufen, war aktiv geblieben; nun konnte er die Produktion sogleich in Gang setzen, «Tank» hieß das Tarnwort für die neue Waffe, und schon im November 1917 überrollten 324 dieser Tanks bei Cambrai die deutsche Front – nur sechs Stundenkilometer schnell, aber durch kein natürliches Hindernis aufzuhalten und schon gar nicht durch die bis dahin kampfentscheidende Waffe, die Maschinengewehre in den Schützengräben. Die britische Führung war über den Erfolg so verblüfft, dass sie es versäumte, ihn auszunutzen. Am 8. August 1918 jedoch gelang es den Alliierten an der Somme, mit 450 Panzern die deutsche Front zu sprengen – was den Chef des deutschen Landheers, Erich Ludendorff, so erschütterte, dass er mit diesem Tag den Krieg verloren gab.

Nach dem Waffenstillstand wurde das Rüstungsministerium in Kriegsministerium umbenannt. Churchill blieb im Amt, bis Lloyd George 1922 stürzte und Churchill mit ihm, diesmal unverschuldet. Doch seine Niederlagen häuften sich: in drei Jahren in drei Wahlkreisen drei verlorene Wahlen zum Unterhaus.

1924 fand Churchill sich plötzlich als Schatzkanzler wieder, nach dem unverdienten Sturz nun ein kaum verdienter Aufstieg: Von Finanzen verstand er wenig – und hatte der neue Premier Stanley Baldwin nicht einen Mann berufen, der bei den Konservativen immer noch als «Verräter» galt, weil er 1904 zu den Liberalen übergetreten war? Vermutlich wollte Baldwin diesen Wortführer der Rechten und gefürchteten Rhetoriker lieber ins Kabinett einbinden, als ihm im Unterhaus gegenüberzustehen.

1929 wurde Baldwin gestürzt, Churchill fiel mit ihm, nun zum dritten Mal, und für ihn begannen zehn schlimme Jahre. Er schrieb historische Bücher und war ein angesehener Kolumnist in großen Zeitungen – im Unterhaus aber wurde er kaum noch beachtet, ja immer häufiger als lästig empfunden. Zunächst attackierte er Londons Konzessionen an Gandhi in Indien, die er als Ausverkauf des Empire denunzierte; von 1933 an warnte er mit zunehmendem Ingrimm vor Hitler – in einer Zeit, da Großbritannien sich mehr und mehr aufs *appeasement* einstellte, die Schlichtung, die Beschwichtigung.

Als im Mai 1937 Neville Chamberlain die Regierung übernahm und eine elastische Nachgiebigkeit gegen Hitler zur ausdrücklichen Politik erklärte: Da wusste Churchill, schreibt Sebastian Haffner, «dass er sich mit jeder unheilverkündenden Rede nur immer unmöglicher machte. Es muss für ihn selbst unheimlich gewesen sein, als einzigen Halt und einzige Hoffnung die Sicherheit der kommenden Katastrophe zu haben. Aber die hatte er... Ohne Churchill hätte Hitler triumphiert, und ohne Hitler wäre Churchill als ein brillanter Versager und Anachronismus verstorben.»

«Eine despotische Macht trifft ungeheure Vorbereitungen für einen baldigen Angriff», schrieb Churchill am 21. Juli 1939 in seiner Kolumne. «So schlimm es auch im Innern Deutschlands aussehen mag: Zumindest zu Anfang wird diese Macht grauenhaft präzise funktionieren.» Am 1. September, mit Deutschlands Überfall auf Polen, wurde plötzlich klar, dass Winston Churchill kein Fossil, sondern ein Hellseher gewesen war; und am 3. September passierte es: England erklärte Deutschland den Krieg, und Chamberlain ernannte den 64-Jährigen zum Ersten Lord der Admiralität. «Winnie is back!», schrien die Matrosen – zurück nach 24 Jahren. Dass der deutsche Überfall auf Norwegen im April 1940 der geplanten englischen Invasion zuvorkam, wurde ihm freilich als Versagen angekreidet.

Doch am 10. Mai 1940 schlug die große Stunde seines Lebens: Hitler begann mit dem Angriff auf Holland, Belgien und Frankreich, Chamberlain trat zurück, Churchill wurde zum Premierminister gewählt – der Prophet ebenjenes Verhängnisses, das nun eingetreten war, der zweimalige Flottenchef, der gloriose Rüstungsminister von 1917, die Bulldogge, der man das Zurückbeißen zutraute. «Ich darf dem Leser nicht verheimlichen», schrieb er in seiner Geschichte des Zweiten Weltkriegs, «dass ich, als ich gegen 3 Uhr früh zu Bett ging, eine tiefe Erleichterung empfand. Endlich hatte ich die Macht über das Ganze und konnte Weisungen erteilen. Mir war zumute, als wäre mein bisheriges Leben nur eine Vorbereitung auf diesen Augenblick gewesen... Ich war sicher, dass ich nicht scheitern würde. Deshalb schlief ich gut.»

Time rief Churchill 1940 zum «Mann des Jahres» aus. Mehr als ein Jahr lang stand er allein gegen Hitlers Kriegsmaschine und oft gegen den Defätismus, der in England grassierte; und bis 1945 blieb er der Wortführer, der Einpeitscher der Anti-Hitler-Koalition.

Aber was geschah kurz nach dem Sieg, am 25. Juli 1945, mitten während der Potsdamer Konferenz, in der die Sieger über das Schicksal Deutschlands entschieden? Die britischen Wähler schickten ihren Kriegspremier nach Hause und gaben der Labour-Partei unter Clement Attlee mit 393 zu 213 Sitzen das Mandat, mit ihrem Verstaatlichungsprogramm den Frieden einzuläuten. «Als alle unsere Feinde entweder bedingungslos kapituliert hatten oder im Begriff standen, es zu tun, wurde ich von der britischen Wählerschaft unverzüglich von jeder weiteren Führung der Geschäfte entbunden», schrieb Churchill doppelsinnig.

Die Welt war verblüfft, viele Engländer waren es auch, und Churchill litt zusätzlich unter der Sorge, Amerika hege zu wenig Misstrauen gegen den ungeheuren Machtzuwachs der Sowjetunion und ihre Expansionsgelüste. Schon im Mai 1945, noch als Premierminister, hatte Churchill Präsident Truman, dem Neuling im Weißen Haus seit dem Tod Roosevelts am 12. April, geschrieben: Stalin habe von Lübeck bis zur Adria einen Eisernen Vorhang niedergehen lassen (der berühmte Begriff, den Churchill öffentlich erst 1946 verwendete), und dahinter entfalte er rücksichtslos seine Macht.

So wuchs Churchill, nun über 70, in drei neue Rollen hinein: die des Mahners, der das nächste Unheil verkündete; vom Herbst 1945 an die des Oppositionsführers im Unterhaus; und auch noch die des Autors einer sechsbändigen Geschichte des Zweiten Weltkriegs. *Time* ernannte ihn für 1949 zum zweiten Mal zum «Mann des Jahres», und 1953 bekam er auch noch den Nobelpreis für Literatur.

Aber wonach stand ihm der Sinn? Nach Aktion, nach der Macht! Im Oktober 1951 wurde er, 76 Jahre alt, noch einmal zum Premierminister gewählt. Mit diesem letzten Sieg jedoch errang er keine Triumphe mehr. Schwerhörig war er geworden, er ertappte sich bei Gedächtnislücken, und es kam vor, dass der große Rhetor sich verhaspelte. Im Juni 1953 ließ er sich für einen Monat «von seinen Pflichten entlasten», hieß es im Regierungsbulletin: Er hatte einen Schlaganfall erlitten. Sein 80. Geburtstag am 30. November 1954 war seine letzte Siegesfeier: In der Westminster Hall huldigte England seinem alten Löwen. Am 6. April 1955 trat er, von seinen Parteifreunden seit langem bedrängt, endlich zurück.

Er selbst empfand das nicht nur als Abschied von der Politik, sondern vom Leben überhaupt, schreibt Haffner. «Er lebte noch fast zehn Jahre. Von diesen zehn Jahren ist nichts mehr zu berichten. Sie begannen in Bitterkeit; die Bitterkeit ging über in Schwermut und Langeweile; und die Langeweile in langsames Erlöschen... Allmählich, als die Jahre vergingen, fiel es auf, dass er nicht starb.» Der Tod traf ihn mit 90. «Es ist alles so langweilig», sollen seine letzten Worte gewesen sein.

Viermal war er wieder auferstanden nach tiefem Sturz: 1915 in

Schande entlassen als Erster Lord der Admiralität, 1922 entlassen als Kriegsminister, 1929 als Schatzkanzler, 1945 als Premier gestürzt. Die endgültige Niederlage war biologischer Art. Sie trifft uns alle; aber vielleicht litt Churchill als einer, der dem Schicksal so oft Trotz geboten hatte, mehr als andere darunter, dass es ihm nun an die Gurgel griff.

STEHAUFMÄNNCHEN:

26 **Richard Nixon**

Gejagt wie kein Mensch zuvor
in der Geschichte

Zäher war keiner. Aufgewachsen als Sohn eines Tankstellenpächters in einem Provinznest nahe Los Angeles, Musterschüler, Werkstudent, 1937 Rechtsanwalt mit 24 Jahren; drei Jahre Marineoffizier im Krieg gegen Japan. 1946, mit 33, setzte Richard Milhous Nixon an zum ersten großen Sprung: Er wurde für die Republikaner ins Repräsentantenhaus gewählt. Seinen demokratischen Gegner hatte er in mehreren öffentlichen Debatten niedergeredet – mal donnernd, mal salbungsvoll; trickreich immer.

Schon 1950, mit 37 Jahren, erkämpfte er sich die Mitgliedschaft im mächtigsten Club der Welt, dem amerikanischen Senat. Zunächst machte er sich einen Namen als Kommunistenjäger im Schlepptau des berüchtigten Senators McCarthy. Aber er war ein brillanter junger Mann, und die Republikanische Partei stellte ihn 1952 ihrem betagten, betulichen Präsidentschaftskandidaten Eisenhower als Stütze und Feuerwehr zur Seite.

Doch der Weg ins Amt des Vizepräsidenten schien Nixon jäh verbaut, als ihn der Vorwurf traf, er habe 18 000 Dollar Wahlkampfspenden unterschlagen. Ja, er gab es zu, er beichtete sein

Vergehen vor den Fernsehkameras – unter Tränen, an der Seite seine Frau, an der Leine seinen Hund. «Die überwältigendste Vorstellung, die ich je gesehen habe!», sagte der Hollywood-Produzent Darryl F. Zanuck, und die Nation verzieh ihm.

So konnte der Mann mit der auffallenden Entennase und den stets paraten Tränendrüsen die Wahl gewinnen als Eisenhowers Stellvertreter, und 1956 noch einmal. In diesen acht Jahren an der Seite des immer häufiger erholungsbedürftigen Präsidenten wurde er zum eigentlichen Herrn im Weißen Haus. Für Eisenhower reiste er um die Welt, in Venezuela wurde er 1958 angespuckt und mit Steinen beworfen, und 1959 war er der klare Punktsieger in der berühmten «Küchendebatte», die er in einer amerikanischen Ausstellung in Moskau mit dem sowjetischen Parteichef Chruschtschow anzettelte. «Tricky Dick» nannten sie ihn in Amerika.

Kein Wunder, dass Nixon 1960, nun 47 Jahre alt, danach strebte, Eisenhower nachzufolgen. Seine Chancen schienen gut gegen den noch vier Jahre jüngeren Senator John F. Kennedy, denn der war zunächst weit weniger bekannt und noch dazu katholisch, anders als jeder bisherige Präsident der USA. Doch Kennedy hatte das riesige Vermögen seines Vaters im Hintergrund, eine Horde begeisterter Helfer zur Verfügung – und eine siegfriedhafte Ausstrahlung, die im Fernsehzeitalter den Ausschlag gegeben haben könnte.

Dies umso mehr, falls John Steinbeck Recht hat, der die Fernsehduelle der beiden Kandidaten – rhetorisch jeweils ein Unentschieden – mit den Standardrollen im Western verglich: der Schurke dunkelhaarig und grimassierend, wie Nixon; der Held blond, edel und ausdrucksarm, wie Kennedy. Die demokratischen Wahlkampfstrategen hatten das längst gewittert und jenes perfide Plakat konzipiert, das die Wahl – mit einem Vorsprung von 0,2 Prozent! – möglicherweise entschieden hat: «Würden Sie von diesem Mann ein gebrauchtes Auto kaufen?», stand unter einem Nixon-

Foto, das natürlich *nicht* besonders günstig, aber keineswegs atypisch war.

Der Verlierer zog sich nach Kalifornien zurück und trat in eine Anwaltskanzlei ein. Sein Leben lang hatte er sich gehetzt gefühlt, verwundbar war er ohnehin, schrieb Henry Kissinger 1982 im Rückblick: schüchtern, verschlossen, misstrauisch, nervös – «so *wenig* für die Politik geeignet wie kein Präsident der jüngeren amerikanischen Geschichte». Grob war Nixon auch noch, fuhr Kissinger fort, zähnefletschend setzte er sich zur Wehr, wo er sich verfolgt glaubte, Befehle schrie er hinaus – und darin habe sich doch nur seine Angst ausgedrückt: die Angst, zurückgewiesen zu werden, zu verlieren. In Wahrheit, sagt Kissinger, «brauchte kaum jemand so viel Liebe».

Als Nixon sich 1962 zur Wahl um das Amt des Gouverneurs von Kalifornien bewarb, verlor er zum zweiten Mal. Öffentlich erklärte er, nun werde er sich aus der Politik zurückziehen. Den Journalisten, von denen er sich verfolgt und verachtet fühlte, rief er zu: «Meine Herren, Sie werden keine Gelegenheit mehr haben, Richard Milhous Nixon herumzuschubsen.» Und er weinte dazu.

Eine Zeit lang blieb es still um ihn. Er arbeitete in einer New Yorker Anwaltskanzlei. 1963 wurde John F. Kennedy ermordet, Vizepräsident Johnson rückte nach und gewann die Wahl von 1964 so überlegen, dass der Besiegte, Senator Goldwater, die demoralisierten Republikaner aufforderte, sich um Nixon zu scharen – und der griff zu: Energisch reorganisierte er die Partei und schwor sie auf sich ein.

Was lag da näher, als dass er einen zweiten Anlauf zum Sprung ins Weiße Haus unternahm? Präsident Johnson, tief in den Vietnam-Schlamassel verstrickt, rechnete sich keine Chance mehr aus; im März 1968 erklärte er seinen Verzicht – gut für Nixon; schlecht für ihn aber: Nun schien die demokratische Kandidatur auf Robert Kennedy zuzulaufen, der seit der Ermordung seines Bruders der

«Eine Parodie auf sich selber»: Das schrieb das Nachrichtenmagazin *Time* über die Siegesgeste, mit der sich Richard Nixon am 9. August 1974 nach zweijährigem Kesseltreiben aus Washington verabschiedete.

populärste Politiker im Lande war. Doch im Juni 1968 wurde auch Bob Kennedy ermordet.

Da war für Nixon alles klar: den Verzicht von 1962 widerrufen, sich von den Republikanern auf den Schild heben lassen – und diesmal wirklich siegen, mit dem Versprechen, dass er den Vietnam-Krieg beenden werde! Für den Sieg über Hubert Humphrey, den allseits hoch geachteten und von den Medien deutlich bevorzugten demokratischen Bewerber, genügten 43,4 Prozent der Wählerstimmen, weil es einen dritten Kandidaten gab, der 13,5 Prozent auf sich zog: George Wallace, der ultrakonservative Gouverneur von Alabama. So kam der schlappste Wahlsieg eines amerikanischen Präsidenten seit 1912 zustande – doch für die Revanche reichte es: Acht Jahre nach seiner Niederlage gegen Kennedy bezog Nixon das Weiße Haus.

In den vier Jahren seiner ersten Präsidentschaft heimste er genügend Erfolge ein, um seine Wiederwahl zu sichern: Der Krieg in Vietnam wurde, wenn auch nach vielen Winkelzügen und für die USA nicht sehr ehrenvoll, in der Tat beendet, die Wirtschaft blühte, und zusammen mit seinem Außenminister Henry Kissinger gelangen Nixon zwei diplomatische Meisterstücke: Amerika mit China auszusöhnen und die Mehrheit der Araber für die USA zu gewinnen, ohne dass dabei die Interessen Israels vernachlässigt worden wären.

Im Januar 1972 machte das Nachrichtenmagazin *Time* Nixon für 1971 zum «Mann des Jahres». Günstiger hätten die Aussichten für die Wahl im November 1972 nicht sein können. Aber da gab es einen übereifrigen «Ausschuss für Nixons Wiederwahl» (sein Rechtsberater John Dean war eine wichtige Figur darin), und der hielt es für geraten, einen Einbrechertrupp in die Wahlkampfzentrale der Demokraten zu schicken, um dort Abhöranlagen einzubauen. Zeit: die Nacht zum 17. Juni 1972; Ort: der Watergate-Bürokomplex; Misserfolg: total – die Einbrecher wurden geschnappt.

Sogleich dementierte die Republikanische Partei entrüstet, dass sie mit dem Einbruch irgendetwas zu tun habe.

Doch da braut sich über Nixon ein Verdacht zusammen. Noch stellt niemand öffentlich die Frage, ob er ein Mitwisser ist oder gar der Anstifter war. Im November 1972 wird er wieder gewählt, unangefochten, ja mit dem zweithöchsten Wahlsieg der amerikanischen Geschichte; den demokratischen Kandidaten McGovern schlägt er mit 60,7 gegen 37,5 Prozent der Stimmen, und im Januar 1973, sechs Monate nach dem Einbruch, proklamiert *Time* ihn zum zweiten Mal zum «Mann des Jahres», diesmal zusammen mit Henry Kissinger. Das ist Nixons letzter Triumph.

Denn inzwischen hat die *Washington Post* ihre Rechercheure Bob Woodward und Carl Bernstein auf den Fall Watergate angesetzt, und schon ihre ersten, noch mehr fragenden als antwortenden Artikel stiften Unruhe im Weißen Haus. Nixon wird nervös und entlässt vier seiner engsten Mitarbeiter, offenbar um jeden Verdacht von sich abzulenken. Die Demokratische Partei fordert eine gerichtliche Untersuchung des Einbruchs.

Im Mai 1973, fast ein Jahr nach dem kriminellen Akt, beginnt ein Senatsausschuss mit förmlichen Anhörungen zu der Affäre. Am 17. Juli schafft ein Zeuge vor dem Ausschuss die Sensation: In den Amtsräumen des Präsidenten wird jedes Gespräch auf Tonband festgehalten!

Da hat Nixons Weg ins unentrinnbare Desaster begonnen. Tonbänder! Ein Keller voller Tonbänder! Sie müssten beweisen, ob der Präsident den Einbruch im Watergate-Haus angestiftet oder, wenn nicht, dann als späterer Mitwisser vertuscht hat. Die demokratische Mehrheit in beiden Häusern des Kongresses wittert die Chance, diesen widrigen Präsidenten den Hunden zum Fraße vorzuwerfen, und Woodward und Bernstein zerreißen sich schier im Dienst der Wahrheit, der Demokratie und natürlich ihres Ruhmes.

Und Nixon, ein gehetztes Wild, *a cornered rat*, hüpft in einer

Springprozession von Vertuschungen, halben Zugeständnissen und heiligen Schwüren der schrecklichen Wahrheit entgegen, schlecht beraten, fast immer das Falsche tuend oder das Richtige zu spät, und die Welt wird Zeuge eines einjährigen Kampfes um die Wahrheit und die Macht, wie er so bizarr, voll solcher Peinlichkeiten und Erniedrigungen in einer aufgeklärten Demokratie noch niemals stattgefunden hat.

Einzelne Tonbänder gibt Nixon zögernd frei – unverfängliche natürlich. Der Watergate-Sonderstaatsanwalt fordert mehr, und als er im Oktober 1973 auch noch ankündigt, er bereite eine Anklage gegen Nixon wegen Missachtung von Gerichtsbeschlüssen vor, da begeht der Präsident eine ungeheuerliche Provokation: Er fordert seinen Justizminister auf, den Sonderstaatsanwalt zu entlassen – und als der Minister sich weigert, ist er es, der von Nixon entlassen wird. Halb Amerika ist außer sich, eine solche Posse hat die Welt noch nicht erlebt, und im Kongress erwägen nun beide Parteien, gegen den Präsidenten ein Amtsenthebungsverfahren einzuleiten.

Im April 1974, zehn quälende Monate nach der Entdeckung der Bänder und 22 Monate nach dem Watergate-Einbruch, lenkt Nixon unter dem Druck der Justiz, des Kongresses und der Presse scheinbar ein, indem er der Öffentlichkeit ein Buch von 1300 Seiten mit einer Teilabschrift der Tonbänder übergibt; Beweise pro oder kontra enthalten sie nicht.

Einen schlechteren Dienst aber hätte er sich nicht erweisen können: Mit dem Buch wird ja die Frage umso lauter, was jene Tonbänder enthalten, die er *nicht* freigegeben hat. Und vor allem: Wie vulgär, ja obszön *spricht* dieser Präsident, wie himmelweit entfernt von allen Bilderbuch-Vorstellungen, dass in einem solchen Amt Mäßigung und Weisheit walten müssten! Die Demokraten frohlocken, die Presse stürzt sich auf den neuen Stoff. Eine der größten Regionalzeitungen, die *Chicago Tribune*, entzieht Nixon ihre Unterstützung ausdrücklich dieser «schlüpfrigen» Protokolle wegen, in denen nichts, aber gar nichts von der Hingabe an das große Amt zeuge.

In den Tonbändern hat Nixon sich verheddert. Vielleicht hätte er ohne sie Watergate längst ausgestanden. Und warum überhaupt der unsinnige Aufwand, der Wahn, es müsse jedes Wort, das er sprach und das bei ihm gesprochen wurde, auf Kilometern von Magnetband aufgezeichnet werden – um den Ablauf wichtiger Konferenzen zu rekonstruieren? Um Minister auf den Wortlaut eines falschen Ratschlags festzunageln? Ach nein. Alexander Butterfield, jener Nixon-Assistent, der den atemlos lauschenden Senatoren preisgegeben hat, dass es im Weißen Haus einen Tonkonservenkeller gebe – er kannte nur eine Erklärung: «Der Präsident wollte seine Worte für die Nachwelt aufzeichnen.» *Seine* Worte! So ist es denn zuletzt seine narzisstische Besessenheit, die ihn das Amt gekostet hat.

Mehr als ein Jahr lang nach Butterfields Enthüllung bleibt Nixon unerschüttert bei seiner Behauptung, erst aus der Presse habe er von dem Einbruch erfahren. Einige zwielichtige Handlungen nach der Aufdeckung des Skandals führt er auf seine legitime Sorge um die Funktionsfähigkeit des Präsidentenamts zurück. Unterdessen sickert durch, dass er etliche Tonbänder hat löschen lassen. Auch seine treuesten Anhänger fassen sich verzweifelt an den Kopf. Einer Amtsenthebung durch den Kongress, wie die Demokraten sie fordern, würden offensichtlich immer mehr Republikaner zustimmen.

Aber noch hält Nixon stand: Seit fast zwei Jahren gejagt von Journalisten, Senatoren, Staatsanwälten, dabei pausenlos und gnadenlos ausgeleuchtet und zerzaust vor 200 Millionen Fernsehzuschauern und auf Psychopharmaka zurückgeworfen, hält er stand; unerbittlich bleibt er im Amt bis zur letzten möglichen Minute. Auf allen bisher bekannt gewordenen Bändern gibt es ja keinen eindeutigen Beweis gegen ihn, aber er hat Bänder löschen lassen, und andere hält er immer noch zurück. Wie lange soll Amerika diese Farce ertragen? Er wird ausgelacht, er wird auch bewundert für sein Stehvermögen, er beginnt Mitleid auf sich zu ziehen. Vor allem aber produziert er Ekel vor den immer neuen Finten, mit denen er sich zäh zur Wahrheit durchlügt.

Juli 1974: Das Oberste Gericht der USA ordnet an, dass Nixon auch die restlichen Tonbänder herauszugeben habe. Und der Rechtsausschuss des Repräsentantenhauses einigt sich auf die Anklagepunkte, die dem Amtsenthebungsverfahren zugrunde liegen sollen.

Am 5. August ist es so weit: Nixon kapituliert – zum Teil jedenfalls. Er lässt eine Erklärung veröffentlichen, in der er förmlich zugibt, er sei sechs Tage nach dem Watergate-Einbruch von der versuchten Vertuschung informiert worden und habe angeordnet, sie weiterzuführen. Aber tritt er nun zurück? Oder bricht er öffentlich in Tränen aus, zum dritten Mal? Beides nicht. Er verkriecht sich. Nur seine engsten Mitarbeiter bekommen ihn zu sehen. Jetzt ist es die Mehrheit der *republikanischen* Senatoren, die sich für seinen Rücktritt ausspricht – die Demokraten gerade nicht: Sie wollen dem Erzfeind und Oberschurken das Amtsenthebungsverfahren nicht ersparen.

Den ganzen 7. August über berät sich Nixon mit seinem Vizepräsidenten Gerald Ford, mit seinem Außenminister Henry Kissinger, mit seinem Stabschef Alexander Haig, schließlich mit seiner Familie. Am Mittag des 8. August 1974 geschieht es: Er vollzieht, was noch kein amerikanischer Präsident vor ihm getan hat – er erklärt seinen Rücktritt.

Auf seinem Weg vom Weißen Haus zur Air Force One, die ihn nach Kalifornien bringt, sind Fernsehkameras zum ersten Mal wieder zugelassen. Sie zeigen den abgetakelten Präsidenten in der Flugzeugtür, wie er grinsend die Arme hochwirft zum Siegeszeichen. «Eine Parodie auf sich selber», schreibt *Time* dazu.

Ein Kesseltreiben hat Nixon hinter sich, wie so viele Menschen und so mächtige Institutionen es nie zuvor auf einen Einzelnen veranstaltet haben. Ja, alle Politiker und alle Journalisten taten nur ihre Pflicht, wenn sie diesen Präsidenten jagten; zugleich aber legten sie dabei einen fiebrigen Eifer der Verfolgung und Entlarvung an den Tag, der den Schuldspruch vorwegnahm und die Strafe dazu: Diese frohlockende Demütigung durch alle Marktschreier der Nation war eine Metzelei am lebenden Objekt, eine Folter bis dahin unbekannten Grades.

Nixon scheint, seiner grotesken Siegesgeste in der Flugzeugtür zum Trotz, körperlich und seelisch am Ende. Er ist 61, er muss sich einer schweren Venenoperation unterziehen, die Anwaltskosten haben ihn in Schulden gestürzt. Ein Trost nur: Vier Wochen nach seinem Rücktritt ordnet Präsident Ford, sein Nachfolger, an, alle Verfahren gegen ihn seien einzustellen. Zum letzten Mal erhebt sich da ein Wutgeheul.

Dann wird es still, und fast vier Jahre lang ist von Nixon wenig zu hören. Aber er ist ein Steher. Geprügelt wie kaum ein anderer Verlierer in der Weltgeschichte, beginnt er langsam, sich aus Krankheit und Schmach emporzuarbeiten: Als *elder statesman* will er gewürdigt, als Ratgeber doch noch einmal gebraucht werden.

Im Januar 1978 lädt Präsident Carter ihn nach dem Staatsbegräbnis seines ehemaligen Gegners Hubert Humphrey ins Weiße Haus ein, und ganz ungezwungen plaudern sie mit ihm, Carter, Ford, der ehemalige Vizepräsident Rockefeller, die Witwe von Präsident Johnson. Kurz darauf erscheinen seine «Memoiren»: von der Kritik zerrissen, weil sie keine Reue erkennen lassen – von der Neugier auf die Bestsellerlisten gehoben, und seine finanziellen Sorgen ist Nixon los. Er publiziert noch weitere acht Bücher in seinen letzten 16 Jahren: politische Analysen, die gut geschrieben sind und durchaus ernst genommen werden.

Auch die Präsidenten Reagan, Bush senior und Clinton laden ihn mehrfach ein ins Weiße Haus. «Nixon ist noch voll von Ideen, Strategien und ehrgeizigen Zielen», schreibt *Time* 1984, «und immer noch Gegenstand der Faszination für Freund und Feind.» Und spöttisch sagt man in Amerika: «Nixon kandidiert als Expräsident.» Er reist auch wieder um die Welt. Nach dem Zerfall der Sowjetunion wirbt er in den USA für die Unterstützung Russlands. Im März 1994, jetzt 81 Jahre alt, lässt er sich noch einmal in Moskau sehen. Am 22. April 1994 ist der siebenunddreißigste, der umstrittenste, der bizarrste Präsident der Vereinigten Staaten gestorben. Präsident Clinton ordnet ein Staatsbegräbnis an.

Wie heißt das Lied in «Des Knaben Wunderhorn»?

Wer fällt, der bleibet liegen,
Wer steht, der kann noch siegen,
Wer übrig bleibt, hat recht;
Und wer entflieht, ist schlecht.

FAZIT:

27 Ein Hoch auf die Antihelden

Sieger bewundern wir, Sieger hassen wir; unsere Zuneigung gewinnen sie nur manchmal, unser Mitgefühl nie. Eher sind es die Gescheiterten, die Betrogenen, die sich unsere Sympathie verdienen, und dazu die Heerschar derer, die nie auch nur auf einem Podest gestanden haben, von dem sie hätten stürzen können.

Es ist nun einmal so, dass einer umso leichter an die Spitze kommt, je verbissener er darauf hinarbeitet, je brutaler er seine Ellenbogen einsetzt – sodass der Verfasser in seinem Buch «Die Sieger» (entstanden aus der neugierigen Frage: Wie kommt man ins Lexikon?) das Fazit ziehen musste: Wer im Lexikon verzeichnet ist, war mit höherer Wahrscheinlichkeit ein Scheusal als einer, der nicht im Lexikon verzeichnet ist.

Wer nie den Ehrgeiz hatte, berühmt zu werden, den finden wir fast immer angenehmer, und wer noch dazu jeden Nasenstüber des Schicksals heiter wegsteckt, der findet unseren Beifall. Oder gehört der gute Verlierer «zu den edlen Charakteren, die uns verdächtig sein sollten», wie die *Süddeutsche Zeitung* in ihrem «Streiflicht» schrieb? Meist sei er ja ein langweiliger Mensch! «Solche Leute spielen Tennis, um in der frischen Luft zu sein, nicht, um den Gegner zu vernichten.» Der Spott macht deutlich, wem der Preis gebührt.

Im Zirkus ist der gute Verlierer institutionalisiert, im Märchen verzaubert er uns. Der Clown macht eine Schau daraus, dass ihm alles misslingt, dass er verhöhnt und übertölpelt wird – und dass er dies entweder fröhlich erträgt oder uns noch mit seinen Tränen lachen macht. «Hans im Glück» tauscht einen Klumpen Gold so lange gegen etwas Geringeres ein (Gold gegen Pferd, Pferd gegen Kuh, Kuh gegen Schwein, Schwein gegen Gans), bis er bei einem Wetzstein endet; und als der ihm in den Brunnen fällt, ist Hans froh, dass er nun nichts mehr zu tragen braucht, ja er dankt Gott unter Tränen: «So glücklich wie ich gibt es keinen Menschen unter der Sonne.»

Ein Märchen, ja: Denn glücklich ist kein Verlierer – auch nicht der, der zum bösen Spiel eine gute Miene macht. Der gute Verlierer hat nur die Kraft, sich entweder vom Misserfolg nicht niederdrücken zu lassen oder die Mitwelt nicht mit seinem Ärger zu behelligen. Max Schmeling war so einer: Er schaffte es, seine finale Niederlage gut gelaunt um ein Dreivierteljahrhundert zu überleben – und dabei immerzu Deutschlands populärster Sportler zu bleiben: 1930 Boxweltmeister im Schwergewicht, 1936 bejubelter Sieger über Joe Louis, den nie zuvor geschlagenen «Braunen Bomber» – und von demselben Joe Louis 1938 schmählich k.o. geschlagen in der zweiten Minute. Nur lächelnd kennen ihn die Deutschen.

Offenbar hat Schmeling nicht so gelitten, wie Jan Philipp Reemtsma es in seinem Buch «Über den Stil des Boxers Muhammed Ali» beschreibt: «Niederlagen sind unerträglich», heißt es darin. «Wer mit einem Geschäft bankrott macht, wessen Fuß an der Latte hängen bleibt, wer auf der Bühne ausgepfiffen wird, wer aus dem Ring geprügelt wird, wem die Frau ausgespannt wird – die alle möchten brüllen vor Schmerz.»

Wie viel von solcher Verzweiflung die *großen* Verlierer gepackt hat, davon wissen wir wenig. Alle Wut der Welt offensichtlich Johann Strauß, den Vater, und vermutlich Isaak Babel. Lenz war dem

Wahnsinn so nah, dass ihm die realistische Einschätzung seiner Lage wahrscheinlich erspart blieb, und Büchner starb einen so plötzlichen Tod, dass wir nicht wissen, ob er noch Zeit hatte, ihm ins Auge zu sehen. Bei Heinrich Mann scheint es, dass er resignierend verdämmerte. Vielleicht wurde ihm «die absolute Fragwürdigkeit der Welt im Scheitern offenbar», wie der Philosoph Karl Jaspers das dunkel genug beschrieben hat.

Andere hatten die Kraft des Aufbegehrens – und die Gelegenheit dazu. Die Karrieren etlicher weltberühmter Sportler haben mit einem besonders schmerzhaften Nackenschlag überhaupt erst begonnen: Boris Becker war im Tennisleistungszentrum Leimen als Halbwüchsiger ein so schwacher Spieler, dass der Trainer ihn zu den Mädchen steckte. Edwin Moses, zweimal Weltmeister, zweimal Olympiasieger über 400 Meter Hürden und von 1977 bis 1986 in 122 Rennen unbesiegt, hatte in der Schule niemals einen Wettlauf gewonnen – und ebendas war es, wogegen er wütend antrainierte. «In jeder Niederlage steckt ein Sieg», sagte er.

Von Henry Ford wüssten wir nichts, hätte er es nicht genauso gesehen: Jeder Rückschlag biete eine Chance, «neu anzufangen, und zwar schlauer», ließ er wissen, nachdem er, immerhin schon 39 Jahre alt, in seinem zweiten Bankrott versackt war. In der Politik kann solche Gesinnung zu erstaunlichen Karrieren führen wie der von Churchill – aber auch zu mörderischer Rache wie bei Hitler.

Zweimal war Adolf Hitler durchgefallen bei der Wiener Kunstakademie, ein hungernder Herumtreiber war er geworden, im Obdachlosenasyl hielt er sich schließlich als Ansichtskartenmaler über Wasser – «gedemütigt und aufs äußerste geniert» in den Worten von Joachim Fest, «und wo immer er sich später zur Vernichtung, Härte, Grausamkeit oder dem Lebensrecht des Stärkeren bekannt hat: Immer schlug darin das Weltbild der Männerheim-Insassen durch, das unvergessene Pensum aus der Schule der Gemeinheit». Und Thomas Mann: Getrieben von «der schwärenden Rachsucht des Untauglichen, des zehnfach Gescheiterten», habe Hitler die Welt sich zu Füßen legen wollen.

Rache zu nehmen haben auch ganze Völker als ihre zentrale Aufgabe angesehen: Frankreich schwor «Revanche», nachdem es 1871 von Preußen geschlagen worden war und Elsass-Lothringen hatte abtreten müssen – ein Beitrag zur Entstehung des Ersten Weltkriegs.

Die Südstaaten der USA sahen keine Chance, an Vergeltung zu denken, nachdem sie 1865 von den Yankees niedergeworfen worden waren – die Menschen ausgehungert, das Land verheert und zum Schluss noch 8000 Soldaten unter Waffen. Wenn die Zuneigung der meisten Leser und Kinogänger des Abendlands den Südstaaten gehört bis heute, dann ist da wieder der Verliererbonus im Spiel; aus ihrem Untergang hat Margaret Mitchell den erfolgreichsten Roman der Weltliteratur gemacht: «Vom Winde verweht».

Alsbald gönnten sich die Südstaaten «den großen und einzigen Trost aller Verlierer», schreibt Wolfgang Schivelbusch in seiner Studie «Die Kultur der Niederlage»: nämlich «ihre Überzeugung, den Neumächtigen kulturell und moralisch überlegen zu sein». Schon 1866 wurde im Süden Edward A. Pollards Roman «Die verlorene Sache» populär, *The Lost Cause*: Schlimm wäre die Niederlage nur, schrieb Pollard, «wenn der Süden durch sie seine moralische und geistige Identität verlöre und aufhörte, sich seiner überlegenen Kultur bewusst zu sein». Nach Schivelbusch entwickelten die Verlierer eine eigene Theologie: Wie bei Hiob «bedeuteten Niederlage, Not und Leiden nicht die Verstoßung durch Gott, sondern waren Zeichen seiner besonderen Liebe»; woraus folgte, dass der Sieg des Nordens «der Triumph Satans» sei.

Vermutlich liegt ein Abglanz solcher Gesinnung auch auf all den vielen, denen die Helden der Ilias, der Edda, des Nibelungenlieds imponieren, weil sie kämpfend untergehen. Fünfmal verfilmt wurde der Tod jener 187 amerikanischen Haudegen, die 1835 im Fort Alamo der mexikanischen Übermacht trotzten bis zum letzten Atemzug, und die Offiziere der französischen Fremdenlegion bringen den Soldaten am 30. April jedes Jahres das Frühstück ans Bett, zur Erinnerung an den Tag von Camerone, an dem 65 Legionäre 1863 zehn Stunden lang 2000 Mexikanern widerstanden, und die letzten vier gingen vor zum Bajonettangriff. «Was unsterblich im Gesang soll leben, muß im Leben untergehn» (Schiller, Die Götter Griechenlands).

Wir sehen das nicht mehr so pathetisch. Und doch: Vielleicht wäre der vielfache Henker Ché Guevara nicht ganz so populär, wenn er nicht ermordet worden wäre; und selbst Trotzki, der Schlächter der meuternden Matrosen von Kronstadt, findet Erbarmen wegen der Hetzjagd bis in den Tod, die Stalin befahl. Auch wer mit einem Rest von Würde stirbt wie Maria Stuart, hat damit unseren Respekt gewonnen.

Mit einer neuen Kategorie von Werturteilen trat 1992, nach dem Sturz Gorbatschows, Hans Magnus Enzensberger auf den Plan: Er empfahl, Gorbatschow als einen «Helden des Rückzugs» zu würdigen, als einen der «Abbruch-Spezialisten», die bisher zu wenig Dank geerntet hätten. Ihnen wäre Clement Attlee zuzuzählen, britischer Premierminister von 1945 bis 1951, weil er das britische, und Charles De Gaulle, weil er das französische Kolonialreich liquidierte.

Da wäre es eine schöne Ausschweifung der Phantasie, sich einen Abraham Lincoln vorzustellen, der die Südstaaten einfach hätte ziehen lassen, statt sie mit Blut und Eisen zum Dabeibleiben zu zwingen! Die Einheit der Union zu retten war sein erklärtes Ziel – «mit Sklaverei oder ohne diese», schreibt die *Encyclopaedia Britannica* (Band 22, S. 767, 1963). Ohne den schrecklichen Bürgerkrieg hätte die Sklaverei sich ziemlich bald ad absurdum geführt (Brasilien schaffte sie als letztes christliches Land 1888 ab) –

und 620 000 Soldaten wären nicht gefallen, Millionen Familien nicht zerstört, blühende Länder nicht verwüstet worden. Und das heutige Areal der USA würden sich zwei Nationen teilen; eine davon womöglich eines der angenehmsten Länder auf Erden.

Nichts wäre schlimmer als eine Welt voller Sieger. Es sind die Verlierer, die das Leben erträglich machen.

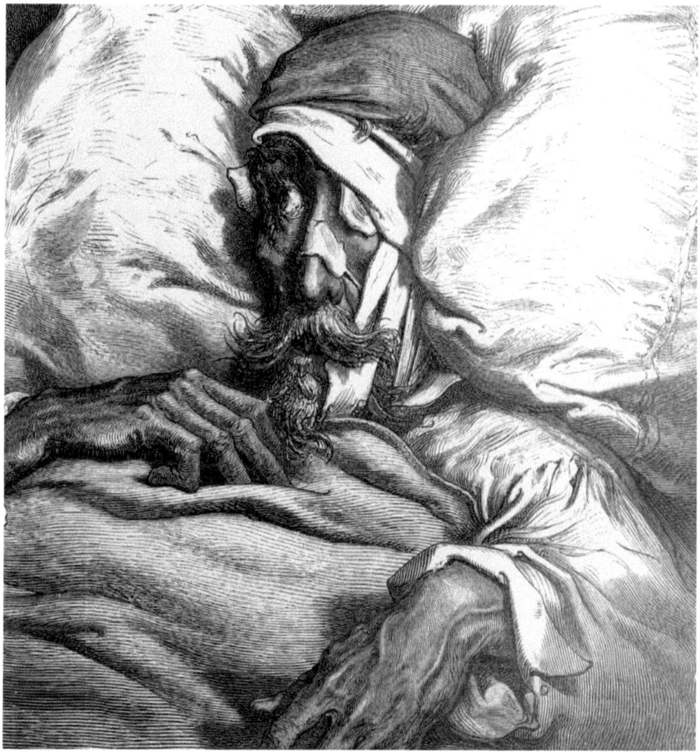

Er ist ein Verspotteter, Gedemütigter, Geprügelter wie keiner sonst: Don Quijote, wie Gustave Doré ihn sich vorstellte, friedlich auf dem Sterbelager. Der Ritter von der traurigen Gestalt ist die populärste Figur der Weltliteratur. Wir mögen eben die Verlierer.

Bildnachweis

Archiv für Kunst und Geschichte, Berlin: 11, 315
ullstein bild, Berlin: 13, 14, 28, 37, 47, 59, 71, 85, 98, 109, 114, 125, 141, 150, 159, 171, 183, 195, 213, 226, 240, 262, 269, 292, 301
dpa, Frankfurt: 25
DIZ, München: 249
Amsterdam, Van Gogh Museum (Vincent van Gogh Foundation): 279

Namen- und Sachregister

Bücher von Wolf Schneider

Überall ist Babylon – Weltgeschichte der Städte (Econ 1960). Deutsche Auflage 225 000, elf Übersetzungen

Soldaten – Weltgeschichte und Psychologie einer umstrittenen Gestalt (Econ 1964, Das moderne Sachbuch 1966). Übersetzung in Holland und Mexiko

Wörter machen Leute – Magie und Macht der Sprache (Piper 1976, Rowohlt-TB 1979, Serie Piper 1986, 12. Auflage 2002)

Deutsch für Profis – Handbuch der Journalistensprache (STERN-Buch 1982, Goldmann-TB 1985, Mosaik-TB 1999, 23. Auflage 2004)

Unsere tägliche Desinformation – Wie die Massenmedien uns in die Irre führen (STERN-Buch 1984, 5. Auflage 1992), zusammen mit fünf Absolventen der Hamburger Journalistenschule

Die Alpen – Wildnis – Almrausch – Rummelplatz (Geo-Buch 1984, 3. Auflage 1989)

Deutsch für Kenner – Die neue Stilkunde (STERN-Buch 1987, Serie Piper 1996, 15. Auflage 2003)

Wir Neandertaler – Der abenteuerliche Aufstieg des Menschengeschlechts (STERN-Buch 1988, 3. Auflage 1989)

Die Sieger – Wodurch Genies, Phantasten und Verbrecher berühmt geworden sind (STERN-Buch 1992, Serie Piper 1996, 8. Auflage 2001)

Deutsch fürs Leben – Was die Schule zu lehren vergaß (Rowohlt-TB 1994, 13. Auflage 2004)

Handbuch des Journalismus (Rowohlt 1996, Rowohlt-TB 1998, 7. Auflage 2003, erweitert und aktualisiert), zusammen mit Paul-Josef Raue

Am Puls des Planeten – Expeditionen–Zeitreisen–Kulturgeschichten. 18 GEO-Reportagen, 1980 bis 1999 (Hoffmann und Campe 1999, Serie Piper 2001)

Die Gruner + Jahr-Story – Ein Stück deutsche Pressegeschichte (Piper 2000, Serie Piper 2001)